二战风云人物

鸿儒文轩 编著
HONGRUWENXUAN

Rommel 沙漠之狐

隆美尔

1891-1944

中国书籍出版社

图书在版编目(CIP)数据

沙漠之狐——隆美尔/鸿儒文轩编著.—北京:中国书籍出版社,2011.9
ISBN 978-7-5068-3024-9

Ⅰ.①沙… Ⅱ.①鸿… Ⅲ.①隆美尔,E.(1891~1944)–传记
Ⅳ.①K835.165.2

中国版本图书馆 CIP 数据核字(2012)第 173582 号

沙漠之狐——隆美尔

鸿儒文轩　编著

图书策划	武　斌　崔付建
责任编辑	杨铠瑞
责任印制	孙马飞　马　芝
出版发行	中国书籍出版社
地　　址	北京市丰台区三路居路 97 号(邮编:100073)
电　　话	(010)52257143(总编室)　(010)52257140(发行部)
电子邮箱	chinabp@ vip.sina.com
经　　销	全国新华书店
印　　刷	三河市华东印刷有限公司
开　　本	710 毫米×1000 毫米　1/16
字　　数	252 千字
印　　张	17
版　　次	2013 年 2 月第 1 版　2018 年 4 月第 3 次印刷
书　　号	ISBN 978-7-5068-3024-9
定　　价	29.80 元

版权所有　翻印必究

前言

第二次世界大战是人类历史上规模最大、战斗最为惨烈、影响最为深远的一场战争。在这场正义与邪恶的较量中，参战双方都涌现出了不少风云人物。他们或为法西斯卖命，成为了遗臭万年的战争罪犯；或为国家和民族的自由而战斗，成为了名传千古的英雄。

德国陆军元帅隆美尔无疑也是第二次世界大战舞台上的风云人物之一。他出身小知识分子之家，自幼体弱多病，但却在父亲的安排下成为了一名职业军人。或许正是因为如此，他不贪图享乐，而是勤于自勉，把大部分时间都用在了强化自身的能力上。他坚持每天锻炼身体，以弥补虚弱的体质；他终生奉行生活节制的原则，远离灯红酒绿的社交场所，努力学习与职业密切相关的知识。

在不懈的努力之下，隆美尔最终成为了一名出色的战术指挥家。在进攻时，他善于捕捉瞬息万变的战机，集中兵力攻打对方的侧翼，断其后路；在追击时，他迅如疾风，马不停蹄，从不给对方留下任何喘息之机；在防御时，他善于借助地形，布置地雷带等人工障碍，将机动部队和步兵巧妙地配合在一起使用。无论在进攻、追击、防御或撤退时，他都善于玩弄阴谋，或以假乱真，或声东击西，或以退为进，或假攻实守，以迷惑对方。凭借这些战术，隆美尔在北非战场取得了许多看起来十分辉煌的胜利，也因此获得了"沙漠之狐"的绰号。

不过，这位战术上的天才却是一个战略上的矮子。他缺乏战略目光，只重视军队眼前的战斗，不会从政治或全局考虑战争的需要。特别应当指出的是，他的军事才能和战术领域的创造非但没有造福于人类，反而阻碍了人类历史的发展进程。因为，他是战争恶魔希特勒的帮凶，是为法西斯德国推行侵略扩张政策而服务的。这位军事奇才不可避免地成为了千古罪人，并且无法逃脱最终失败的命运。

在第二次世界大战后期，法西斯德国败势已现之时，由于不愿眼睁睁地看着整个德国跟希特勒一起走向灭亡，他在政治上与希特勒产生了分歧，而且两人之间的裂隙越来越大。最终，他卷入了谋杀希特勒的事件之中，被逼服毒自尽了。

为了让广大读者全面了解隆美尔，我们组织编写了这本《沙漠之狐——隆美尔》。本书在大量考证历史资料和细节的基础之上，以全新的视角，从隆美尔所处的特殊家庭和社会环境之中叙述了他的一生，希望能给广大读者带来一些思考。由于编者的水平有限，书中难免存在谬误与不足之处，请广大读者批评指正！

目 录

第一章　成为职业军人

一、出生于统一的德国 …………………………… 2
二、成为一名职业军人 …………………………… 7
三、率部开赴德法前线 …………………………… 12
四、与功勋奖章失之交臂 ………………………… 16
五、获得梦寐以求的奖章 ………………………… 21

第二章　希特勒的红人

一、任步枪连连长的九年 ………………………… 26
二、希特勒确立独裁统治 ………………………… 30
三、从营长到教官的历程 ………………………… 34
四、得到希特勒的赏识 …………………………… 39
五、希特勒面前的大红人 ………………………… 43

第三章　扫荡欧洲大陆

一、元首大本营的司令官 ………………………… 48
二、担任第七装甲师师长 ………………………… 52
三、率部突入比利时境内 ………………………… 56

四、孤军深入法国腹地 …………………………… 59
五、"魔鬼之师"的胜利 …………………………… 63

第四章　沙漠之狐

一、英、意两军鏖战北非 …………………………… 70
二、率部抵达的黎波里 ……………………………… 74
三、违令进军昔兰尼加 ……………………………… 79
四、部队在托布鲁克受阻 …………………………… 83
五、永远抹不去的污点 ……………………………… 87

第五章　棋逢对手

一、遇到了真正的对手 ……………………………… 92
二、粉碎英军的"战斧行动" ……………………… 96
三、酝酿更大的作战计划 …………………………… 101
四、决意进攻托布鲁克 ……………………………… 105

第六章　撤出昔兰尼加

一、英军的大规模反攻 ……………………………… 110
二、取得阶段性的胜利 ……………………………… 114
三、突袭计划的彻底结束 …………………………… 118
四、决定放弃托布鲁克 ……………………………… 122
五、主动撤出昔兰尼加 ……………………………… 125

第七章　晋升到头

一、挥戈反击，大获全胜 …………………………… 130
二、组织更大规模的反攻 …………………………… 134

三、出师不利，损兵折将 ………………………… 138
　　四、攻占托布鲁克要塞 …………………………… 142
　　五、晋升为"陆军元帅" …………………………… 147

第八章　陷入消耗战

　　一、侥幸攻占马特鲁要塞 ………………………… 154
　　二、陷入消耗战 …………………………………… 157
　　三、两军僵持阿拉曼战线 ………………………… 161
　　四、阿拉姆哈勒法岭之战 ………………………… 165
　　五、抱病离开阿拉曼前线 ………………………… 170

第九章　滑向失败

　　一、带病飞往阿拉曼前线 ………………………… 176
　　二、"不胜利，毋宁死" …………………………… 181
　　三、撤退到阿盖拉新防线 ………………………… 185
　　四、在绝望中萌生投降之念 ……………………… 189
　　五、失去自主指挥权 ……………………………… 194

第十章　转战意大利

　　一、与阿尼姆之间的分歧 ………………………… 200
　　二、非洲装甲集团军群司令 ……………………… 204
　　三、匆匆离开突尼斯战场 ………………………… 208
　　四、担任 B 集团军群司令 ………………………… 212
　　五、率部侵入意大利境内 ………………………… 216
　　六、被调离意大利战场 …………………………… 221

第十一章 再次来到法国

一、奉命巡视"大西洋壁垒" ……………… 226
二、与反希特勒分子的接触 ……………… 231
三、致命的战略性失误 …………………… 235
四、盟军胜利开辟第二战场 ……………… 239

第十二章 命丧希特勒之手

一、主张在西线停止战争 ………………… 244
二、遭遇盟军飞机的轰炸 ………………… 249
三、卷入"7·20事件" …………………… 253
四、希特勒发出了死亡令 ………………… 257
五、"沙漠之狐"的死亡之谜 ……………… 261

第一章

成为职业军人

一

出生于统一的德国

在漫长的中世纪，德国的广大地区一直处于神圣罗马帝国的统治之下。神圣罗马帝国始建于公元962年，全称为"德意志民族神圣罗马帝国"或"日耳曼民族神圣罗马帝国"。"神圣"意为这个国家享有教皇的保护，"罗马"意为它可以与强大的古罗马帝国媲美，并且是其后继者。但这个幅员辽阔的帝国根本无法同昔日的罗马帝国相提并论。它既没有完善的中央政府机构，也没有常备军、财政与税务机构，甚至连帝国皇帝也由帝国境内势力最为强大的7个诸侯选举产生的。

到18世纪，神圣罗马帝国已经沦为了一个模糊的地理概念，其境内的诸侯国、自由城市多达300多个，直属帝国的骑士领地更是多达1700多个。各诸侯国、自由城市和骑士领地各自为政。在众多的诸侯之中，奥地利是最强大的王国，其国王兼领神圣罗马帝国皇帝的头衔。普鲁士王国次之。

1789年，法国爆发了资产阶级革命，推翻了封建君主的统治。欧洲各国君主十分惶恐，很快组成了反法同盟，干涉法国大革命。法国历史上著名的军事统帅拿破仑走上了历史舞台。他统帅法国军队横扫了包括奥地利和普鲁士在内的整个欧洲大陆。1806年8月6日，在拿破仑的强迫之下，奥地利皇帝兼神圣罗马帝国皇帝弗朗茨二世宣布放弃神圣罗马帝国的皇冠，有着近千年历史的第一德意志帝国灭亡了。

不过，民族意识渐已觉醒的德意志人并没有放弃战斗！奥地利、普鲁士等诸侯国联合沙俄、英国等国，终于在1814年4月打败了拿破仑。拿破仑一手建立起来的法兰西第一帝国解体了。英、俄、普、奥等战胜国遂于当年10月在奥地利首都维也纳召开了外交部长会议。这次会议大体恢复了法国大革命爆发之前欧洲的旧秩序。但神圣罗马帝国并没有恢复，而是被一个更为松散的德意志联邦所取代了。原先神圣罗马帝国境内的300多个诸侯国被合并成了35个邦国，自由城市也只保留了4个。由于奥地利的实力最强，德意志联邦的主席便由奥地利国王兼领。实力次之的普鲁士则取得了联邦副主席的席位。

随着工业革命进程的加快，德意志的资本主义经济得到了迅猛发展。大部分邦国都从落后的农业国发展成为了工业国。国家分裂的状况已成为阻碍资本主义进一步发展的严重障碍。民族意识已经觉醒的德意志人开始要求建立一个统一、富强的德国。历史将这一伟大的使命放在了普鲁士人的肩上。

1861年1月2日，普鲁士国王腓特烈·威廉四世逝世，他的弟弟威廉亲王登基为普鲁士国王，称为威廉一世。1862年，威廉一世在军事改革问题上与众议院发生了严重的冲突。在政治上相对保守的威廉一世感到十分绝望，甚至做好了放弃王位、让儿子弗里德里希接任国王的打算。正当威廉一世走投无路之时，国防部长罗恩向他推荐了时任普鲁士驻法国大使俾斯麦。

俾斯麦出身贵族，曾长期担任普鲁士王国驻德意志联邦议会代表，对德意志联邦各邦国的情况十分熟悉。俾斯麦是一个野心勃勃之人，他身体强壮，个性粗野，为达目的不择手段，而且异常坚忍。他一直企图主宰普鲁士政局，但因其手段粗暴，被普鲁士国王拒绝了。1862年秋季，他的时代终于来临了。被自由派把持的议会否决了普鲁士政府对军事改革的全部拨款之后，威廉一世便召回了俾斯麦。俾斯麦表示，他将坚决支持威廉一世，不向议会屈服。9月23日，威廉一世任命俾斯麦为普鲁士首相兼外交大臣，开始强行推行军事改革。在普鲁士议会的首次演说中，俾斯麦大声宣称："德意志所注意的不是普鲁士的自由主义，而是权力。普鲁士必须积聚自己的力量以待有利时机，这样的时机我们已经错过了好几次。当代的重大问题不是议论和多数人投票能够解决的，有时候不可避免的，要通过一场斗争来解决，一场铁与血的斗争。"

这便是俾斯麦的"铁血政策"，是他统一德意志的纲领和信条，他"铁血宰相"的称号也由此而来。俾斯麦正是凭靠这种暴力，大胆而又狡猾地利用国际纠纷和有利时机，决定性地使德意志通过"自上而下"的道路统一了起来。

经过俾斯麦强有力的军事改革，普鲁士的军事实力大增，尚武精神也在臣民中广为传播。在19世纪60年代中，俾斯麦先后通过挑起普鲁士与丹麦、奥地利之间的战争，控制了德意志联邦的许多小邦国，并迫使奥地利退出了德意志联邦，扫清了普鲁士统一德国的最大障碍。

1867年4月16日，北德联邦宪法获得了通过，由普鲁士领导的由21个邦国与3个自由城市组成的北德意志联邦正式成立了。普鲁士国王威廉一世为联邦主席，普鲁士首相俾斯麦兼任联邦首相。至此，德国北部已经统一，唯其南部的巴伐利亚、巴登、符登堡等邦国仍在法国的控制之下。

北德意志联邦成立之后，俾斯麦便将矛头指向了法国。老奸巨猾的俾斯麦不愿让普鲁士承担主动挑起战争的恶名，他想让普鲁士在普法战争中扮演自卫反击的角色。1870年7月19日，俾斯麦利用法普两国在西班牙王位继承权问题上的矛盾，成功地让拿破仑三世向普鲁士宣战，挑起了普法战争。法国的宣战，再加上俾斯麦的鼓吹，全德意志掀起了一股保卫与统一祖国的狂热之潮。

南部的邦国也与北德意志联邦签订了秘密攻守同盟条约，将其军队交付普鲁士统一指挥。经过一番激战，德军在法国色当击败法军主力，俘虏了拿破仑三世。9月4日，巴黎爆发了大规模的起义，推翻了拿破仑三世建立的帝国政府，成立了共和国，并呼吁开展全面的卫国战争。共和国并没有挽救法军被彻底击溃的命运。1871年1月18日，在法国的凡尔赛宫的镜厅，普鲁士国王与北德联邦主席威廉一世被德意志各邦君主推举为德意志皇帝，德意志第二帝国成立了，德意志的统一大业终于完成了。

德意志的统一符合历史发展的潮流，也符合德意志民族的愿望，受到了绝大部分德意志人的热情支持和高度评价。德意志的统一对德意志民族的进一步现代化、对其国力与国际地位的提高奠定了基础。在统一后的30年内，德国在经济、军事、科技方面一跃成为世界强国。但是，德意志的统一是通过俾斯麦的铁血道路实现的，它巩固了普鲁士与其他邦国的封建专制统治，进一步奠定了未来德国的军国主义传统。对内，俾斯麦于1878年颁布了《镇压社会民主党企图危害社会治安的法令》，镇压工人运动；对外，俾斯麦组织了强大的军事集团，极力巩固德国在欧洲大陆的霸权地位,并同老牌帝国主义国家英国争夺海外殖民地。这些对德意志民族,乃至世界历史的发展都产生了严重的负面影响。

正所谓"人无千日好,花无百日红",德皇威廉一世去世之后,其子腓特烈·威廉继位,史称腓特烈三世。腓特烈三世是个短命的皇帝,在位仅99天便病故了。这样,德皇的宝座便落在了腓特烈三世的儿子、年仅29岁的威廉二世手中。这位年少气盛的少年皇帝不甘受制于手腕强硬的俾斯麦,与其在许多问题上产生了严重的分歧。1890年3月18日,执掌普鲁士和德国政局长达26年的俾斯麦在兔死狗烹的悲凉心境下向威廉二世递交了辞呈,正式下野了。

俾斯麦下野后的第二年,德意志民族另外一位风云人物在布伦茨河畔的海登海姆降生了。这个人便是日后被称为"沙漠之狐"的隆美尔。海登海姆位于德国的东南部,是一个美丽的山城,依偎在施瓦本汝山的北麓。布伦茨河穿城而过,给小城带来了便利的水运和丰富的水资源。

埃尔温家族世代居住在这座美丽的山城。埃尔温·隆美尔是小城中小有名气的数学家,在当地的小学任校长一职。埃尔温·隆美尔的妻子出身贵族,名叫海伦·冯·鲁兹。不过,贵族出身的妻子并没有给这个普通的德国家庭带来什么荣耀或实际的好处。埃尔温·隆美尔依然在小学里教孩子们数学。

隆美尔(右二)同他的姐姐、两个弟弟合影

埃尔温夫妇生了4个孩子,老大叫卡尔;老二使用了父亲的名字,也叫埃尔温,全名叫约翰尼斯·埃尔温·尤金·隆美尔;老三名叫杰哈德;最小的孩子是一个女孩,使用了母亲的名字,叫海伦。这4个孩子之中以隆美尔日后的成就最大，他出生于1891年11月15日。他出生时身体十分羸弱，亲戚朋友都为他是否能够顺利长大而担心。或许正是出于对儿子的爱怜，期盼他顺利长大，埃尔温·隆美尔才给孩子取了一个同自己一样的名字。从此之后，埃尔温·隆美尔便顺理成章地被人们称为老隆美尔了。当时谁也没有想到，这个身体羸弱的新生儿不但顺利长大了，还成为了一个风云人物！

二

成为一名职业军人

老隆美尔性格沉稳，处事稳重，有时甚至有些迂腐。他那梳得一丝不乱的光滑分头加上鼻梁上的眼镜，看上去颇有几分学究气。他对子女的要求十分严格，有时甚至达到了苛刻的程度。一有时间，他便会向孩子们提各种各样的问题，以考验他们的知识水平。他的问题总是和他的性格一样古板，比如："这栋建筑物叫什么名字？那种花属于什么科目？"

家里的4个孩子都很害怕父亲，不愿跟他亲近。孩子们，尤其是长子卡尔对学习的兴趣也在父亲的压迫下一点一点地丧失了。有一次，卡尔实在受不了父亲的纠缠，竟然举起一把椅子向老隆美尔砸去。由此，父子两人的关系也一度变得十分紧张。

老隆美尔的逼迫最终让卡尔选择了逃离学校。为了逃避一次期末考试，他自愿参军了。卡尔的这一选择倒是让老隆美尔十分满意。因为在尚武之风盛行的德国，军人和知识分子一样受到人们的尊敬。后来，卡尔成了一名陆军侦察机领航员，曾在埃及和北非服役。不幸的是，他在很年轻的时候就因染上疟疾而去世了。

杰哈德在学校里的表现也让老隆美尔十分头疼。他的幼子一直梦想着成为一名出色的歌剧演唱家。遗憾的是，直到1977年去世时，杰哈德的这一梦想也没有实现。

海伦的表现多少给了父亲一些慰藉。或许是遗传了家族的优良基因，海伦的数学成绩相当出色。后来，她像父亲一样，成了一名数学老师。但性格孤僻的海伦终生没有组建家庭，当了一辈子的老姑娘。

与兄弟姐妹们相比，隆美尔青少年时代的经历虽然也颇为坎坷，但与兄弟相比要顺利得多！1898年，老隆美尔被调往海登海姆附近著名的古城阿伦工作,担任该城中学的校长。海登海姆的小学也随着校长的调离而取消了。已经到了进入小学学习年龄的隆美尔不得不从私人教师那里学习必要的知识,以便能进入阿伦的小学读书。两年后,隆美尔考进了拉丁学校,并在那里度过了5年的时光。隆美尔对数学和科学两门学科有着惊人的天赋,学习起来十分轻松。他几乎将所有的空余时间都用在做家庭作业上了。

1900年,美国的莱特兄弟制造出了世界上第一架滑翔机。几年之后,他们又成功地做到了载人飞翔试验。一时间,飞机这一新生事物成为了世人争相讨论的对象。隆美尔也在这个时候对飞机产生了浓厚的兴趣,并梦想着能够成为一名飞机技师。从此之后,他除了学习之外又增加了一项乐趣,那就是研制飞机模型。

1906年,14岁的隆美尔和他在拉丁学校最好的朋友汉斯·凯特尔一起研制了一架盒式滑翔机。这年5月,他们还在阿伦的郊外成功地将这架滑翔机送到了空中。两个少年紧紧地跟在滑翔机的后面,一边欢呼,一边奋力奔跑。这段经历给隆美尔留下了深刻的印象。当时,他还特意站在滑翔机旁,拍了一张照片留念。这张照片跟随了他很多年,直到去世之后,照片依然完好无损地保留在他的家庭文件里。

少年隆美尔偶尔也会参加骑自行车、网球、溜冰等体育活动。但天生羸弱多病的他从来都不是运动场上的精英。1907年的夏季,隆美尔回到家乡过暑假。有一次,他跟几个朋友一起到郊外游玩。有一条小溪挡住了他们的去路。少年们根本没有把窄窄的小溪放在眼里,一个个纵身越过,将小溪撇在了身后。倒霉的隆美尔却在跨越这条不起眼的小溪时摔断了右脚踝骨。朋友们急忙把他送回了家里。母亲海伦急坏了,急忙请来了医生。医生的医术很高明,隆美尔的脚骨接得很不错,而且愈合得也很令人满意。但从此之后,隆美尔再也不参加任何体育活动了。这次不愉快的经历留下的阴影几乎影响了他的一生。

1908年秋天,隆美尔顺利地从拉丁学校毕业了,并升入格荣登皇家现代中学五年级。相比欧洲大陆的其他国家,德国十分重视国民的教育问题。19世纪初期,德意志联邦的许多邦国便制定了法律,规定国民须接受基本义务教育。因此德国民众识字率甚高,19世纪末到20世纪初初之时,德国的文盲率不足千分之五。不过,在小学毕业后升入中学继续接受教育就是少数人的特权了，只有那些拥有一定社会地位的富裕家庭才有可能将孩子送入中学读书。

隆美尔所就读的格荣登皇家现代中学和德国大多数中学一样，着重向学生们灌输忠君爱国、严守纪律、埋头苦干的观念。隆美尔在这所中学接受了两年"忠君爱国"的教育，于1909年秋季走出了校门。

老隆美尔并不打算让他接受大学教育，他似乎也没有这种能力。因为当时能够进入大学的中学毕业生几乎全是贵族青年。隆美尔自己也没有进入大学继续读书的愿望。少年老成的他十分乐意接受父亲的建议，像哥哥卡尔一样，做一名职业军人。

1910年年初，老隆美尔以阿伦中学校长的名义向附近的伍尔登堡驻军写了一封推荐信。学究气很重的老隆美尔为了让儿子能够进入军队，不惜大吹其牛，说隆美尔"健壮、可靠，是一个很好的体操运动员"。炮兵和工兵都对老隆美尔这种信口开河的谎言置之不理，拒绝了他的推荐。

就在老隆美尔感到沮丧之时，第一二四步兵团给隆美尔发来了入伍通知书，让他立即到部队报到。军医给隆美尔做了全身检查，发现他身体各方面的指标都比较正常，但却患有腹股疝。老隆美尔立即给儿子安排了一次手术，并向第一二四步兵团承诺，他将承担全部费用。为了表示庆祝，老隆美尔还给儿子买了一件军官候补生军服。

1910年7月13日，隆美尔终于出院了。出院的第六天，他便到部队报到了。当时，德意志第二帝国与老牌殖民国家英国、法国等国矛盾重重。在普法战争中割地赔款的法国将德国视为仇人，积极扩充军队，准备一雪前耻。德意志统一之前，四分五裂的德国没有能力在海外占领殖民地。海外殖民地大多在英、法两国的控制之下。随着军事、经济实力的不断增长，德意志第二帝国对旧有的世界格局产生了不满，要求重新瓜分海外殖民地，以获得原料产地和产品倾销市场。

在这种背景下，德国也开始积极扩军备战，普遍实行征兵制。一些极端的种族主义者甚至

隆美尔作为皇家军官学校见习军校学院学生时的留影

建立了沙文主义团体，宣扬日耳曼民族的优越性，企图占领欧美小国，以建立世界性的日耳曼帝国。

在几年之内，德国常备军队的规模便由40万跃升至87万。在20世纪之前，德国的军官大多来自贵族阶层，但随着军队规模的扩大和政府对其战斗力要求的提高，军官中的贵族比例开始不断下降。许多新入伍的平民子弟被送入军官候补生学校学习。入伍没几个月，隆美尔也被送进了但泽皇家军官候补生学校。

隆美尔在这所学校学习了一年的时间，取得了不错的成绩。1911年11月，隆美尔毕业了。校长在他的毕业评语中写道："在射击和操练方面，隆美尔相当出色，体操、击剑、骑马的表现也不错。不过，他身材中等，瘦弱，体格相当糟糕。这倒是让人很担心。但军官候补生隆美尔肯定会成为一名能干的军人的。这个小伙子具备军人的一切优良素质，他性格倔强，有极大的意志力和满腔的热情……守纪律，时间观念强，自觉，友善，智力过人，有高度的责任感。"

在军官候补生学校读书期间，隆美尔还收获了自己的爱情。但泽是一个美丽的港口城市，随处可见高大宏伟的建筑。周末的时候，军官候补生们常常会参加一些在军官团体中定期举行的正式舞会。上层社会的年轻女性也喜欢到这里来。在这里，她们不但可以打发寂寞的时光，还可以找到前途无量的夫君。舞会的规矩很多，气氛也有些沉闷。这种氛围刚好适合沉默寡言的隆美尔。他经常一个人坐在角落里，静静地注视着舞池中的舞者。

有一次，一位别有风姿、漂亮而又苗条的舞者出现在舞池之中。隆美尔立即被她迷人的气质所吸引了。经过多方打听，隆美尔获悉，那个年轻女子名叫露西·莫琳，出身知识分子家庭，其父也曾担任过中学校长。她是到但泽来学习语言的。隆美尔无可救药地爱上了美丽的露西，向其发起了猛烈的爱情攻势。起初，露西觉得隆美尔过分严肃了，跟他在一起压力很大。但隆美尔的真诚最终融化了她心中的坚冰。两个年轻人热烈地相爱了。

1912年1月，隆美尔被授予中尉军衔，返回到了伍尔登堡第一二四步兵团任教官一职。在此后的两年里，他一直在这里训练新兵。和大多数中尉军官比起来，隆美尔显得特别另类。他既不抽烟，也不喝酒，更不会跟

露西·莫琳与隆美尔

当地的年轻女人来往。当然，年轻女子们也不喜欢他这种与年龄极不相符的老成持重。多年之后，当隆美尔成为德国家喻户晓的人物之时，全国各地的年轻女子给他寄来了无数的邀请信。隆美尔风趣地对已经成为他妻子的露西说："当我还是一个年轻的中尉之时就有这么多的邀请信该有多好啊！"

三

率部开赴德法前线

隆美尔在伍尔登堡的日子过得十分惬意。从他与露西的大量通信中可以看出来，他对训练新兵的工作很满意，对自己的生活也很满意。他当时最大的愿望就是娶露西为妻。露西也很爱隆美尔，每天都会给他写信，有时候还会把自己的照片寄给他。

幸福总是短暂的。处在幸福中的隆美尔很快就尝到了痛苦的滋味。1913年，他的父亲老隆美尔去世了。尽管他们父子关系一直不融洽，但父亲的去世还是给他带来了不小的打击。接下来，他又于1914年3月1日被调离了伍尔登堡，到野战部队服役去了。野战部队的训练十分残酷，隆美尔根本没有时间与他日思夜想的露西通信。

当时，第一次世界大战的阴云已经笼罩了整个欧洲大陆。德、意、奥3国组成的三国同盟和英、法、俄3国组成的三国协约之间的矛盾已经公开化，一场席卷整个欧洲的大战随时有可能爆发。

隆美尔所在的第四十九野战炮兵团驻扎在多瑙河畔的乌尔姆。敏锐的隆美尔在这里也嗅到了战争的气息。他在1914年7月31日的日记中写道："德国农村要想摆脱战争灾难的威胁实在不容易。田地里新添的坟墓让人感到忧心忡忡，古怪的谣言以光一般的速度四处传播。天一亮，人们便一个接一个地拥挤在报摊周围去打探最新的消息。"

隆美尔在第四十九野战炮团第四连一个排任排长。每天早晨7点，他都会骑在马上，领着队伍穿过小城，到郊外去操练部队。他们踏着整齐的步伐走在古老的鹅卵石路上，队伍的最前列是团队的军乐队。战斗部队用马匹拉着大炮，排着整齐的队伍紧随其后。

乌尔姆的居民对军队怀有一种狂热的崇拜之情。当《保卫莱茵》的乐曲响起之时，大街两旁的窗子都会自然而然地敞开。很多人都会伴着旋律，唱起雄壮的军歌。傍晚时分，部队返回营房之时，会再次引起人们热烈的欢呼。

隆美尔很享受人群的欢呼，但他知道这种享受持续不了多长时间了。由于局势日益严峻，隆美尔千方百计地想回到第一二四步兵团，因为这个团近两年入伍的新兵都是他训练的。他对老部队和自己一手训练出来的士兵怀有深厚的感情。

隆美尔申请调回第一二四步兵团，并获得了批准。7月31日晚，他匆匆地整理好自己的全部财物，登上了返回第一二四步兵团的列车。隆美尔在该团的好友贝伊中尉到车站迎接他来了。两个年轻人一路有说有笑地往部队新的驻防区——威卡尔登镇走去。

在路上，他们突然谈到了可能爆发的战争，两人都高兴得手舞足蹈。对年轻的步兵军官来说，战争会给他们带来加官进爵的大好时机。在此之前，他们已经从报纸上得知，奥匈帝国已经在7月28日向其邻国塞尔维亚宣战了。从表面上看，奥匈帝国对塞尔维亚宣战是因为一名塞尔维亚民族主义者刺杀了奥匈帝国的王储斐迪南大公和他的妻子。

但是，这场战争爆发的真正原因却是帝国主义之间矛盾积累的必然结果。站在塞尔维亚背后的是强大的俄罗斯帝国和法国。英国虽然没有公开表示要支持塞尔维亚，但也在私下里鼓励俄国积极备战。隆美尔和贝伊中尉都已经意识到，作为奥匈帝国盟国的德国，势必会卷入到这场战争中来。

隆美尔的猜测没有错，他到威卡尔登兵营的第二天，战争便爆发了。德意志第二帝国正式向沙俄宣战了。消息很快就传到了威卡尔登。设在修道院里的营房立刻变成了一个繁忙的蜂巢。传令兵像蜜蜂一样进进出出，将上司的一道道命令传进来，又将这里的实际情况传到上一级司令部。士兵们全都穿上了土灰色的军装，准备接受检阅。隆美尔被任命为第七连连长。这一任命让他感到十分兴奋！对于军人来说，还有什么能比率领士兵和敌人作战更美妙的事呢！

下午6点，第一二四步兵团举行了一次盛大的阅兵仪式。团长汉斯上校在阅兵式上发表了一篇热情洋溢的演说，随后便向士兵们下达了动员令。战争就这样开始了！疯狂的士兵们兴高采烈地欢呼起来！"忠于祖国，至死不渝"的回声在古老的修道院里久久回旋着。

第二天夜幕降临时，第一二四步兵团全体士兵都在腊芬斯堡车站登上了火车，向西部边境进发了。乐队奏起乐曲，人群欢呼雀跃。士兵们都很清楚，他们将要开赴西部边境，去对付德意志的宿敌——法国。果不其然，德国在8月2日出兵中立国卢森堡，企图占领该国的铁路网。8月3日，德意志第二帝国又向法国宣战。次日，德国又出兵中立国比利时，驱逐该国境内的法军。比利时被迫对德国宣战。英国考虑到比利时对自己国土安全的重要性，也在同日向德国宣战。第一次世界大战西线战场的两大敌对阵营随后在德法边境、比利时、卢森堡一带展开了厮杀。

德军总参谋部向西部边境大量增兵，企图先利用德国发达的铁路网，集中优势兵力迅速击败法国，然后将部队调往东线进攻沙俄。不过，德军总参谋部的这一意图并没有实现，因为战事并没有朝着他们预想的方向发展。

第一二四步兵团出发时，隆美尔由于有事要处理，不得不将出发的时间推迟了一天。8月5日，他终于赶上了自己的部队。随后，他便和第七连的士兵们一起坐在车厢里，静静地享受着窗外的美景。斯瓦比亚美丽的河谷和草原地带非常迷人。他和士兵们静静地欣赏着，几乎要忘记到前线去打仗的事情了。火车每到一个车站，都会遇到无数前来送行的德国人。他们一边高声唱着军歌，一边把水果、巧克力和面包献给车厢里的士兵。

在斯瓦比亚地区的科威汉姆，隆美尔见到了他的母亲、两个兄弟和妹妹。他们是专程赶来为隆美尔送行的。隆美尔在当天的日记里写道："我和母亲、两个兄弟和妹妹的会面只是短短的几分钟，火车很快就鸣笛起动了，告别的时候来临了！啊，这会不会是我们最后的一瞥，最后的一次握手？夜里，我们跨过了莱茵河，探照灯的光柱划破了夜空，搜寻着敌人的飞机和飞艇。歌声渐渐停歇，士兵们躺在座位和地板上进入了梦乡。我站在机车的踏脚板上，凝视着机车锅炉敞开的炉膛，或是盯着窗外宛如正在窃窃私语的沉闷的夜空。我还能再见到母亲和家里的人吗？"

8月6日傍晚，第一二四步兵团乘坐的火车停靠在了德法边境小城但登霍芬。隆美尔对但登霍芬的印象很差。小城的街道和房屋都很脏，边境地区的人民对战争也没有多少热情。隆美尔奉命带着第七连的士兵们快步向前，准备穿越此地到鲁克斯维勒去。

夜幕降临时，下起了瓢泼大雨。隆美尔一行忍受着大雨的折磨，坚持朝目的地走去。被雨水打湿的背包越来越重，压得他们喘不过气来。边境也越来越近了，偶尔会传来零星的枪声。隆美尔知道，对他们来说，这场战争算是正式开始了！

在他们抵达前线的同一天，奥匈帝国正式向沙俄宣战，塞尔维亚正式对德国宣战。三国同盟中意大利宣布在这次大战中保持中立。8月12日，英国向奥匈帝国宣战。第一次世界大战全面爆发了。

应当注意的是，第一次世界大战是一场非正义的、帝国主义争霸性质的掠夺战争。除了塞尔维亚等少数国家的参战具有民族解放和自卫的正义性质外，德、奥、法、英、俄、意等任何一方的战争行为都是非正义的。

四

与功勋奖章失之交臂

在第一次世界大战的德法战场上，隆美尔作战十分勇猛。1914年9月，在瓦伦尼斯的一场战斗中，他的队伍被冲散了，只得孤身战斗！不幸的是，他的左腿被一颗步枪流弹打伤了，他的子弹也已经全部打光了。更为糟糕的是，正在这时，3名身材高大的法国士兵发现了他。他们端着步枪，一步一步地向隆美尔紧逼过来。隆美尔毫不犹豫地举起手中那支没有子弹的步枪，冲上了上去。3名法国士兵被他这种不要命的战斗精神镇住了，转身就逃。隆美尔也因此躲过了一劫。事后，隆美尔被送进了野战医院进行治疗。为了表彰他英勇的作战行为，部队为他颁发了二级铁十字勋章。

隆美尔不但自己作战勇猛，还在指挥战斗中将这种精神传递到了每个士兵的身上。时任第七连某排排长的西奥多·威尔纳回忆说："当我在1915年第一次见到隆美尔时，他看上去身体纤弱，相貌清秀，似乎有点书生气。但他被一种神圣的热情所鼓舞着，总是千方百计地带领大家建功立业。几乎从一开始，他那种精神就以一种难以理解的方式渗进了整个团队的生活。大伙起初只是有一点这种感觉，后来这种感觉便戏剧般地增强了，最后，每一个人都被他那种主动、勇敢、豪爽而又令人眩惑的行为所鼓舞了。"

第一次世界大战时的隆美尔

威尔纳后来成为了隆美尔最得力的

助手之一。他曾经写道:"任何人一旦被他那富于魅力的性格所吸引,就会变成一个真正的战士。无论怎样劳累,他似乎永远不会疲倦,他仿佛看透了敌人,知道他们可能作出什么样的反应。他的计划往往是惊人的,但完全是出自本能的,很少有含混不清的情况。他有一种罕见的想象力,这使他能够在最棘手的情况下找出最意想不到的解决办法。在危急关头,他总是身先士卒地召唤我们跟随着他,仿佛根本无所畏惧。他的部下把他当作偶像来崇拜,并无限地忠诚于他。"

1915年1月13日,隆美尔伤愈出院了。当时,他所在的第一二四步兵团在阿恭纳斯森林里,同法军进行着艰苦的堑壕战。双方打得难分难舍,伤亡都十分惨重。为了打破僵局,团长命令他带领第七连穿插到法军的主阵地,出其不意地夺取地堡,掩护全团进攻。

隆美尔欣然受命,并在一个月黑风高的夜晚,身先士卒地向法军阵地前沿的铁丝网爬去。铁丝网长达近百米,而且上面满是铁刺,一不小心就会被刮伤。隆美尔和士兵们悄悄地爬过了铁丝网,出其不意地闯进了法军的主阵地。

惊慌失措的法军还没有反应过来,隆美尔已经指挥士兵占领了4个地堡。他命令士兵们依托地堡,尽量杀伤前来增援的法军。几分钟后,法军约一个营的兵力向地堡发起了反攻。隆美尔沉着应战,很快将其击退了。地堡前留下了一堆堆法军的尸体。

法军被击退之后,隆美尔果断地决定,立即率部撤退。他们刚刚按照原路返回到自己的阵地,法军便组织了新的攻势,将他们之前占领的4个地堡全部炸开了。看着对面阵地上爆炸的火光,隆美尔狡黠地笑了笑。法军炸掉的不过是自己的地堡,他和士兵早已安全撤离了。

在这次行动中,第七连以伤亡12人的代价,重创了法军一个营,还顺利地迫使他们炸掉了自己的4个地堡。隆美尔再次受到了上级的表彰,并荣获了一枚一级铁十字勋章。他是第一二四步兵团中第一个获此殊荣的中尉军官。

1915年10月,隆美尔被派往新组建的伍尔登堡山地营担任训练新兵的工作。随后,隆美尔便回到了伍尔登堡,对部队进行了严格的训练。一年之后,他奉命率全营6个步兵连和6个山地机枪排赶赴罗马尼亚,对抗沙俄军队。此后,他曾奉命率山地营在德法和德俄前线奔波。总之,哪里出现危急的情况，他和他的山地营就会被调到哪里。

　　1916年底，隆美尔获得了一个难得的假期。他立即赶赴但泽，去和恋人露西完婚。很快，他又返回了战场。他与妻子露西的通信又恢复了。从此之后，他们夫妻俩只要分开，每天必定会有书信往还。

　　1917年9月26日，隆美尔又奉命率部赶赴更为紧迫的意大利北部战场。意大利原本属于同盟国的阵营。英、法两国为了孤立德国和奥匈帝国，许诺意大利以优厚的报酬，让其反水对德国宣战。意大利遂于1915年5月对德、奥宣战。意大利军队的战斗力较弱，在战争初期便损失约30万兵力。不过，意军却成功地牵制了奥匈帝国40个师的兵力。随后，双方在伊松索河的边境上展开了激战。

　　隆美尔率部到达之时，奥匈帝国的军队已经同意大利军队进行了11次激战。双方均损失惨重，但仍然不分胜负。意大利军队便筹划了第12次进攻，企图一举突破奥匈帝国军队的防线，将战场转移到奥匈帝国境内。意大利集结了40个师的兵力，调集了数千门大炮，在伊松索河中段摆开了阵势。奥匈帝国急忙向德国求援，以求稳住战线。德军最高统帅部随后便组建了第十四军团，由奥托·冯·贝罗将军指挥，开往伊松索前线，支援奥匈帝国。

　　伊松索河流域地形复杂。河流两岸尽是高耸的山峰和悬崖峭壁，山中终日迷雾缭绕，能见度很低。德军第十四军团的司令部便设在一处山坡之上。意大利军队的火炮日夜不间断地向德军阵地上倾泻着炮弹。每一颗炮弹似乎都有将德军第十四军团司令部掀翻的可能。

　　10月，伊松索河流域下起了大雨。贝罗将军站在作战地图前，突然笑了起来。性格沉稳、指挥风格狡黠多变的贝罗觉得，这场大雨是他掩蔽自己作战意图的最佳屏障。贝罗向各部队下达了作战命令，让其不惜一切代价夺取意大利军队在伊松索河南面的主阵地。主阵地上的几个制高点便成了德军进攻的主要目标。蒙特山和1114号高地是两个最重要的制高点，一旦夺取这两个制高点，便可在任意方向对意大利军队进行攻击，从而控制整个战场的形势。但要想达到这一目的并不是一件容易的事情。意军在每个制高点上都部署了数万名士兵和几十门构造精良的火炮。如若强攻，德军势必会付出惨重的代价。

　　战斗打响了，德军在大雨的掩护中向意军前沿阵地发起了进攻。年轻的军官们都想夺取高地，为自己和自己的部队争得荣誉。来自巴伐利亚的青年军官费丁南德·舒尔纳中尉在这场竞争中取得了胜利。他是一个近乎冷血之人，根本不顾士兵的死活，不断地催促他们奋力前进。士兵们负重太多，步枪、子弹带等一样不少。大雨和山洪更是增加了他们行军的难度。以至于，他的团队到达高地之前，就有一名士兵因劳累过度而永远地倒下了。

部队在科罗弗拉山口遇到了意军顽强的抵抗。战斗异常剧烈，双方的伤亡也都很大。直到夜幕降临之时，舒尔纳也没有突破意军的防御阵地。意军的防御十分牢固，炮兵构筑的掩体简直像要塞一样，而且都有机枪手在其中担负掩护任务。

正在战事胶着之际，隆美尔率领先遣队侦察了意军的防御工事，发现了一个突破口。拂晓，他指挥山地营率先插入了意大利布防的前沿，3个小时后便攻克了库克山。山上40名意大利军官和1500名士兵纷纷向隆美尔缴械投降了。显然，这些意大利士兵根本不愿意打仗。在他们看来，当德军俘虏便可以结束战争了！至于谁胜谁负，那跟他们似乎没有多大的关系。投降了的意大利士兵甚至将隆美尔举起来，以庆祝战争的结束。

意军发现隆美尔突然出现在自己的后方，顿时陷入一片恐慌之中，其坚固的战线迅速崩溃了。德国步兵乘势从突破口涌入，进一步扩大了战果。舒尔纳中尉也趁机夺取了1114号高地。舒尔纳也因此被授予德军的最高勋章——功勋奖章，并被提升为上尉。与功勋奖章失之交臂让隆美尔感到十分气恼。他认为，这枚勋章应该是属于他的，而不属于巴伐利亚人舒尔纳！

不过，隆美尔并没有灰心，他还有一个获得功勋奖章的机会。贝罗将军曾明确许诺，第一个率部登上意军阵地最高点——蒙特山的军官可以获得这枚勋章。在库克山高地的意军俘虏被带走之前，几个会说德语的意大利士兵向隆美尔透露，在蒙特山上还驻有意军的另外一个团。

隆美尔立即向他的顶头上司斯普诺塞少校报告了此事，并请求由自己率部冲上去攻击意军该部。斯普诺塞少校同意了隆美尔的请求。隆美尔得令之后，立即指挥部队迂回到了蒙特山的西坡。驻守在山上的意军很快发现了他们的行踪，向他们射出了密集的子弹。

经过几天的战斗，士兵们都已经疲惫不堪了。但隆美尔依然像刚出笼的猛虎一般，冲在了最前头。士兵们都被隆美尔锐不可当的架势感染了，一个个也不要命似的跟在他的身后向山上冲去。

意军成散兵线躲在岩石的后面，不断地用机枪向他们扫射。隆美尔感觉到，疯狂的意军绝不会轻易放弃蒙特山阵地，唯有杀出一条血路，冲到最高峰，才能迫其就范。隆美尔率领自己的先遣队进行了53个小时的全速行军和战斗，终于爬上了山峰，逼近了意军在蒙特山的最后一个阵地。

隆美尔立即命令士兵向阵地上的意军开火。密集的子弹呼啸着飞向了意军的阵地，有的直接打进了意军士兵的身体，钻了一个血窟窿；有的则打在了岩石上，溅起一片片碎片。四散飞去的岩石碎片又成了杀伤意军的有效武器。

在强大的火力压迫下，意军试图逃进一条沟壑躲起来。但隆美尔没有给他们这个机会。他指挥士兵们紧随其后，咬住不放，终于迫使意军缴械投降了。到上午11点，盘踞在高峰的最后120人也在隆美尔面前交出了武器。10分钟后，他站立在顶峰上，命令打一发白色、三发绿色的照明弹，向主力部队宣告自己的胜利。

意军投降之后，隆美尔对战果进行了统计。他惊奇地发现，在53个小时的战斗中，他率全营杀伤、俘虏意军数百人，但己方仅仅阵亡一人，这是多么惊人的战绩啊！

奇怪的是，隆美尔的战绩并没有得到第十四军团的嘉奖。德军总参谋长埃里希·冯·鲁登道夫将军宣布说："蒙特山是由勇敢的西里西亚连队指挥官瓦尔特·斯奈伯中尉攻克的。"

如此一来，本来应当属于隆美尔的功勋奖章便被授予了斯奈伯中尉。实际上，斯奈伯中尉也攻克了蒙特山的一个高地，但他却不是第一个攻克蒙特山高地的军官，隆美尔才是。对此，隆美尔气得说不出话来。尽管他多方活动，企图证明自己才是第一个攻克蒙特山高地的军官，但司令部始终没有给他任何答复。

五

获得梦寐以求的奖章

两次与功勋奖章失之交臂并没有让隆美尔失去战斗热忱。他依然率领先遣队紧紧尾随溃败的意军，对其进行残酷的打击。他的先遣队是斯普诺塞少校率领的山地营的前卫，而这个营又是整个第十四军团的先锋。隆美尔虽然没有获得功勋奖章，但是他出色的指挥才能已经得到了军团高级指挥官的肯定。

在整个11月份，他率部以恫吓、虚张声势等心理战，奇袭、跟踪等诡异的战术，重创了意军。此时，他的战术和指挥风格已经逐渐成熟了。他喜欢先发制人，并不惜冒一切风险渗透到敌防线的后方，动摇对手的抵抗意志。另外，他总能巧妙地配置火力，夺取敌人的弹药。

有一次，为了穿插到意军防线的后方，隆美尔竟率山地营先遣队爬越新雪初落的山梁。在悬崖峭壁之上，负重稍微多一点的人一不小心就会跌入万丈深渊。在下雪之后，翻越山梁就更加危险了，连当地的山民也不敢冒险。但隆美尔硬是冒着种种危险，率少数勇敢的步兵和机枪手翻越了山梁，出其不意地出现在了意军后方。

然后，他立即命令部队向数量大大超过己方的意军发起了进攻。后方遭到突袭，不明就里的意军顿时大乱，士气一蹶不振。第十四军团的主力部队赶到之后，该部意军被全歼了。

11月底，隆美尔指挥的先遣队推进到了隆格诺恩附近。小城是整个意军山地防御系统的中坚，一旦拔掉这颗钉子，整个意军的防御系统便会土崩瓦解。隆美尔率部抢夺了通往小城唯一一座大桥，但没等他们冲过去，意军强大的火力就压得他们抬不起头来。意军在小城上的防守力量十分强大。再加上附近的地形十分复杂，一味蛮攻将是毫无意义的事情。

退回来之后，隆美尔趴在皮尔弗河畔用望远镜静静地注视着对岸意军的一举一动。就在这时，随着一声巨响，通往小镇唯一的一座桥梁被意军炸毁了。隆美尔十分沮丧，大桥被炸毁了，唯一的办法就只有强渡皮尔弗河了。

下午4点，隆美尔以发射信号弹的方式向等候在对岸的士兵下达了渡河命令。随后，他率部在离隆格诺恩南端不远的岸边构筑了埋伏阵地。这里是城内通向城外的公路和铁路的必经之处。从双筒望远镜里，隆美尔可以清楚地看到，大批意大利士兵正在对岸向南溃逃。整个小镇被部队和军事装备挤得水泄不通。隆美尔立即命令一个连和一个机枪排顺流而下，自己也随他们前往。很快，隆美尔率部来到了一处水流较为平缓之处。他立即带领18名士兵冒着猛烈的火力强渡了皮尔弗河，并在岸边隐蔽了起来。

隆美尔打算在这里打一个伏击。果不其然，下午6点，一支由800名士兵组成的意军闯进了他们的埋伏圈，隆美尔立即命令士兵开火。几分钟后，意军便打起了白旗，缴械投降了。

夜幕降临时，隆美尔将先遣队的大部分兵力都埋伏在了岸边，自己则带着一小部分人开始向隆格诺恩前进。不料，他们这次误入了意大利机枪手防守的街垒。他们刚一露头，意军的机枪便咆哮起来。

隆美尔下令暂时撤退，意军紧随其后，穷追不舍。隆美尔做出了一个大胆的决定，果断还击。追兵力量强大，隆格诺恩里还有上万名援兵，但隆美尔身边只有24个人，包括他自己在内也只有25人。当意大利军官摸清了隆美尔的兵力之后，便大胆地命令士兵开火，企图合围隆美尔所部。隆美尔毫不畏惧，下令坚决还击。最后，他身边的24人除了阵亡者，其余全部被俘，只有他一个人逃了出来。

在黑夜的掩护之下，隆美尔逃到了隆格诺恩南边，与自己的先遣队会合了。意大利的追兵紧紧跟在他的身后。隆美尔立即命令机枪手进行阻击。意军的战斗力实在太差了，德军的机枪一响，他们便纷纷退到了城里。

为了防止意军趁黑夜包抄自己的侧翼，隆美尔放火烧了沿路的房屋，把整个战场照得通明。夜深了，隆美尔和士兵们轮流站岗，静静地等候主力部队的到来。天快亮的时候，隆美尔获悉，斯普诺塞少校和奥匈帝国的一个师已经赶到了，正准备进攻隆格诺恩。

隆美尔立即兴奋起来，他决定拂晓时重新发起进攻。拂晓时，隆美尔的先遣队在行进的途中却遇到了舒菲尔中尉。他是在昨夜的小规模战斗中被俘的，他身后跟着几百名意大利士兵，手里摇着各式各样的旗子。舒菲尔中尉带来了隆格诺恩周围的意军已经全部投降的喜讯。

就这样，隆格诺恩周边的战斗便全部结束了。意军整整一个师都成了德军的俘虏！隆美尔和他的先遣队队员听到这个消息并没有什么想法，什么也没说。他们扭头就返回了兵营，倒在床上像死人一样沉入了梦乡。他们实在太累了！在隆格诺恩的战斗中，隆美尔以极其微小的代价获得了重大胜利。让人不可思议的是，他的先遣队在一天之内竟然俘虏了8000多名意军。

为了表彰隆美尔在这次行动中的出色表现，德皇威廉二世在战斗结束的一个月后，授予了他所渴望的礼物——至高无上的功勋奖章。嘉奖令说：这枚勋章是对他突破科罗弗拉防线，攻克蒙特山，占领隆格诺恩的奖赏。隆美尔是一个爱出风头的人，将荣誉看得比生命还要重要。从此以后，他总是用一根绶带把这枚与众不同的十字勋章挂在自己的脖子上，他知道自己的同行对此十分嫉妒。多年之后，他还洋洋得意地对学生时代的老朋友汉斯·凯特尔说："你简直无法想象那些军官对我的功勋奖章是何等得嫉妒，在这一点上根本谈不上什么战友之情。"

隆美尔被授予奖章

美国在1917年4月对德宣战，出兵欧洲，参加了对德作战。德军的压力徒增，战局对德国越来越不利了。1917年11月，俄国爆发了十月（俄历10月，公历11月）革命，新成立的苏维埃政权宣布退出第一次世界大战。德国结束了艰苦的两线作战,将东线的兵力迅速抽调到西线,专心对付英、法、意等国。在西线战场上,德军虽然有许多像隆美尔这样杰出的青年军官,打了很多胜仗,但终究无法扭转整个战局。随后,德军在前线开始节节败退。

1918年1月7日,隆美尔奉命离营休养了一段时间。作为一位凯旋的英雄,他在国内受到了热烈的欢迎。隆美尔虽然十分享受这种欢呼,但他更期待着与妻子露西独处一段时间。他回到家中,发现妻子已经不再是过去那个娇羞的少女了,已经成长为了一个仪态大方、相貌端庄、性格刚毅的女子。虽然她依旧爱笑,笑声依旧又响又长,然而却丝毫也没有放荡不羁的意味了。

隆美尔越来越爱她了,对她千依百顺。露西虽然很崇拜隆美尔,但也十分喜欢随意支配他。露西的一位女友说:"看着隆美尔那样大惊小怪地围着她转,实在使人觉得有趣!他的口头禅似乎总是'你有什么就说吧,露西!'"

在隆美尔的宠爱下,露西的性情越来越飞扬跋扈,竟然变得有点像泼妇了。如果她和某位朋友翻了脸,她的其他朋友也必须把那个女人排斥在自己的团体之外。否则,她就会大发雷霆。

在家里休养了一段时间之后,隆美尔奉命前往第六十四集团军司令部担任参谋,军衔被提升为上尉。第六十四集团军驻守在佛日山脉的东面,主要任务是防守阿尔萨斯,所以整天呆在堑壕里。尽管职务提升了,但隆美尔并不开心。严峻的战争生活已把他造就成一个强壮、坚毅的成年汉子,再也不是当年那个体弱的年轻人了。他喜欢阅兵场上那种粗犷的生活方式。在那里,他可以随意向士兵们发出咆哮之声,甚至抬脚给他们几脚。不过,他在私人场合又会变得文静起来,甚至连说话也细声慢气的。很难说,这两种性格究竟哪一种才是他真实的性格,又或许两者都是。

· 第二章 ·

希特勒的红人

一

任步枪连连长的九年

第一次世界大战发展到1918年秋季，战局已经十分明朗了。德国的盟国奥斯曼帝国、保加利亚和奥匈帝国因持续作战，致使经济崩溃，国内积累已久的民族矛盾接连爆发。各国政府自顾不暇，无力再战，相继向协约国求和，退出了战争。

德军独力难支，溃败的速度更快了。由此，德国国内的矛盾也开始加剧了。1918年9月，德军陆军最高指挥官兴登堡元帅建议在议会上提出"结束战争"的议案，并建议德皇威廉二世出逃德国。但德军的最高统帅部却仍野心不息，意图用剩余的海军舰只与英国海军进行最后决战。结果德国水兵因不愿送死，在基尔港发生起义，并迅速蔓延到整个海军及全国。11月9日，德国首都柏林发生了十一月革命，德皇威廉二世被迫宣布退位，并逃至荷兰。德国社会民主党组成了临时政府，宣布成立共和国，史称魏玛共和国。随后，魏玛共和国与协约国议和，并于11月11日签订了《贡比涅森林停战协定》。历时4年零3个月的第一次世界大战以协约国的胜利告终了。

第一世界大战极大地改变了欧洲和世界的格局。俄罗斯帝国、奥斯曼帝国、奥匈帝国和德意志第二帝国在战争中或战争结束后的几年内全部解体了。奥斯曼帝国和奥匈帝国还分裂成了许多独立的民族国家。英、法等老牌帝国主义国家在战争中受到重创，远离欧洲战场的美国和日本却在战争中以倒卖军火和攫取殖民地而大发其财，迅速成长为新兴的帝国主义国家。

停战后，德军遵循着停战协议的规定，有秩序地返回到了德国国内。为了稳定政局，共和国不得不向陆军军官们求助。于是，大量的陆军军官被派到了各地军营。1918年12月，隆美尔被调离了参谋军官的职位，再次回到步兵团担任连级指挥官。1919年3月，他又被派往康士坦士湖的弗朗德理查斯芬指挥内务安全连。内务安全连的士兵大多出身无产阶级，十分看不惯隆美尔的作风。他们不但嘲笑隆美尔胸前的勋章，还拒绝进行操练。隆美尔和士兵们的关系也因此而一度十分紧张。

1919年6月28日，第一次世界大战的各参加国在巴黎的凡尔赛宫签订了《凡尔赛条约》。这个条约的签订标志着第一次世界大战正式结束了。法、英、美三国是巴黎和会的主导国。三国领导人从各国自身的利益出发对战败国提出了不同的惩罚措施。

法国总理克列孟梭主张，法国收回德国通过普法战争从法国获得的阿尔萨斯和洛林两省；将德国的鲁尔工业区交由法国管理，用该项收益来支付德国应承担的战争赔款；当众处死德皇威廉二世，以惩罚德国军国主义；将德军军力削减至不再对法国构成威胁的程度；由战胜国瓜分德国的海外殖民地等。

英国首相劳合·乔治也同意惩罚德国，但在具体措施上较法国为轻。劳合·乔治认识到，一旦克列孟梭提出的条件全都得到满足的话，法国就会成为欧洲大陆的超级强国。欧洲大陆的势力均衡势必会破坏。这和英国意图维持一个均衡的欧洲的传统政策相悖。因此，他主张瓜分德国的海外殖民地，以加强英国的海上霸权；削弱德国军力至较低水平；德国进行战争赔偿但不可过分，以免激起德国的复仇心理；帮助德国重建经济。

美国总统伍德罗·威尔逊提出的惩罚措施比英、法两国都要轻。一方面，美国因为在战争中通过军火贸易而大发其财，一跃成为第一经济强国，美国政府倾向于安抚德国并保证平等的贸易机会并顺利收回战争债务。另一方面，为了避免再次发生世界大战，威尔逊反对过分苛刻的条款，以免造成德国的复仇心理。

经过长达几个月的争吵，在英、法、美三大国主导下的巴黎和会终于通过了《凡尔赛条约》。该条约共分15部分，440条，对德国的领土、经济、军事等各方面进行了严厉的制裁。根据条约规定，德国损失了13%的领土，12.5%的人口，所有的海外殖民地，16%的煤产地及半数的钢铁工业。

根据条约规定，法国收回了阿尔萨斯和洛林两省，并取得了德国萨尔煤矿的开采权。萨尔区的行政权暂时交由国际联盟，15年后由公民投票决定其归属。莱茵河以西的地区由协约国军队分区占领15年，莱茵河以东50公里宽的地区划为非军事区，德军不得在此设防。

德国通过普丹战争取得的北石勒苏益格经公投归还给了丹麦。德国把18世纪侵吞的波兰领土，包括西普鲁士、波森省、部分东普鲁士及部分上西里西亚归还波兰，并给予波兰海岸线，承认其独立。德国将东上西里西亚割给从奥匈帝国分裂出来的新国家捷克斯洛伐克。但泽由国际联盟管理，称为但泽自由市。尤本及萨尔梅迪割让给比利时，克莱佩达地区则割让给立陶宛。德国必须承认奥地利独立，并且永远不得与它合并。此外，德国的所有海外殖民地都被英、法、日等国以"委任统治"的形式瓜分了。

根据协约国赔偿委员会决定，德国共需支付战争赔款2260亿马克（后来减至1320亿帝国马克），并且必须以黄金支付。历史学家一般认为，英、法、美等国对德国的过分制裁，以及沉重的赔偿给德国经济戴上了一副沉重的枷锁，并间接导致了纳粹党在德国的崛起，为第二次世界大战的爆发埋下了隐患。

《凡尔赛条约》除了在政治和经济上对德国进行了严厉的制裁之外，还对其军事力量进行了严格的限制。按照规定，德军必须解散总参谋部；取消义务兵役制；将陆军的规模限制在10万人以下，并且不得拥有坦克或重型火炮等进攻性武器；不得拥有海军，船舰方面只能有6艘排水量一万吨的战列舰，不准拥有潜水艇；不得组织空军等。

1919年7月9日，德国的国民议会通过了《凡尔赛条约》。此后，德国便被一股恐慌与复仇的情绪笼罩着。德国政府开始大规模地裁军，将绝大多数士兵和军官遣送回家了。对隆美尔来说，离开军队简直是一件无法想象的事情。军队已经成为他生命的一部分了，在这里他才能找到真正的自己。一旦离开军队，他会像从前一样，再次沦为一个笨拙、呆滞的普通人。

幸运的是，隆美尔并没有被清除出军队。1920年的春天，隆美尔奉命率部开赴格姆德市，镇压蒙斯特兰和威斯伐尼亚两大公司工人发起的无产阶级革命运动。隆美尔的副官恩斯特·施特莱彻曾经描述过隆美尔的这段经历。他写道："隆美尔把消防水龙当作机关炮一样使用，疯狂地向他们扫射，阻住了革命党人冲击格姆德市议会的行动，挫伤了他们狂热的激情。"

此后，隆美尔被派往斯登卡德的一个步兵团任步枪连连长。此后，他在斯登卡德呆了9年的时间，也默默无闻地度过了这9年时光。在这段时间里，他丰富了自己有关指挥艺术的知识。他研究过重机枪，并成了一名熟练的射手和装弹手，学会了有关内燃机的一切原理；他抽时间向士兵讲解社会风习，甚至组织他们跳舞；他养了一条狗，开始集邮，还尝试着学习小提琴，以及修理摩托车等等。

有时候，露西也会被隆美尔拉入这些活动之中。任性的露西并不喜欢做这些痛苦的尝试。有一次，隆美尔带露西去滑雪。当大家都开始运动起来的时候，露西却执拗地坐在雪地里抱怨天气太冷。隆美尔转过身来对她说："你最好还是站起来，我可没建议你来冻死。"

任性的露西斜眼看了隆美尔一下，依然一动不动地坐在那里。隆美尔毫无办法，只好屈服了，让她骑马下山去了。在成为德国的陆军元帅之后，隆美尔可以指挥千军万马，但始终无法指挥动自己的妻子。

1928年，隆美尔夫妇有了自己的孩子。隆美尔孩子取名为曼弗雷德，并对他寄予了极大的希望。因为，这不但是他和露西爱情的结晶，也是他自己生命的延续。他不知道德国何时才能从协约国的惩罚中恢复元气，更不知道自己这辈子还有没有机会出人头地。所以，他把希望都寄托在了儿子的身上。

在步枪连任连长期间，隆美尔的指挥才能再次得到了上司的认可。1929年9月，隆美尔接到调令，即将赴德累斯顿步兵学校任教官一职。他的营长在其评语中写道："隆美尔有十分了不起的军事才能，尤其对地形具有极其正确的判断力。他已经在战斗中表明自己是一个模范的战斗指挥官，并在培训和操练他的连队方面取得了良好的效果！这位军官身上的素质比表面所能看到的要多得多。"

二

希特勒确立独裁统治

1929年10月1日，隆美尔如期赶到德累斯顿步兵学校报到，成为了一名教官。在教学中，隆美尔将自己从第一次世界大战战场上和任步枪连连长多年总结的经验都教给了年轻的中尉军官。他要把这些年轻的中尉全部培养成合格的连级指挥官。隆美尔曾经说过："我要教给他们的，首先是如何拯救人的生命。"

在第一次世界大战的战场上，隆美尔就注意到了，有些指挥官毫无同情心，也没有任何指挥才能，只会把优秀的士兵送上屠场。隆美尔不希望自己培养出来的军官成为这样的人。他认为士兵们"应该流汗，而不应该流血"，所以他要求学员们充分认识到适当挖壕固守的价值。

隆美尔很快就成为了步兵学校里最受欢迎的教官之一。隆美尔讲课时喜欢画例图，让学员们直接观摩。这一招很奏效，学员们很快就学会了他的山地战经验。但当别的教官也试图使用这种方法时，学员们却在暗中打瞌睡。有一位教官时常抱怨说："星期一早上的课程实在太艰难了，学员们一上课就打瞌睡！"

隆美尔听说之后，便主动向校方提出，将他的课程安排到星期一的早上。隆美尔信誓旦旦地说："我敢保证，上我的课他们决不会睡觉！"

果不其然，他讲授自己在蒙特山的作战经验之时，把学员们全部吸引住了。多年后，一位教官还记忆犹新地写道："只要你重视隆美尔攻克蒙特山的战斗，你就会了解他。他基本上一直就是那个中尉，仓促地作出决定，不假思索地行动。"

1931年9月，德累斯顿步兵学校校长在一份机密文件中如是评价隆美尔："他根据自己的战斗经验所讲述的战术课，不仅给学员提供了战术知识，而且也给他们的思想提供了精神粮食，学员们总是很乐意听他讲课。"

1932年，步兵学校的一位高级教官称赞隆美尔说："即使在精心挑选的军官群中，他的人品也是出类拔萃的……他是一个天生的领袖，能够激励和唤起别人高昂的自信心；他是第一流的步兵和战术教官，他不仅能经常提出建议，更重要的是能使每一个学员都有自己的性格……他受到同行的尊敬和学员的崇拜。"

在德累斯顿步兵学校任职期间，德国国内和世界的局势都发生了急剧的变化。1929年，从美国开始的经济危机迅速席卷全球。各国的政治、经济矛盾变得越来越尖锐。德国在经济危机的打击之下，政局也再次动荡起来。希特勒趁机鼓动中下层人士，利用德国人的复仇情绪扩充纳粹党，走上了反对魏玛共和政府的道路。

阿道夫·希特勒于1889年4月20日出生在奥地利和德国巴伐利亚边境的布劳瑙小镇。他出身于奥地利的一个小政府职员之家，早年生活十分困顿。他曾梦想着成为一名画家，但始终没有成功。后来，希特勒将目光转向了政治领域，并希望通过政治活动实现进身上层社会的目的。此后，他阅读了大肆鼓吹极端国家主义和极端民族主义、反犹主义的小册子，还注意观察奥地利各政党，尤其是奥地利社会民主党的活动。渐渐地，他对大德意志民族主义产生了狂热的情绪，并总结出了一套政治经验：政党必须与群众运动结合，必须掌握在群众中进行宣传的艺术，否则将一事无成。

第一次世界大战爆发后，希特勒上书巴伐利亚国王路德维希三世，恳求国王能批准他参加巴伐利亚军队。8月4日，希特勒获准作为志愿兵加入了巴伐利亚步兵第十六团，成为陆军下士，在团部任传令兵。希特勒干得相当不错，甚至还获得了一枚一级铁十字勋章。

战争末期，希特勒因受到芥子气的攻击而导致眼睛严重受伤，不得不住进了医院。战争结束之时，他仍然在医院接受治疗。当他得知战争结束的消息时，犹如五雷轰顶，痛哭失声。他本把战争视为自己的进身之阶。战争的突然结束，让他的梦想瞬间破灭了。于是，希特勒决定投身政治，当一个政治家。

1918年11月底，希特勒伤愈出院了。从此之后，他坚定地走上了政治投机之路。当时，受到俄国十月革命的影响，德国慕尼黑等地的无产阶级也成立了苏维埃政权。在调查苏维埃政权的行动中，希特勒表现突出，从而受到了魏玛共和国政府的赏识，被调到陆军军区司令部政治部新闻局工作。

《凡尔赛条约》签订之后，魏玛政府为了保证军队的可靠性，专门设立了一些特别委员会，负责报告部队中可能出现的政治颠覆活动，同时负责监视工人组织的活动。善于投机的希特勒被选为了第一批特别委员会成员。在慕尼黑大学的一个特种训练班受训期间，老师发现他是一个注意听讲的学员，而且口才过人，是一个不可多得的人才，遂提请希特勒的上级对此予以注意。

不久之后，希特勒便被派到慕尼黑的一个团队去演讲，号召德国民众与和平主义、社会主义、民主主义等思想作斗争。从此，希特勒迎来了他人生的转折点。他不但受到了当局的青睐，还第一次发现自己有超乎寻常的演说能力。

1919年9月，希特勒奉命调查德国工人党的情况时被意外地接受为该党第五十五名成员、第七名委员。从此，野心勃勃的希特勒便一边充当陆军部的秘密"侦查员"，一边按照自己的观点和目标来改造德国工人党。他四处发表演说，竭力向大学生、小业主和军官们煽动对凡尔赛和约、"十一月罪人"及犹太人的仇恨。他的演说通俗易懂，使得听众，特别是经历过第一次世界大战的士兵倍感亲切。不久，希特勒便成为了闻名遐迩的工人党领袖。

为吸引民众，狡黠的希特勒巧妙地将当时盛行的民族主义和社会主义两股潮流糅合在一起，将德国工人党正式改名为"民族社会主义德国工人党"。这便是臭名昭著的纳粹党！希特勒筹划了党旗和党的标志，党旗以黑、白、红三种颜色为底色，标志是一个"卐"字。希特勒组织的这种民族主义的符号和标志以及军事化的风格，立即对小市民阶层产生一种强烈的吸引力，纳粹党的队伍迅速壮大起来。

1921年7月，希特勒成功取消了党的委员会，废除了选举制，确立了"领袖原则"，实行独裁统治。希特勒成了"民族社会主义德国工人党"的元首。一时间，希特勒名声大噪，成为了许多德国青年崇拜的对象。

在德国政局动荡的20年代，希特勒曾经效法意大利的墨索里尼，企图以政变的方式夺取政权。他的政变失败了，但只获得了5年监禁的轻微处罚。这是因为他的民族主义思想引起了法官的同情。结果，希特勒只服了8个月的徒刑就被赦免了，而且未被驱逐出境。

在狱中，希特勒受到了前所未有的优待。狡猾的希特勒在此期间口授完成了他的自传《我的奋斗》上篇，还成功地将狱中的大多数工作人员都变成了狂热的纳粹分子。希特勒在《我的奋斗》一书中，大力宣扬反犹主义。他认为犹太人和斯拉夫人是劣等民族，雅利安人是优等人种，因此它有权征服和统治其他民族。他甚至主张通过暴力手段向东扩张，以使德意志民族获得更为广阔的生存空间。希特勒还极力宣扬复仇主义，声言必须撕毁《凡尔赛条约》，必须同德国人民的不共戴天的死敌——法国算账。除此之外，希特勒还在书中攻击议会民主制度，宣传专制独裁统治，宣扬法西斯的理论。

出狱之后，希特勒一边专心致志地写作《我的奋斗》的后半部分，一边改组纳粹党，建立了一套错综复杂的党内机构。到1928年，纳粹党已经演变成了一个"拥有一批具有接管政府事务能力的干部的政党"。此外，希特勒还建立了一个拥有几十万队员的武装团体，保护纳粹党举行的集会，捣乱其他政党的集会和恫吓那些反对他的人。后来，他干脆建立了党卫队，并要求他们宣誓效忠于他。

1929年，一场史无前例的经济危机席卷了整个资本主义世界。德国受害颇深，企业纷纷倒闭，失业人数直线上升，最高时达600余万人。1930年3月，魏玛共和国的最后一届政府因入阁各党在如何平衡国库亏空问题上产生分歧而垮台了。魏玛共和国不得不由所谓的"总统内阁"来治理。德国民众对魏玛政府越来越不满了，他们强烈要求建立一个拯救德意志民族，给社会带来安定，给人民带来幸福的新政府。

希特勒趁机大肆活动，一方面宣称经济危机是"政府无能"，是政府接受《凡尔赛条约》和战争赔款的结果；一方面对各阶层人民不断做出符合其愿望的慷慨许诺，宣称纳粹党不是一个阶级政党，而是"大众党"，并重点向中下层的中产阶级发动讨好攻势，以争取他们的支持。

纳粹党迅速壮大起来。经济危机爆发之前，纳粹党只有10.8万人，到1932年时已经超过了100万。在1932年7月31日举行的国会选举中，纳粹党获得了37.3%的选票，一跃成为国会中最大的党派。希特勒趁机施展手段，于1933年1月30日登上了德国总理的宝座。魏玛共和国宣告垮台了，德国正式进入了希特勒法西斯独裁统治时期，史称德意志第三帝国。

三

从营长到教官的历程

作为一名职业军人，隆美尔对政治并不十分敏感。不过，他对希特勒掌控德国军政大权却怀有感激之情。他和许多德国人一样，将希特勒视为拯救德国和德意志民族的大英雄。他的妻子露西对希特勒的崇拜之情更是达到了狂热的程度。

1933年10月，隆美尔被提升为驻守在德国中部哈兹山区戈斯拉的第十七步兵团第三营少校营长。这个营的代号是"猎人"。因此，隆美尔主张全营官兵都必须学会打猎和射击，让追踪和厮杀成为他们的第二天性。但他手下的军官们对此并不买账，他们在隆美尔上任的第一天，就千方百计地设置了一个圈套，企图给他一个下马威。

当地有一座高山，十分险峻，山峰上终年覆盖着积雪。在当地驻守多年的军官们也没有多少人攀登过这座险峻的高山。隆美尔刚到兵营，一些军官便怂恿他带队爬上这座山，然后再滑雪而下。隆美尔知道，这是军官们给他出的难题，意在给他一个下马威。如果他无法顺利完成这项挑战的话，今后将无法有效地领导这帮人。于是，他想也不想，便答应了下来，并立即邀请那些军官跟他一起完成这项挑战。

结果，隆美尔第一个登上了山峰，又第一个滑雪而下。隆美尔在山脚下等了好一会，那些军官才气喘吁吁地赶到了。他们的心中对隆美尔产生了几分崇敬之情。隆美尔立即邀请他们再进行一次。那些军官担心隆美尔会小看他们，便答应了下来。如此往复三次，隆美尔每次都是第一个到达目的地的。当隆美尔第四次邀请他们爬山时，那些军官们再也无法支撑下去，忙连声谢绝了。

随后的日子里，隆美尔整天骑马带枪在森林里出没。他这样做一方面是为了娱乐，因为他喜欢打猎；另一方面是为了训练自己的士兵，他要把手下的士兵都训练成像自己一样出色的"猎手"。很快，隆美尔就成了第十七团最受欢迎的军官。第十七团团长在他的年度评语中写道："全营上下对他都佩服得五体投地。"

当他奉命调离第三营时，他的继任者描述第三营时说："他的猎人营事实上成了'隆美尔营'，他是卓越的合格的地区指挥官或高级教官。"

在戈拉斯任职期间，对隆美尔职业生涯影响最大的事情莫过于与希特勒相遇了。希特勒上台后，大力排挤其他政党，施展手段迫使总统兴登堡解散了国会，并指使已经发展到数百万人的冲锋队、党卫队和钢盔团成员组成"辅助警察"，接管了各地的警察部门。1933年2月27日，他还一手策划了震惊世界的国会大厦纵火案，并将之嫁祸于德国共产党人，在国内掀起了空前的反共浪潮。

随后，他在冲锋队和党卫队的参与下，对德国各邦特别是那些不在纳粹党掌握之中的邦进行了自上而下的夺权。从此，各邦的主权被纳入"一体化"，纳粹党一党独裁的统治基础基本确立了。

1934年6月30日，希特勒又策划了"长刀之夜"事件，以冲锋队政变为借口，铲除了冲锋队头目罗姆及前总理施莱彻、前军情局局长布利多等大批要员。在这次事件中，希特勒大肆打压党内反对派，并获得了国防军及总统兴登堡的支持，巩固了自己的独裁势力。就这样，希特勒在上台后的一年多时间里基本上结束了从上到下的夺权活动，并建立了纳粹党一党独裁的法西斯极权统治。不可否认的是，希特勒在政治和经济上采取的一系列措施确实让德国暂时摆脱了经济危机的威胁，并在一定程度上恢复了德意志民族的民族自豪感。这让德国民众更加崇拜他了！

当时，大多数军官都十分崇拜希特勒，对他的一切行动都持极其宽容的态度。甚至对希特勒在全国范围内进行的血腥大屠杀，都持十分宽容的态度。在他们看来，这正是拯救德国和德意志民族必须经历的阵痛。隆美尔对此也持极其宽容的态度。不过，他又认为希特勒的方法过于血腥了。他曾在私下里对副官说："元首根本没必要那么做。他没意识到自己拥有的强大权力，否则，他可以用一种更为宽容和合法的办法来行使自己的权力。"

上台之后，希特勒想方设法地拉拢军队。他利用军队中广泛存在的复仇情绪,曾多次私下向德军高级将领们保证,德军的战斗力一定会恢复的。在作好充分准备后,他将发动征服西方的大规模战役。军队的高级将领们立即倒向了希特勒。

1934年9月30日,阿道夫·希特勒在德国戈斯拉受到仪仗队欢迎,隆美尔陪同。

  为了拉拢部队的中下级军官,希特勒经常到各地去视察部队,借机与他们拉近关系。1934年的丰收节前夕,希特勒到戈斯拉接见来自全国各地的农民代表,顺便检阅第十七步兵团。9月30日,希特勒接见完了农民代表,便来到了第十七步兵团的驻地。作为全团战斗力最强的营,隆美尔的猎人营自然而然地成为了希特勒检阅的对象。

  对希特勒的到来,隆美尔显得异常惊讶!他没有想到,他不但可以亲眼看见自己和妻子的偶像,还可以陪在他身边一起检阅部队。这是何等的荣耀啊!那天,隆美尔戴着一顶尖顶钢盔,脚上穿着一双擦得锃亮的马靴。希特勒对这个小个子军官十分满意,但似乎并没有对他产生特别深刻的印象。隆美尔因受到了希特勒的接见而兴奋了好一段时间。

  1935年3月,希特勒挑战似的宣布:要扩大德国军队和征兵数额。对这一明显违反《凡尔赛条约》的行为,陷入经济危机之中而自顾不暇的英、法、美等国政府采取了视而不见的绥靖政策。随后,德国军队便开始了大规模的征兵工作。

随后，隆美尔被调往波茨坦陆军学院任教官。他军衔也被提升为了中校。波茨坦陆军学院是德国军国主义的发源地之一，它的主要任务是为德军培养中下级军官。隆美尔对这一调动十分满意。他在给妻子露西的信中骄傲地说："这标志着我已经成了新的波茨坦陆军学校一名成熟的教官。这是绝密！到波茨坦来吧！不要告诉外人。"

在波茨坦陆军学院期间，隆美尔工作十分卖力。他教过的大多数学员都具有他的风格和个性。隆美尔十分轻视那些穿红裤子的总参谋部官员。他曾对一名教授说："那些人和大理石一样，他们圆滑、冷漠、心肠狠毒。"

对此，学员们十分高兴。因为他们也不喜欢那些高高在上的官员。因此，他们跟隆美尔的关系始终十分融洽。

除了任课之外，隆美尔在此期间还花了大量的时间陪妻子和教育儿子。隆美尔很少外出参加社交活动，他骑马、打猎，完全沉醉在自己的爱好之中。或许是遗传了家族的优良基因，隆美尔对数学有着惊人的天赋。他不但可以熟练地背诵数表，还能够惊人地心算出任何随意抽出的17位根数，一般的数学家也无法达到这个水平。对此，隆美尔十分得意。他还试图让儿子曼弗雷德对数学产生兴趣。可惜的是，他的努力始终没有起到任何效果。

隆美尔还希望儿子能够成为一个运动员和伟大的英雄。在曼弗雷德7岁时，隆美尔把他带到了军事学院，让他学习骑马。隆美尔不敢让妻子露西知道这件事情。因为露西认为孩子太小了，还不能骑马。隆美尔抱起儿子，把他的双脚塞进马镫皮带里。儿子的腿太短了，根本够不着马镫。

但隆美尔根本没有注意到这些。那匹马没跑多远就挣脱了缰绳，将曼弗雷德掀下了马背。曼弗雷德的一条腿被挂在马镫的皮带里，被那匹马拖着往前跑了近百米。这时，曼弗雷德的头部早已被划了一道长长的口子。

隆美尔吓得面如土色！他把孩子从马背上抱下来后，塞给他一枚硬币，诱导说："回家时，如果你告诉母亲这是从楼上摔下来的，你就能得到这枚硬币！"

沙漠之狐 shamozhihu 隆美尔 longmeier

　　回到家里，隆美尔用碘酒给儿子洗了伤口，曼弗雷德疼得放声大哭起来。隆美尔认为儿子的行为太有损英雄的形象了，便大发雷霆，叫他把钱还回来。不过，和父亲一样狡黠的曼弗雷德早已把钱藏起来了。从那以后，隆美尔再也不让儿子学习骑马了。

　　多年之后，曼弗雷德回忆父亲对自己的教育时说："我父亲对我有三点希望，他要求我做一名优秀的运动员、一个伟大的英雄和一名出色的数学家。可他的三个希望全都落空了。"

四

得到希特勒的赏识

1935年3月,希特勒正式向全世界宣布,德国将再次实行普遍兵役制,建立一支规模为12个军、36个师约50万人的强大军队。这一惊人的举措宣告德国已经完全废弃《凡尔赛条约》对其所施加的军事限制,德国的扩军备战从偷偷摸摸的地下状态进入了堂而皇之的公开阶段。

1936年3月1日,希特勒向世界发起了新的挑战。他完全不顾德军高级将领们的反对,悍然下令出兵莱茵非军事区。3月7日,一支小规模的德军部队象征性地跨过莱茵河上的桥梁,开进了莱茵非军事区。令人不解的是,英、法等国对此只是吵吵嚷嚷了一阵子,便默认了德军出兵莱茵非军事区的事实。从此之后,希特勒的行动更加肆无忌惮了!

1936年9月,隆美尔被调离了波茨坦军事学院。他被提升为上校,并被任命为希特勒的警卫部队的队长。纳粹党宣传部长兼德国国民教育与宣传部部长戈培尔早在1934年就注意隆美尔了。当时,军队与党卫队之间的矛盾尚未完全化解。戈培尔企图通过宣传军队的形象,来改善党卫队与军队的之间关系。相貌英俊、佩戴功勋奖章的隆美尔无疑是宣传军队的良好代言人。因此,戈培尔便与隆美尔有了很深的交情。这一次,隆美尔能够出任希特勒的卫队长,就是得益于戈培尔的举荐和鼎力相助。

上任不久,隆美尔便以实际行动得到了希特勒的赏识。当时,纳粹党正在纽伦堡集会,来自全国各地的纳粹党员和各级代表齐聚一堂,商议军国大事。作为纳粹党和德国的元首,希特勒自然要参加这一活动。因此,党卫队的警卫任务比任何时候都要繁重。隆美尔带着几名心腹,几乎寸步不离地跟在希特勒的身后。

有一天,希特勒突然心血来潮,决定乘车到外面去兜兜风。出发之前,他指示隆美尔说,最多只许6辆车跟在他的汽车后面。隆美尔立即向希特勒行了一个纳粹军礼,朗声答道:"是,元首!"

要做到这一点是非常不容易的。崇拜希特勒的人太多了,那些部长、将军、省长早早地就在希特勒的寓所外挤成了一团,企图占据一席之地。隆美尔对此视而不见,他要做的不是维持寓所外的秩序,而是保障希特勒的安全。

出发的时间到了,希特勒的汽车刚一发动,后面的汽车都发动了起来。他们都企图跟在希特勒的后面去兜兜风。按照希特勒的命令,隆美尔给最前面的6辆车放行后,便亲自站在道路中间,喝令其他车子停止前进。

那些要员们眼睁睁地看着希特勒的汽车扬尘而去,气得破口大骂。隆美尔全副武装,威风凛凛地站在路中间,似乎根本没有听到要员们的咒骂声,丝毫不予理睬。

隆美尔果断执行命令的行为得到了希特勒的赏识。当晚,他便被希特勒叫到了办公室,并受到了表扬。从此之后,希特勒便开始留意这位上校了。

1937年初,隆美尔在波茨坦军事学院任教期间整理讲稿而成的书稿《步兵攻击》出版了。这本书是隆美尔对自己在第一次世界大战中的作战经验的总结。他在书中提出了"进攻,进攻,再进攻"的观点,还特别强调发挥火力在机动战中的重要性。他在书中说:"数量居于劣势之军,可以采取更多地使用自动武器或者更加迅速地发扬火力的方式压倒数量居优势之敌。"

这本以实战经验为主要内容的军事著作很快就成了畅销书。隆美尔也自然而然地成了德国青年崇拜的另一对象。这本书的成功激起了希特勒的强烈兴趣。他不但亲自读了这本书,还将其指定为步兵教程的典范。

到1944年10月为止,《步兵攻击》一书在德国国内再版就达18次之多!英、法、美等国的不少军官都曾读过这本书。日后驰名世界的美国四星上将巴顿将军在20世纪30年代就不止一次地读过这本书!1943年,美国军方还专门将其翻译了英文版,在美国发行。由此可见这本书的影响力之大!

《步兵攻击》一书的出版让隆美尔声名远播,也给他带来了丰厚的收入。隆美尔曾在私下里对一名教官吐露说:"实在令人惊讶,这样的书竟赚了这么多钱!我真不知道如何处理滚滚而来的钱,我根本不可能把它们全部用光!我现在所拥有的东西已经使我感到够幸福的了。"

滚滚而来的钱财和青年们的崇拜都让隆美尔感到前所未有的舒畅。他甚至有意成为一名引导青年思想的精神导师。有一次，他在山上滑雪时对遇到的一位军官说："我把同当代青年的思想情况作斗争看作自己的义务。他们反对权威，反对他们的父母，反对宗教，也反对我们。"

他的这一态度赢得了军校监察员格奥尔格·冯·库希勒中将的欢心。库希勒给希特勒写了一个报告，说隆美尔是"一个对青年有着特殊影响力的最优秀的教官"。于是乎，隆美尔便在1937年2月被任命为希特勒青年团的领袖巴尔杜·冯·席腊赫的作战部特别联络官。29岁的席腊赫是希特勒面前的大红人，也是545万德国青年的领袖之一。他这个组织负责传授青年体育、文化和纳粹哲学方面的知识。希特勒将隆美尔任命为他的联络官的目的非常明确，就是要在军队中找一个少壮派的代表，加强青年团与军队之间的联系。

不过，后来的事实证明，希特勒的这一目的并没有实现。席腊赫英俊潇洒，行为处事的风格与隆美尔完全不一样。这位有一半美国血统的青年十分看不起浑身上下都是"普鲁士味"的隆美尔。当然，隆美尔对这位整整比自己年轻11岁的上司也没有什么好感！

有一次，隆美尔向他提出，应该让德国军队里的未婚青年中尉在周末的时候训练一下希特勒青年团的青年，以加强他们的军事素养。席腊赫不以为然地说："我十分怀疑那些青年军官在空闲的周末会无事可做，情愿来教这些毛头孩子怎样稍息、立正？"

隆美尔立即针锋相对回答说："只要下命令，他们就会服从。"

随后，席腊赫找了一个理由，随便搪塞了一下隆美尔。但隆美尔并不甘心。在纳粹疯狂扩军备战的年代，野心勃勃的隆美尔也一心往上爬，企图掌控一支属于自己的力量。后来，他利用作战部特别联络官的特殊身份在全国各地进行了巡回演说。他的演说内容并没有什么差别，无外乎是他在第一次世界大战中如何攻克蒙特山等等。

希特勒青年团的一些头头们对此深为不满。他们认为，隆美尔这是在公开与他们叫板，抢夺对青年的领导权。不过，他们的抗议并没有引起希特勒的特别关注。很显然，希特勒并不在乎由谁来领导青年，而在乎由谁来领导青年对他的扩张计划更有利。

此后，隆美尔与席腊赫的关系一度十分紧张。有一次，两人在戏院参加纳粹党的庆祝晚会时，席腊赫自己坐在第一排，却把隆美尔安排在了第二排。隆美尔十分不满，他直接移到席腊赫旁边的一个空位上坐了下来。他大声对席腊赫宣告说："我代表着德国军队！在这个国家里，军队应该是第一位的。"

隆美尔与席腊赫之间的矛盾终于引起了高层的注意。国防部部长阿尔弗雷德·约德尔在当天日记里写道："席腊赫企图利用隆美尔上校来拆散德国军队和希特勒青年团之间的紧密合作。"

在这场斗争中，隆美尔最终败下阵来。十分有意思的是，他非但没有因此而受到纳粹党的排挤，还突然被提拔为元首大本营的临时司令官。苏台德区在第一次世界大战之前属于德国的领土，其中生活的居民也多为德意志民族。战后，德国根据《凡尔赛条约》将其割让给了捷克斯洛伐克。1938 年，希特勒以苏台德区的居民要求回归德国为由，要求捷克斯洛伐克将此地割让给德国。

英、法等国实行绥靖政策，对希特勒的无理要求一再忍让。1938 年 9 月 30 日，英、法、德、意 4 国在慕尼黑秘密签订了《慕尼黑协议》，强迫捷克斯洛伐克把苏台德地区割让给了德国。

德国得到了苏台德区之后，希特勒决定到那里的几个古城去游览一番。希特勒想起了隆美尔在做党卫队队长之时的表现，便决定把指挥警卫部队的任务交给他。对隆美尔来说，这无疑是天赐良机。在一夜之间，他就跃升为了元首的首席陪同。

在陪希特勒出游期间，隆美尔亲眼目睹了各地疯狂的人群向希特勒欢呼的情景。希特勒在他心目中的形象越来越高大了，几乎已经达到了完美的程度。纳粹思想也在他的思想深处扎了根。1938 年 12 月 1 日，在作战部大厅里听完希特勒所作的秘密演说后，隆美尔还十分兴奋地记下了两句使他特别感动的话。一句是"今天的军人必须有政治远见，因为他必须随时准备为我们的新政治而战斗！"另外一句是"德国军队是德国哲学生活所挥舞的利剑"。

很显然，此时的隆美尔已经完全沦为了一个纳粹分子。他意识深处的尚武精神和侵略思想已经昭然若揭了。从此之后，"嘿，希特勒"便成了他的口头禅！甚至在写给朋友的私人明信片的结尾，他也要署上"嘿！希特勒！你诚挚的埃尔温·隆美尔"。

五

希特勒面前的大红人

1938年12月10日,隆美尔奉命来到维也纳,任马利德希亚军事学院的校长。在此之前,希特勒已经操纵奥地利的纳粹党,通过政变推翻了奥地利的共和政府,并成功地将奥地利并入了德国。在德国国防军进驻奥地利时,不但没有遇到任何对抗,而且还受到了很多亲纳粹的奥地利居民的欢迎。希特勒离大德意志帝国的梦想越来越近了,在法西斯独裁的道路上也越走越远。

根据《凡尔赛条约》的规定,德国永远不得与奥地利合并。但是,害怕引火上身的英、法等国并没有采取实际行动来维护该条款。英、法等国当局继续实行绥靖政策,在外交上抗议了一段时间便不了了之了。

在维也纳,隆美尔带着全家住在马利德希亚军事学院不远处的一所平房里。周围的环境相当不错,平房四周是一个美丽的大花园,再远一点的地方便是军事学院那些城堡式的建筑。隆美尔知道,希特勒把他派到这里来的原因。一方面,希特勒发现他的这名得力干将并不擅长政治斗争,把他派到维也纳来,刚好可以远离柏林的政治漩涡;另一方面,希特勒也需要一个对他忠心耿耿之人到维也纳掌控局面,隆美尔无疑是最合适的人选之一。雄心勃勃的隆美尔也想借此机会向希特勒证明自己的能力。他企图把马利德希亚军事学院办成全德国最新式的军事学院。

不过,他的这一计划还没来得及实施,希特勒便交给他了一项十分重要的

隆美尔(左)与希特勒握手

任务。1939年3月初，隆美尔奉命来到布拉格郊外，担任希特勒的元首总部司令官。德国占领了苏台德区之后，希特勒又开始觊觎捷克的全部领土了。1939年3月10日，捷克中央政府解散了亲德的斯洛伐克地方政府，并逮捕了一批追随纳粹德国的分裂主义分子。希特勒抓住这一事件，立即向部队下达了于3月15日占领捷克的命令。与此同时，希特勒本人也做好了到布拉格一游的一切准备。他成立了临时性的"元首总部"，并任命隆美尔为司令官，负责组建"元首随从营"，以保障自身的安全。

接到命令之后，隆美尔立即赶赴柏林。3月14日下午，他与最高统帅部副官处讨论了行动计划。3月15日凌晨2点，德军大举侵入捷克境内。与此同时，德军空军元帅戈林和德国外长里宾特洛甫不断向捷克总统施压。年迈的捷克总统艾米尔·哈查心脏病突发，昏了过去。醒来后，他极不情愿地在《德捷协定》上签字，"邀请"德军入境。

戈林和里宾特洛甫马上给希特勒发电，报告了此事。希特勒兴奋异常，立即离开柏林前往边境地区。下午两三点，希特勒到达莱帕。隆美尔和"元首随从营"已经在那里等候多时了。那天的天气很糟糕，狂风夹着暴雪，吹在人的脸上就像刀割一样疼！

隆美尔站在暴风雪中迎接了希特勒。从莱帕到布拉格仅100公里，乘火车只需2个小时的时间。党卫军首领希姆莱和众位将军都劝说希特勒乘坐火车前去布拉格。但希特勒却坚持要自己驱车前往，好让"捷克人知道谁才是布拉格的新主人"。

隆美尔什么也没有说，他面无表情地向警卫部队下达了进军布拉格的命令。隆美尔和希特勒乘坐在同一辆汽车上，他们谈天说地，讨论着纳粹党和德国的未来。很快，汽车便抵达了布拉格。希特勒向全世界宣布，捷克斯洛伐克已不复存在，取而代之的是"波希米亚和摩拉维亚保护国"。

后来，隆美尔对中学时代的好友汉斯吹嘘说："我就是那个劝希特勒驱车前往布拉格的人！在我的亲自护卫下，我们一直驱车来到哈拉德克尼城堡。我告诉他，除了沿这条路长驱直入这个国家的心脏——首都布拉格要塞外，他没有别的选择。在一定程度上，我使他顺从了我，他完全由我摆布，并一直没有忘记我向他提出的那个忠告。"

3月23日，隆美尔又以"元首总部"司令的身份出现在立陶宛的默默尔。自从吞并苏台德区和奥地利之后，希特勒便指示纳粹党徒和党卫队，深入到立陶宛的默默尔地区，组织当地的日耳曼人聚众闹事。1939年3月21日，德国政府向立陶宛提出了领土要求，要求其立即派全权代表到柏林签字，把默默尔交给德国人统治。弱小的立陶宛不敢违拗希特勒的意见，不得不于3月22日派代表到柏林在协约上签了字。

希特勒不等谈判结束，便在斯维纳明德登上了"德意志号"袖珍战舰前往默默尔。在这次立陶宛之行中，隆美尔始终陪伴在希特勒的左右。他俨然成为了希特勒面前的大红人。和希特勒一样，隆美尔也十分得意。德国又一次兵不血刃地完成了一次新的征服。从苏台德区到奥地利，从捷克斯洛伐克到立陶宛，法西斯德国已经兵不血刃地将其领土扩大了数倍。

得意忘形的希特勒随即将矛头指向了波兰。第一次世界大战结束后，原本属于德国的但泽被划归波兰，并辟为自由市。德国割让给波兰的出海口，即通往波罗的海的"波兰走廊"则将原本连成一片的德国领土分成了两块，位于"走廊"之东的东普鲁士成了远离德国本土的"孤岛"。因此德国人一直对失去但泽和"走廊"地区耿耿于怀。

吞并奥地利和捷克斯洛伐克之后，希特勒企图用恫吓和军事两种手段，迫使波兰同意但泽自由市合并，并允许德国在"波兰走廊"建造一条治外法权的公路来连接东普鲁士和德国本土。波兰政府拒绝希特勒的所有要求，并于1939年3月30日得到英、法的承诺，保卫波兰的国家主权。实际上，英、法两国并没有对波兰领土完整作出任何实质性的承诺。

希特勒和他的亲信据此认为英、法不会为波兰向德国开战，便决定对波兰采取军事行动。1939年4月28日，德国发表声明，终止了《波德互不侵犯条约》。随后，希特勒便下令德军总参谋制定了一项"闪击波兰"的作战计划。

5月，法国与波兰签定了一个协议，法国承诺会在波兰侵入后15日内加入战争，援助波兰。8月25日，英国也与波兰签定了成为军事盟友的条约。但实际上，英法两国对法西斯德国依然抱有一丝幻想，不愿意相信德国会发动对波兰的战争。

为了保证顺利进攻波兰，并在英、法介入之后能够全力稳住西线，德国已经在 8 月 22 日与苏联在莫斯科秘密地签订《苏德互不侵犯条约》。在《苏德互不侵犯条约》的附属条约里，德国允诺苏联收复《里加条约》签订以前的苏波边境线——寇松线以东的波兰所占的西乌克兰与西白俄罗斯以及波罗的海国家。

　　隆美尔和他妻子对德国失去但泽始终感到十分痛苦。但泽有他们年轻时的记忆，他们是在那里相遇的，也是在那里坠入爱河的。所以，他比任何人都希望德国能收回但泽。不过，他隐隐感到，这一次德国再也无法兵不血刃地取得胜利了！果不其然，德、波之间的谈判很快陷入了僵局，国内媒体上反对波兰的叫嚣也与日俱增，而有关边境"事端"的报道也接二连三地出现。隆美尔预感到，希特勒要对波兰动武了。

　　想到这里，隆美尔莫名其妙地兴奋起来。他还记得第一次世界大战时的那些激情岁月。隆美尔始终认为，一个职业军人，唯有在战场上才能找到自己的位置，也只有在战争中才能获得至高无上的荣誉。所以，他和大多数带有复仇情绪的德国军官一样，都期盼着这场战争尽快打起来。不过，他又不希望这次战争打得太久。

第三章

扫荡欧洲大陆

一

元首大本营的司令官

在德国与苏联签订互不侵犯条约的当天,隆美尔奉命赶到了柏林。在此之前,希特勒已经向他透露,将派他去执行一件十分重要的新任务。隆美尔曾在私下里跟妻子露西讨论过这项新任务。与希特勒会面之后,隆美尔给露西寄去了一张明信片。他在明信片上写道:"我的猜测是对的。"

隆美尔再次被任命为"元首总部"(不久即改称"元首大本营")的指挥官,负责希特勒在整个波兰战役中的警卫工作。让他更加兴奋的是,希特勒还给了他一个意外的奖赏——授予了他少将军衔。隆美尔自豪地告诉妻子:"我穿着一身新的将军制服,作为一名新的将军离开了帝国总理府。"

8月25日下午3点45分,隆美尔作为"元首总部"的指挥官正式向希特勒报到。整个柏林沉浸在酷暑的热浪中。40分钟前,希特勒已经下令,将于26日凌晨进攻波兰。来到希特勒的办公室,隆美尔十分虔诚地向他的元首行了一个纳粹军礼。

希特勒命令隆美尔率警卫营向波美拉尼亚的巴德波尔辛火车站推进。德军大规模的武装部队正在那里集结,随时准备发起进攻。隆美尔的任务是在那里做好部署,准备迎接希特勒的到来。警卫营共有16名军官,93名军士,274名士兵。全营装备有4门37毫米口径的反坦克炮,20门20毫米口径的高射炮以及其他武器。可以说,这支部队是十分精干的,是德军精锐中的精锐!

下午4点45分,隆美尔率部出发了。傍晚时分,隆美尔所部到达了巴德波尔辛。但刚刚到火车站,他便接到了新命令。希特勒在两个小时前已经取消了进攻波兰的命令,并要求隆美尔在原地待命。对此,隆美尔感到迷惑不解。所有的准备工作都已经做好了，为什么又突然取消了战役计划呢？在隆美尔看来，德军完全可以在14天之内结束这场战争。

不过，隆美尔知道，希特勒这样做肯定有他的原因。当时正值秋收季节，隆美尔便把部队安排在了附近的农村，让士兵们帮助当地的农民收割庄稼。他自己则于8月27日飞回了柏林。

希特勒的情绪不是很好，他勉强召见了隆美尔，并同他一起吃了一顿饭。不过，他并没有告诉隆美尔，他为什么要突然取消进攻计划。隆美尔在给妻子的信中说："除去有和元首同桌进餐的特权外，没有别的新消息！部队正在焦急地等待前进的命令，不过，我们军人需要的就是忍耐。意外的障碍是不可避免的，得花费一定的时间加以清理。毫无疑问，无论元首做出什么样的决定都是恰当的。"

隆美尔在柏林从侧面打听到了一些消息。希特勒之所以取消这次进攻计划，主要是因为意大利不愿站在德国一边。英国与波兰签订军事同盟条约时的态度又十分坚决。希特勒担心，德国对波兰宣战之后，英、法会果断在西线采取军事行动。

实际上，英、法等国根本没有做好应战的准备。两国的首脑对希特勒依然抱有幻想，他们不相信德国会真的进攻波兰。几天的时间过去了，英、法等国除了在外交上抗议之外，并没有采取任何实质性的行动。

疯狂的希特勒打算果断行动，闪击波兰。8月31日晚，隆美尔在巴德波尔辛的指挥部里对副官说："等待实在令人心烦，但又不能不这样。无论如何，元首知道怎样做对我们更有利。"

他的话刚说完，电话就响了。德军最高统帅部命令他立即做好准备，因为行动马上要开始了。隆美尔兴奋极了，立即将全营的军官都召集在火车站候车室里，进行战争动员。

过了一会，副官跑过来告诉他，柏林方面又来电话了。隆美尔红光满面地跑到办公室接了电话。这次，他得到的命令更加简短，也更加明确——9月1日凌晨4点45分开始行动。

9月1日凌晨，德军大举越过德波边境，分北、西、南三路，向波兰首都华沙进逼。这是人类历史上第一次大规模的机械化大进军。德军的轰炸机群呼啸着向波兰境内飞去，目标是波兰的部队、军火库、机场、铁路、公路和桥梁。德军趁势以装甲部队和摩托化部队为前导，以每天50～

60 公里的速度向前突进。德军闪击波兰，标志着第二次世界大战欧洲战事正式拉开了帷幕！

9 月 3 日，英国首相张伯伦向法西斯德国发出最后通牒，要求德军立即从波兰撤军。当天上午，一群纳粹头目正聚集在柏林总理府的前厅。突然，一名翻译官从人群挤过去，径直走进希特勒的书房，口译了最后通牒的内容。当翻译完毕，希特勒沉默无言，好一会儿呆坐不动，然后，冲着一直强调英国不会参与这场战争的德国外长里宾特洛甫恶声质问："现在你有什么话说？"

里宾特洛甫默默无言地站在希特勒的对面，显得十分窘迫。第二号纳粹人物戈林在在外面前厅里作了回答："如果我们打输了这一仗，那么求上帝保佑我们吧。"

就在这一天，英国和法国同时对德国宣战。但实际上，英、法两国根本没有采取军事行动，他们违背了自己许下的"如果德意志帝国胆敢入侵波兰，英法联军将直捣鲁尔谷地"的诺言。两国屯集重兵却躲在钢筋水泥的工事后面，眼睁睁地看着波兰独自抵抗着强大邻国的侵略。英、法两国不过在外交上对德国加以谴责罢了，直到 1940 年 5 月 10 日，德意志帝国才和英、法爆发正式冲突。

从 1939 年 9 月 1 日到 1940 年 5 月 10 日，这段奇特的历史时期在德国被称之为"静坐战"，而其他国家则称之为"假战"。英法两国的"假战"助长了法西斯德国的侵略野心，同时也让自己在后来付出了沉重的代价。

9 月 3 日深夜，隆美尔接到通知，希特勒的专列将于 9 月 4 日凌晨 1 点 56 分抵达巴德波尔辛。隆美尔立即命令警卫营全体戴上"元首大本营"的臂章，对整个车站实施戒严。希特勒的专列"美洲号"准时抵达了巴德波尔辛车站。15 分钟后，党卫军司令希姆莱和其他纳粹高级部长也乘坐"亨克利"号到达了。

天刚亮，希特勒便钻进一辆半履带式装甲车驶往前线去了。隆美尔不敢怠慢，他率领部队紧随其后，严密地注视着每一个角落的动静。希特勒乘坐的装甲车穿过仍旧有波兰狙击手出没的森林，沿着满是弹坑的道路来到了塞恩河岸观看他的闪电部队过河。

隆美尔十分兴奋，他从来没有想到快速运动的坦克群和突击部队能够有如此的威力，在短短的几天内就将战线向前推进了数百公里。他将闪电部队过河的每一个细节都默默记在了心中。这些新的战役技巧对他今后的指挥风格产生了极其重要的影响。

由于英、法部队在西线按兵不动，德军对波兰的进攻十分顺利。隆美尔在9月16日乐观地写道："我认为整个战争将会逐渐平息，一旦波兰完蛋，战争就不会再延续下去。"

到9月19日，德军入侵波兰的战争已经基本上结束了。隆美尔陪同希特勒进入了但泽。在这里，希特勒向德国和全世界发表了野心勃勃的广播讲话。隆美尔在给妻子露西的信中兴奋地写道："今天我们开进了宏伟的但泽城，元首将向全世界发表了演说。昨天晚上我有幸和他就军事问题谈了两个小时，他待我极为友好……我十分怀疑，战争结束后我是否还会继续长期呆在军事学院。"

隆美尔在希特勒面前的走红引起了许多人的嫉妒，他那飞扬跋扈的性格更是为自己招来了许多仇敌。9月底，隆美尔陪同希特勒来到了波兰的格丁尼亚港。希特勒想到海边去看一看风景。由于街道十分狭窄，又刚刚经历过炮火的洗礼，很容易造成交通拥堵。为了保障希特勒的汽车顺利通过，隆美尔再次扮演了交通指挥员的角色。他站在街边，大声宣布说："只有元首的车和另一辆警卫车可以通过，其余的车辆在原地等待！"

当希特勒的汽车和另外一辆警卫车开过去之后，隆美尔立即站在了道路中央。他毫不怀疑自己的权威，他认为别人必须服从他的命令。这时，纳粹党魁马丁·鲍曼的车子已经开了过来。鲍曼一边大声嚷嚷着，一边做手势，让隆美尔闪开。隆美尔不容置辩地吼道："我是大本营的司令官！这不是幼儿园出外游玩，你得照我说的办！"

隆美尔的斥责引起了鲍曼的极度不满。此后，这位党魁便将隆美尔视为眼中钉、肉中刺，一直想寻找机会干掉他。

希特勒的副官长鲁道夫·施蒙特将军也十分嫉妒隆美尔的得宠。由于他在此后的3年中一直是隆美尔的上司，所以便毫无顾忌地将自己的不满发泄了出来。9月26日，隆美尔随同希特勒一道返回了柏林。第二天一早，他便向露西透露说："眼下我和施蒙特的关系很紧张，我不知道是为什么，显而易见，我在元首那里的职位太显眼了。在这个方面，情况将会继续发生变化，这是毫无疑问的……当然我想知道我该采取什么样的态度，我不希望自己被那些比我年轻的人任意摆布。"

二

担任第七装甲师师长

隆美尔陪希特勒回到柏林的第二天，就从华沙传来了波军准备投降的消息。9月28日，波兰守军司令与德军第八军团司令布拉斯柯维兹将军签订了降约。随后，法西斯德国与苏联对波兰划界而治，波兰战役结束了。

在波兰投降之时，隆美尔正在维也纳的马利德希亚军事学院与家人团聚。隆美尔十分高兴，他觉得波兰投降了，战争也就结束了。从此之后，他便可以跟家人长住在一起，专心教育儿子了。不过，在战争时期，一名职业军人想与家人长期厮守是不现实的。10月2日，他奉命飞往华沙，去为希特勒的胜利阅兵典礼做准备。

隆美尔不敢相信，华沙在短短的几天里已经被战争破坏得不成样子了。他在给露西的信中写道："华沙已经残破不堪，房屋十有八九都被烧成了枯架。商店消失了，里面的陈列品已荡然无存，店主们只好用木板把它堵上。这里已经整整两天没水没电，没有煤气，没有粮食了……老百姓几乎都暴露在无法逃避的炮火之下。市长统计的伤亡人数是四万……人民的痛苦或许会因为我们的到来而有所减轻，我们会把这一切结束的。"

在这次战役中，数以百万计的波兰人惨遭屠杀，不计其数的军人遭到了流放。露西的叔叔爱德蒙·诺斯克兹尼尔斯基也在战争中被党卫军残忍地杀害了。在9月中旬，隆美尔还受露西之托去看望过这位天主教牧师。但他不久便悄然失踪了。后来，隆美尔曾写信向希姆莱的副官询问过此事。但他只得到了一封措辞冷漠的回信。希姆莱的副官在回信中说："隆美尔将军，他很可能已沦为变化莫测的战争的牺牲品，或者死于严酷的寒冬了。"

10月5日，希特勒来到了破败的华沙城，举行了所谓的胜利阅兵典礼。为了宣传德军的胜利，疯狂的纳粹专门请来了摄影师，对典礼进行了全程摄影。随后，纳粹向全世界公布了典礼的新闻片。在新闻片中可以看到，隆美尔一直站在希特勒的检阅台前，严密地注视着场上每一个人的一举一动。

当天晚上，隆美尔便随同希特勒一起回到了柏林。次日，希特勒对国会发表了一通演说，正式向英、法提出了和平建议。隆美尔坚信，英、法两国一定会接受希特勒的建议，与德国重归于好。因为英、法根本不愿意掀起新一轮的世界大战。

隆美尔判断失误了。占领波兰之后，希特勒根本没有收手的打算。10月8日，他在一次军事会议上宣布，如果要进攻西方的话，他将入侵比利时，以便使战争远离鲁尔工业区。英、法虽然想极力避免新一轮的世界大战，但面对希特勒咄咄逼人的态势除了采用暴力手段还击之外，根本没有其他办法。

天气渐渐冷了下来。前线依然十分平静，英、法两国的军队都躲在马其诺防线的后面，没有任何动静。隆美尔犹豫起来，他似乎已经预感到了什么。他让露西把他的冬装送到了柏林，以防突然被调到什么地方去。他在给露西信中说："除去元首那极为有趣并总是长达两个小时的军事会议之外，我在这里无所事事。根据希特勒的指示，我们仍在等待对方（指英、法两国政府）做出决定。"

在令人窒息的沉闷气氛中，人们终于送走了10月份。11月8日晚，希特勒来到慕尼黑，出席庆祝"啤酒馆暴动"16周年的庆典活动。一名古怪的钟表匠格奥尔格·艾尔塞在啤酒馆里安置了一枚定时炸弹。在希特勒离开啤酒馆15分钟之后，这枚炸弹爆炸了。当场有6人被炸死，60多人受伤。

希特勒立即指责"外国煽动者"挑起了这一次未遂的谋杀事件。德国的媒体纷纷指责说，英国应该对这次事件负责。隆美尔对这次事件的发生深感不安。他在给露西的信中说："这是一个令人震惊的事件……如果爆炸真的成功，后果将不堪设想。"

隆美尔相信"那枚慕尼黑炸弹"更加坚定了希特勒向西进军的决心。11月底，希特勒将德军参谋部的军官臭骂了一顿，因为他们在制定向西进军的计划时总是畏首畏尾。隆美尔在给露西的信中披露了这件事情，并大加称赞希特勒的"英明神武"。

在给露西的信中，隆美尔尚且如此拍希特勒的马屁，在其他场合就更不用说了。很显然，希特勒觉得隆美尔的马屁很受用，很快便将他提升为了第七装甲师师长。早在10月间，隆美尔便向希特勒暗示过，他想指挥一个装甲师。当时，希特勒拒绝了他的要求，因为隆美尔出身步兵，对坦克一窍不通。那么，希特勒为什么又突然任命他为第七装甲师师长呢？这主要是因为大多数军官对德国能否在兵力悬殊的情况下击败英、法军队持怀疑态度，他要在军官中立一个标杆，以证明自己决策的正确性。

1940年2月6日，隆美尔正式接到了任命。4天之后，他乘坐火车向第七装甲师的驻地——莱茵河的巴特戈德斯贝格进发了。他的心情就像是车窗外的莱茵河一样汹涌澎湃，久久不能平静。

到达巴特戈德斯贝格之后，隆美尔立即对全师的军官进行了检阅。与他们熟知的其他将军不同，隆美尔向他们敬礼时所使用的军礼是纳粹式的。他一边高举右手，一边朗声道："嘿，希特勒！"

隆美尔此举让军官们极为不适。但这仅仅是个开始而已。他随后便向众人宣布，他要在第二天早上视察他们的防区。一些军官向他提出抗议说，第二天是星期天！但隆美尔丝毫没有理会他们的抗议，扭头走进了师部，留下那些军官们独自在广场上发呆。

第七装甲师前身是由骑兵部队改编的第二轻装甲师，战斗力远远低于德军最早建立的6个装甲师。第一到第六装甲师都有两个团的编制，但第七装甲师只有一个团，即第二十五装甲团。不仅如此，全师的218辆坦克竟然有一半以上是轻型坦克，而且全部是捷克造的。另外，师里的士兵也大多来自图格林根。这个地方在历史上几乎就没有出过有什么影响力的军人。

2月17日，隆美尔回到了柏林，向希特勒介绍了第七装甲师的基本情况。希特勒鼓励他将这支部队训练成德军中的虎狼之师，并送给了它一件十分特别的礼物——一册题有"赠隆美尔将军惠存"字样的《我的奋斗》。

隆美尔深受鼓舞，决定按照希特勒的要求去做。在返回师部之前，他在波茨坦的出版商那里搜集了 10 本《步兵攻击》。他要效法希特勒，将自己的著作送给部下，要他们充分理解自己的战术风格。

再次来到第七装甲师，隆美尔立即向全师团级指挥官宣布说："从今天开始，你们全部开始休假吧。在我自己掌握情况之前不需要你们。"

随后，他每天早上 6 点钟会准时起床，沿着莱茵河畔的林间小道慢跑几十分钟。6 点 55 分，他会准时乘坐他的奔驰车驶出师部，向士兵的营房开去。7 点，他让司机打开汽车里的收音机，开始收听德国和外国的新闻广播。整个上午，他都会呆在士兵中间，向他们了解情况。直到中午 12 点 30 分，他才会离开兵营，回到师部去吃午饭。

隆美尔在法国

很快，他便掌握了第七装甲师的全部情况，并开始执行师长的权力了。2 月 27 日，他解除了一位营级指挥官的职务。他当着士兵的面，让那位倒霉的军官必须在 90 分钟内离开营房。隆美尔在当天的日记中写道："这句斩钉截铁的话很快就会收到它的效果，其他人会打起精神来的。"

隆美尔大刀阔斧的改革果然起到了作用。在随后的演习和训练之中，无论是军官，还是士兵都十分卖力。看着训练场上的那些庞然大物左冲右突，隆美尔显得十分兴奋。德国的坦克虽然数量上没有英、法军队多，但其质量却要比英、法的坦克好得多！

到 1940 年 4 月，隆美尔已经基本上掌握了坦克战的理论。在某些方面，他甚至还有所发展。他开始把自己的部下编成不同的大小队形组织，用快速的、熟练的无线电指挥和重炮轰击的形式进行越野训练。在训练中，第七装甲师的战斗力得到了很大的提升。

三
率部突入比利时境内

希特勒在1939年10月9日发布了第六号作战令，将侵略的矛头直指比利时之后，便将入侵波兰的军队调往了西线。同年10月19日，德军最高统帅部下达了进攻西欧的第一个作战预令和"黄色方案"作战计划。根据该计划，德军将集中主要兵力于右翼，向比利时和法国北部实施主要突击，直至占领英吉利海峡沿岸港口。

隆美尔的第七装甲师在赫尔曼·霍特将军指挥的第十五军的编成之内。根据希特勒的设想，作为第四军团的先头装甲部队，第十五军的主要任务是向比利时境内推进，以吸引英、法军队的主力。当英、法军队运动到第十五军的当面之后，德军的主力部队便迅速跨过默兹，到达隆美尔的左翼，将第十五军当面的英、法军队合围起来。

不过，隆美尔并不打算在这场战役中扮演助攻的角色，他希望第七装甲师能够在德军主力部队发起进攻之前推进到海滨地带。1940年4月，隆美尔在地图上仔细地搜寻了第七装甲师驻防区通向比利时边境的一切道路。他还在拟定的前进路线上标上了DG7（快速道路7）的字样，标明这是第七装甲师的前进路线。

离发动进攻的日子越来越近了。5月5日，天空中下起了绵绵细雨。隆美尔望着窗外的雨，抓起一支笔，便在纸上写了起来。他写的是遗书。疯狂的隆美尔已经为这场侵略战争做好了一切准备，包括献出自己的生命。遗书写好之后，隆美尔又认真地看了一遍，然后才小心翼翼地将其封在信封里，保存了起来。

5月9日下午1点45分，隆美尔正在兵营视察，一封绝密电报被送到了他的手上。电报上只有"多特蒙特"几个字。这几个密码意味着他将在第二天清晨5点35分准时行动。隆美尔立即驱车返回了师部，在向部队下达了命令之后,他又在一张便笺上写道:"一个半小时以后我们就要出发了!请勿担忧,情况到现在为止一直很好,一切都会正常的。黄昏时分我们就动身——为这一时刻的到来,我们已经等待很长时间了!"

这是写给露西的信。在战争年代,不管有多忙,他都会抽出一点时间给妻子写上一封简短的书信。从这一点来看,这个纳粹的帮凶、希特勒的走狗也不失为一个好丈夫。

夜幕降临时,隆美尔乘坐一辆装甲指挥车飞也似地来到了他预先选定的快速道路前。令他深感意外的是,道路早已被第二军的部队占据了。这让隆美尔十分恼火。两支部队搅在了一起,场面十分混乱。直到深夜11点40分,他的最后一批步兵才勉强到达了指定位置。

黎明时分,进攻开始了。德军大批飞机呼啸着越过边境线,飞到了法国、比利时、荷兰和卢森堡的上空,倾泻了大量的炸弹。顿时,法、荷等国重要的军事和交通设施都陷入了一片火海之中。

与此同时,地面部队也开始跨越边境线,向比利时和法国北部推进。由于力量悬殊,再加上对德军的突然袭击毫无防备,比利时军队在战役打响之时陷入了混乱之中。第七装甲师很快就突破了比利时军队的防线,迅速向其腹地推进。战场上的枪声逐渐平息下来了。隆美尔乘坐一辆经过改装的3型坦克,始终冲在全师的最前面。

第七装甲师的行动太快了,到5月12日晚间就已推进到了默兹河畔。5月13日凌晨4点30分,隆美尔命令突击部队用橡皮艇强渡墨兹河。突击队遭到了比、法军队的顽强阻击,伤亡惨重。疯狂的隆美尔立即命令士兵将河畔的民宅全部点燃,为部队强渡提供烟幕。随后,隆美尔丝毫不顾对岸射过来的子弹,夹杂在士兵中间向对岸冲去。

当天下午,第七装甲师的大部分士兵已经渡过了墨兹河。由于不停地高声向部下下达命令,隆美尔的嗓子已经嘶哑了。他丝毫顾不上这些,立即组织了一个渡河排,到对岸将反坦克炮和坦克拖运过来。

越过墨兹河,第七装甲师向前推进的速度又恢复了。比利时军队被第七装甲师闪电式的进攻速度打懵了,纷纷躲进村庄里。为了让他们暴露自己的位置,隆美尔发明了"烟火开屏"的战法。他让整个装甲团一起开火,以强大的火力引诱敌方暴露自己的位置。一旦发现敌人的位置,他便会命令部队长驱直入，各种武器一齐开火，直至杀死最后一个敌人。

隆美尔的这个战法虽然浪费弹药，但也在最大程度上减少了坦克的损失和人员的伤亡。他在给希特勒的副官长鲁道夫·施蒙特写的私人信件中说："事实证明，要取得胜利，最重要的是重创敌人。我所命令的那种所有武器一起开火，闯入敌阵，不到敌人破坏我们的坦克不停火的办法是十分有效的。这样做虽然消耗了许多弹药，但却减少了坦克的损失和人员的伤亡。敌人对这种办法至今还毫无对策。当我们用这种方法突然向敌人袭击的时候，他们的精神崩溃了，甚至连许多重型坦克也纷纷投降。"

在德军强大的火力压制之下，比利时和荷兰的军队被击溃了。战事的发展使得英、法两国陷入了被动之中。英国人民对战时内阁产生了强烈的不满。5月8日，英国首相张伯伦感到自己无法继续执政，向英王提出辞呈，并建议由丘吉尔组阁。

5月10日下午6点，英王召见了丘吉尔，令其组阁。3天之后，丘吉尔首次以首相身份出席下议院会议，发表了著名的讲话："我没有别的，只有热血、辛劳、眼泪和汗水献给大家……你们问：我们的目的是什么？我可以用一个词来答复：胜利，不惜一切代价去争取胜利，无论多么恐怖也要争取胜利，无论道路多么遥远艰难，也要争取胜利，因为没有胜利就无法生存。"

5月15日，丘吉尔致电美国总统罗斯福，担心德国将以惊人的速度征服欧洲，而意大利的法西斯党魁墨索里尼也将伺机劫掠。他要求罗斯福宣布美国处于"非交战"状态，即不派遣武装部队直接参战，但提供一切必要的援助。在电文的最后，丘吉尔以近乎孤傲而悲壮的语调说："如果必要的话，英国将单独战斗下去。"

由于美国国内孤立主义与和平主义思想盛行，认为战争离美国远着呢，根本不用去考虑欧洲的战事。因此，罗斯福除了对英、法等国表示同情之外，什么也做不了。

四

孤军深入法国腹地

在隆美尔指挥第七装甲师长驱直入比利时之时，德军的其他部队按照德军最高统帅部的部署悄悄绕过了英、法、荷、比等国重兵防守的东北部战线，从被视为坦克无法通过的阿登森林地区突入了阿登地区，12日轻取色当要塞，14日抢渡马斯河，15日进入了法国境内。尔后，德军兵分两路，一路逼进巴黎，另一路沿宽阔平坦的公路推向英吉利海峡。在比利时境内作战的英法联军面临着被包围的危险，马其诺防线上的法军主力也面临着腹背受敌的危险，法军陷入惊慌失措之中。5月15日清晨，法国总理雷诺沮丧地给英国首相丘吉尔打电话说："我们已经被打败了。"

此时，隆美尔也开始指挥第七装甲师快速向法国腹地推进。5月16日，第七装甲师抵达了马其诺防线的切丰特思森林地段。法国人在森林里修筑了坚固的前沿工事，在森林外端更是有相连的地堡群与其相呼应。

隆美尔想尽快闯过这片森林，以便在天黑以前到达地堡地带。怎样才能不让地堡群里的法军觉察他已经到达这里了呢？突然，一个大胆的计划涌入了他的脑海。他拿起话筒，低声命令坦克指挥官们穿过森林，但这次却不许放一枪。除此之外，他还要坦克里乘坐的全体成员一律坐在坦克外边，摇动白旗。

疯狂的隆美尔也爬上了第二十五坦克团团长卡尔·卢森堡上校的4型坦克上。他们坐在坦克上，静悄悄地摇着白旗，慢慢地向森林深处推进。法军很快就发现了他们，但是根本弄不清楚眼前的状况。法国士兵们趴在工事里，目瞪口呆地看着这支奇怪的部队一点点地向前开去。直到德军第七装甲师的坦克完全消失在他们的视线之中，法军始终没有开一枪。

隆美尔的冒险成功了，他们安全地通过了森林地带。隆美尔立即命令排在最后营掉头担任后卫，以防森林里的法军从背后偷袭他们。与此同时，隆美尔做好了向地堡进攻的一切准备。他命令部队在森林的边缘地带编好了战斗队形。随后，他发出了作战命令。数百辆坦克同时向法国人的地堡群发射烟幕弹。人们的视线一下子被浓厚的烟幕挡住了。

担任突击任务的工兵在烟幕的掩护下悄悄地爬到了地堡旁，用喷火器烧毁了最近的地堡。子夜时分，地堡群的后方发生了激烈的战斗。隆美尔猜测，可能是德军的先遣队与法军遭遇了。战场上的火光把天空照得通明，道路也看得十分清楚。隆美尔决定利用这个大好机会突过地堡群。他命令工兵集中力量，在地堡线上撕开一道口子。

随后，数百辆坦克便从突破口穿过了地堡线，将驻守在那里的法军丢在了身后。数百辆坦克一边向前推进，一边对前方实施火力压制。除了零星的炮火还击之外，法军几乎没有来得及组织有效抵抗，就被隆美尔的坦克大军突破了防线。

隆美尔没有想到法国人的马其诺防线竟然如此不堪一击。他立即命令部队全速前进，向法国腹地推进。坦克群咆哮着从静谧的村庄穿过，把熟睡的村民全都惊醒了。惊慌失措的法国居民"哗"地打开了他们的窗子，无助地看着眼前的一切。一些溃散的法军则瑟瑟缩缩地躲在路旁的沟渠里，趴在那里一动也不敢动。

到凌晨时分，隆美尔的坦克部队已经向前推进了近60公里，将其左右翼的友军远远地甩在了后面。抵达战略目标阿韦纳后，隆美尔命令部队停了下来。在快速推进的过程中，一些士兵掉了队，隆美尔不得不在此等候他们归队。

一个小时后，第七装甲师的后方响起了隆隆的坦克声。隆美尔判断，这可能是掉队的坦克赶了上来。于是，他便命令部队继续前进。实际上，这是一支突入到第七装甲师后方的法国重型坦克部队。他们在隆美尔的后方发起了反击，已经摧毁了好几辆德军坦克。隆美尔的副官汉克上尉驾驶着一辆4型坦克好不容易才将其击退了。得知这一情况后，隆美尔十分高兴，他立即向最高统帅部提议，授予汉克上尉一枚骑士勋章。

清晨，隆美尔的装甲兵团越过了横跨兰德雷斯的桑布尔大桥。奇怪的是，他们几乎没有开一枪，他所碰到的法军便乖乖地投降了。在马尔巴斯地区，一名军官甚至带着全副武装的部队主动靠近隆美尔的装甲师，向其投降。据统计，第七装甲师在5月17日这一天便俘获了3500多名俘虏。

隆美尔向前推进的速度引起了媒体记者的注意。他的朋友古尔特·海斯领着一群德国战地记者在战场上采访战斗英雄。他想让隆美尔也接受一下采访。但是他很快就发现，要赶上隆美尔几乎是不可能的。古尔特·海斯抱怨说："他几乎总是走在我们前面20公里的地方。"

由于隆美尔总喜欢冲在部队的最前头，海斯曾建议他老老实实地呆在指挥官的位置上。当他们见面时，隆美尔大声向海斯吼道："在这场战争中，指挥官的位置就在这里，就在前线！我不相信那种椅子上的战略，让我们把它留给总参谋部的那些先生们吧！"

德军总参谋部和最高统帅部对隆美尔这种孤军深入的战术深感不安。然而隆美尔的第七装甲师依然在滚滚向前。5月18日，隆美尔率部来到了一片广阔的森林前。森林里面隐藏着法军一个防守严密的弹药库。为了避免长时间的激战，隆美尔故技重施，又让全体坦克成员坐在坦克外面，一边摇动白旗，一边喊"停战，投降！"法国人又一次目瞪口呆地站在一边，任由这只狡猾的狐狸带领部队安全通过了森林，抵达了森林另一端的波美鲁尔村。

在村外的山坡上，隆美尔让坦克排列成一个"刺猬"形的防御阵容。他和军官站在山顶上，遥望着远处的勒卡特城。隆美尔高声对军官们高喊道："你们现在的进军路线是勒卡特——阿拉斯——亚眠——鲁昂——勒阿弗尔！加足马力，前进！"

隆美尔这番疯狂的训话让军官们大吃一惊！勒阿弗尔远在英吉利海峡，而他们几乎有一个星期没睡觉了。情况更为糟糕的是，第七装甲师的主力部队依然在比利时境内，而且他们坦克的汽油也即将告罄了。由于孤军深入，脱离部队太远，隆美尔和主力部队失去了联系。他的参谋长奥托·海德埃珀甚至向最高统帅部发报告说，隆美尔和卢森堡上校都失踪了。

正在这时，法军开始向波美鲁尔村靠拢，企图攻破隆美尔的"刺猬"阵形。隆美尔陷入了苦战之中。经过一夜的战斗，法军被击退了。奇怪的是，法国人没有再次组织进攻，隆美尔奇迹般地逃脱了。隆美尔的孤军深入不仅让他的参谋长奥托·海德埃珀感到心惊肉跳，就连希特勒都深感不安。后来，希特勒亲自传话给隆美尔说："你的突袭使我一夜不能成寐，我百思不解，你怎样才能从那个陷阱中解脱出来。"

沙漠之狐 shamozhihu 隆美尔 longmeier

幸运的是，隆美尔在次日战斗中并没有遇到法军的顽强抵抗。5月19日，他率部攻占了康布雷，俘虏了650名法军。

5月20日，隆美尔在阿拉斯与英国远征军遭遇了。这是他第一次和英国人交战。英国人一心想突破弗兰德这一孤立地区。英军的玛蒂尔塔2型坦克虽然速度缓慢，显得笨重，但却装备着重型装甲。德军第七装甲师的37毫米口径反坦克炮根本无法穿透它那厚厚的装甲。

面对英军的步步紧逼，精疲力尽的隆美尔再次陷入了危机之中。他爬出了坦克，亲自来到炮兵阵地，指挥炮火向步步逼近的玛蒂尔塔坦克射击。隆美尔发现，只有88毫米口径的重型高射炮的初速才能有效地阻止这些笨重的坦克。

隆美尔像一头发疯的野兽一样，命令士兵们，等英军的坦克接近阵地之时再开炮。这是十分危险的举动，每一门炮都必须迅速开火才能挽救这种局面。炮兵指挥官们向他提出了异议，但隆美尔丝毫不予考虑，命令炮兵们一炮接一炮向接近阵地的英军坦克射击。

就在双发打得难分难舍之时，隆美尔的副官莫斯特中尉在他身边不足一米的地方阵亡了。莫斯特被一颗迎面飞来的子弹击中了脑门，仰身跌倒了。很显然，这颗子弹是英军的狙击手打的。隆美尔只是扭头看了一眼躺在地上抽搐的莫斯特，什么话也没有说，便继续指挥炮兵还击了。他那可怕的冷静鼓舞了身边的每一个士兵。他们似乎忘却了身边的一切，忘我地投入到了战斗之中。通过一天的激战，英军终于被击退了，阵地总算巩固下来了。

隆美尔的发明之———88毫米炮打坦克

五

"魔鬼之师"的胜利

阿拉斯血战之后，隆美尔被迫停了下来。因为希特勒于5月24日向各装甲部队下达了命令，到达艾比运河一线必须停下来。隆美尔不知道希特勒为什么会下达这样一道命令，但他相信希特勒的考虑是正确的。他利用这次机会，对第七装甲师作了短暂的休整。经过十几天的战斗，官兵们都十分疲惫。隆美尔让士兵们维修了损坏的坦克，并加足了油。随后，士兵们休息了几天，还抽空写了家信。

希特勒为什么会突然命令德军装甲部队停止风卷残云般的进军速度呢？5月21日，一支德军快速部队直抵英吉利海峡，近40万英法联军被围逼在法、比边境的狭窄地带。英法联军的处境极其危险，只剩下敦刻尔克这个仅有万名居民的小港可以作为海上退路。但敦刻尔克港口是个极易受到轰炸机和炮火持续攻击的目标。如果40万人从这个港口撤退，在德国炮火的强烈袭击下，后果不堪设想。

奇怪的是，希特勒不知道从什么地方得到消息，说英国人正在酝酿一个天大的阴谋，企图一举歼灭德军。他有些犹豫不定了。再加上他担心德军的装甲部队过度消耗会影响他对巴黎的进攻，索性便下令部队停止前进了。

英法联军抓住这一有利时机，开始执行代号为"发电机"的撤退行动。英国政府和海军发动大批船员，动员人民起来营救军队。他们的计划是力争撤离3万人。对于即将发生的悲剧，人们怨声载道，争吵不休。他们猛烈抨击政府的无能和腐败，但仍然宁死不惧地投入到了撤离部队的工作中去。于是出现了驶往敦刻尔克的奇怪的"无敌舰队"。这支船队中有政府征用的船只，但更多的是自发前去接运部队的人民。他们没有登记过，也没有接到命令，但他们有比组织性更有力的东西，这就是不列颠民族征服海洋的精神。

一位亲身投入接运部队的英国人事后回忆道:"在黑暗中驾驶是危险的事。阴云低垂,月昏星暗,我们没带灯,也没有标志,没有办法辨别敌友。在抵达半路的时候,我们开始和第一批返航的船队相遇。我们躲避着从船头经过的船队激起的白糊糊的前浪时,又落入前面半昏不明的船影里。黑暗中常有叫喊声,但不过是偶然的喇叭声而已。我们'边靠猜测边靠上帝'地航行着。"

这支杂牌船队就在这样危险的情形下,在一个星期左右时间里,救出了 33.5 万人。这就是举世震惊的奇迹——敦刻尔克大撤退。敦刻尔克大撤退保存了英法联军的有生力量,为最终取得反法西斯战阵的胜利创造了条件。不过,由于英国派驻法国的远征军丢弃了所有的重型装备,也给英国本土的地面防卫造成了一定的危机。

在英法联军开始大规模撤退之时,希特勒才幡然醒悟,他已经失去了歼灭英法联军主力的大好时机。他仓皇下令,恢复对英法军队的进攻。已经抵达艾比运河的隆美尔立即指挥部队摧毁了一座跨越运河的桥头堡,并把一个步兵团送过了运河。

就在这时,意外情况出现了。第七装甲师右翼的机枪营被英、法军队狙击手密集的火力阻挡住了。对此,隆美尔十分气愤。他立即来到了机枪营的阵地,亲自指挥作战。他把机枪营的指挥官训斥了一通之后,便爬上了铁路路基上面,寻找英、法军队的火力点。每找到一个火力点,他便将具体位置指给该营第四、第七反坦克炮连,让他们将其拔掉!

英、法军队的狙击手枪法极其精准,隆美尔身边的炮长和炮兵指挥官一个接一个地倒下了,而且全是头部中弹。隆美尔仿佛没有看到这一切似的,他依然镇定自若地指挥着部队。经过几个小时的艰苦战斗,对面的狙击手被迫撤退了,机枪营又开始向前推进了。

隆美尔的表现得到了德军高级将领的一致称赞。5 月 27 日下午,第十五军军长霍特将军将第五装甲师的两个坦克团调给了第七装甲师,并让隆美尔在即将进攻利勒的战斗中担任临时指挥。隆美尔兴奋极了。第五装甲师的坦克团在装备上要比第七装甲师优越很多。得到这支强有力的增援力量,无疑会让隆美尔如虎添翼。

隆美尔当即召集了这两个团的军官,举行了一次见面会。会议并不顺利，许多军官对调离第五装甲师感到不满。第十五坦克团团长琼汉尼斯·施特莱彻甚至跟隆美尔吵了起来，并指责他连地图都看不懂。

就在会议临近结束之时，希特勒派给隆美尔的副官卡尔·汉克头戴钢盔，全副武装地出现在了会场。他向隆美尔行了一个纳粹军礼，然后宣布说："根据元首的命令，让我授予将军阁下骑士十字勋章。"

在座的军官都十分惊讶！隆美尔是法国占领区第一个得到这种奖励的师级指挥官。许多人对希特勒这种拉拢军官的做法十分不满。但隆美尔却不以为然，无论如何，他得到了荣誉。当天下午6点，他便命令部队从艾比运河全力向东北方向推进。他希望自己能第一个到达法国重要的工业城市利勒。

当第七装甲师抵达了当天的临时目标后，隆美尔听说德军的其他装甲师打算就地宿营，他便兴冲冲地命令部队继续前进。他高喊道："上车！起动引擎！前进！"

隆美尔旋风式的行动阻止了驻守利勒的法军第一军团向敦克尔克撤退的企图。第二天一早，他便率领部队开抵了利勒，向守城的法军发起了进攻。他这致命的一击使法国第一军团的一半部队都陷入了困境。德军的几个步兵师随即跟上来占领了利勒，从而使隆美尔的部队有了几天喘息的时间。

隆美尔在日记中写道："我已经连续进攻了好多天！不断运动着的坦克里，在装甲车上或是在汽车里，根本无法睡觉。在一个机械化师里，你就必须飞也似地前进。到此为止，第七装甲师取得了巨大的胜利！然而关于这一点，公众显然一无所知。"

隆美尔担心德军最高统帅部会发错勋章，就像在第一次世界大战时攻克蒙特山时一样。他急忙写了一份战报送到了希特勒和施蒙特的手中。在利勒一战中，第七装甲师俘获了6849名俘虏，缴获了84辆轻型坦克，击毁18辆重型坦克和295辆轻型坦克。隆美尔在给露西的信中得意洋洋地说："这对图格林根人来说是很了不起的！"

6月2日，隆美尔被召到了阿登的夏尔维尔，去见希特勒。当时希特勒正在那里召开军事会议，商讨打败法国的最后行动。被希特勒召见的军官中，隆美尔是唯一一个师级指挥官。见到隆美尔，希特勒便以长者的姿态冲他叫道："隆美尔，在你发起进攻的日子里，我们都非常担心你的安全！"

隆美尔把希特勒这句言不由衷的话当成是对自己最大的赞美！几年后，他用一句朴实的话道出了自己对荣誉的渴望。他说："战斗中的胜利可以被夸耀作无数个父亲；而失败却只是一个孤儿。"

隆美尔返回部队之后立即组织力量，准备突破法军的索姆河防线。6月5日一早，他指挥装甲部队顺着两座法军还没有来得及破坏的铁路桥跨过了索姆河。当时正值枯水季节，索姆河就像是一条干涸了的小溪，根本没有什么水。隆美尔的装甲部队在桥头堡遭到了法军的火力压制。下午4点，他们终于突破了法军的防线，又开始向前猛冲了。

隆美尔又想出了一个高明的新主意。他让部队编成了盒式队形，以一种不可抗拒之势迅速向前推进。一个坦克营担任前锋和两个侧翼，反坦克营和侦察营殿后，步兵团呆在盒子的中间部分，轻型运输车紧跟着坦克碾出的道路前进。这支摧枯拉朽的队伍翻山越岭，绕过村庄，穿过灌木林滚滚向前，在法国的大地上留下了无数弹坑、死尸和废墟。

6月10日，隆美尔率部抵达了迪埃普。他们终于抵达了英吉利海峡。欣喜若狂的隆美尔命令第二十五坦克团直接开向海岸。团长卢森堡用那辆坚实的4型坦克冲开了防波堤，把坦克开到了海滩上，直到海水能够拍打着坦克灰色的外壳为止。这时，隆美尔、卢森堡攀上坦克顶，拍了照，准备送给国内的报刊。

在整个战役期间，隆美尔的脖子上总是挂着一架相机。这是戈培尔送给他的礼物。他用这架相机拍了数不清的照片。隆美尔喜欢把这些照片寄回德国，让其刊登在报刊上，他太喜欢当英雄了。《法兰克福周报》上就曾刊登过不少隆美尔的照片。有一次，露西在给丈夫的信中说："曼弗雷德从购物篮里拿到了它。几秒钟后，他兴奋地高声叫道'妈妈，看，这是爸爸！'起初我还以为你又用你特别喜爱的那种突然袭击的方式回来了，可一会儿他拿着那本封面上登有你的照片的杂志给我看，我才明白是一些从坦克炮塔上拍摄的照片。"

6月11日，隆美尔攻克了圣瓦勒雷城。次日一早，他在城市广场上接受了法国第九军指挥官的投降。一位白发苍苍的法国将军用典型的高卢人的方式拍着隆美尔的肩膀，告诫他说："你的行动太快了点，年轻人。"

另一个年轻的法国军官则怀着病态的好奇心问他:"阁下指挥的是哪一个师?"

隆美尔告诉了他。那名年轻的军官立即惊叫道:"天哪!又是魔鬼之师!最先在比利时,接着是阿拉斯,然后在索姆河,现在又到了这里。它一再地切断我们的进军路线,我们可是把你们叫做魔鬼之师呐!"

隆美尔对"魔鬼之师"这个绰号相当满意。在圣瓦勒雷城休整了几天之后,隆美尔接到希特勒的密令,要其迅速占领法国濒临大西洋的海岸线,直抵西班牙边境。从6月16日开始,隆美尔便率领部队以每天150~330公里的速度迅速向前推进。6月20日,第七装甲师占领了法国最重要的深水港瑟堡。他的高速行军让希特勒都为之震惊,因为他的进军比希特勒要求的速度快了20倍。至此,第七装甲师在法国境内的战役结束了。两天之后,刚刚上任6天的法国新总理贝当便于贡比涅森林签订了停战协定,宣布投降了。

就在这个地方,22年前法国人接受了德国人的投降。如今又轮到法国向德国投降了,历史发展让人多么的诧异啊!趾高气扬的希特勒也出席了签字仪式。他以轻蔑的神气注视着法国于1918年为庆祝第一次世界大战的胜利而树立的纪念碑,仿佛在说:"1918年的仇已经报了。"

隆美尔的"闪电战"取得了巨大胜利。他的"魔鬼之师"从比利时长驱直入法国西海岸,以损失42辆坦克、官兵阵亡682人、伤1646人的代价,俘获97468名英、法、比军俘虏,缴获大炮277门、高射炮64门、坦克和装甲车458辆、汽车近5000辆。

第四章

沙漠之狐

一

英、意两军鏖战北非

隆美尔在比利时和法国的巨大胜利无疑是纳粹宣传的最好素材。一位曾在第一次世界大战期间与隆美尔一起服役的军官写道:"他的装甲师就像一支魔鬼的舰队。他的魔语是速度;英勇无畏是他的资本。好比一幕电影,他的故事正在继续上映。那孤胆英雄的作为正闪耀着短暂的光辉……"

一位纳粹的宣传家也写道:"不错,在法国,他们现在知道他了——知道他的相貌和那双蓝色的眼睛里隐藏的狡诈,那管挺直的鼻梁与那副坚实的下颚,以及思考时咬紧的嘴唇和表明这一切高贵特征的下巴。他充满活力,意志坚强,看上去就像一个健壮而富于男子气概的标准模特儿。"

为了证明自己的决策有多么伟大,希特勒也有意将隆美尔塑造成德意志民族的英雄。因此,他本人也在一些场合公开吹捧隆美尔。骤然而来的荣誉让本来就视荣誉为生命的隆美尔有些飘飘然了。

在法国的日子里,隆美尔的生活过得十分惬意。有空的时候,他就跟法国的贵族们打打牌,聊聊天。大多数时间里,他都会在一间整洁的农舍里整理战役期间的各种文件,为写战役史做准备。他对一位朋友说:"我将写一部《步兵攻击》的续集。"

1940年8月,纳粹宣传部长戈培尔请他协助拍摄一部关于这次战役的大型军事影片《西线的胜利》。隆美尔兴致勃勃地投入了其中。他几乎把8月里的一半时间都用来再现"魔鬼之师"渡过索姆河的情景了。他煞有介事地训练士兵们的表演技巧。他还把一营法国的黑人士兵从俘虏营里挑选出来,让他们扮演从村庄里走出来投降的情景。

对着摄影机,隆美尔的坦克又一次发起了冲锋,他的枪炮又一次喷射出了火焰。战斗的场景大得惊人,甚至比真实的场面都要大。由于表现太过逼真，许多人在摄制过程中丧失了生命。隆美尔对损失几条性命并不以为然，他对士兵们说道："要不惜一切地把它拍得跟真实的一样。"

隆美尔的成功招致了一些人的非议。第十五军军长霍特将军便在私下里评论隆美尔说，他太容易凭一时的冲动行事，同时对别人在他所赢得的胜利里作出的贡献表现得心胸过于狭窄。第四军团指挥官克鲁格将军也对认为隆美尔在夸耀自己的成绩时往往有意无意地贬低了别人的贡献。一些心怀鬼胎的军官甚至因嫉妒而对隆美尔产生了敌意。这时已经是军队报纸负责人的古尔特·海斯曾私下里提醒他注意这种正在增长的敌意，但隆美尔却丝毫不以为意。

但不管如何，依然有越来越多年轻的军官追随在他的左右了。他们从四面八方跑来看望隆美尔。隆美尔和他们相处得很融洽，不时打听他们的妻子和家庭情况，询问他们的假期和获过什么勋章。

尽管生活过得十分惬意，但隆美尔并没有放松对部队的训练工作。他知道，希特勒肯定会把更加重要的任务交给他的。他猜的没错。法国沦陷之后，希特勒便开始全力对付英国。早在7月，希特勒下达了全面入侵英国的"海狮计划"。这项计划旨在歼灭英国的空中力量，夺取制空权，给陆军大规模登陆大不列颠扫清道路。因为英国南部天气不稳定，德国空军最终在8月13日才得以实施这一计划。9月上旬，在英国南部上空进行的空战进入了最激烈的阶段。

恰在此时，隆美尔接到了一封来自柏林的电报，要求他于9月9日到希特勒的总理府报到。隆美尔十分兴奋，他以为，凭借他在法国的出色表现，希特勒肯定会授予他一枚橡树叶勋章的。不过，他的愿望落空了。希特勒并没有授予他任何勋章，只是礼节性邀请他同众位将军一起吃了一顿饭。

从希特勒的总理府出来之后，隆美尔拜访了住在柏林郊区的老朋友古尔特·海斯。海斯告诉他，在总参谋部流传着德国将出兵非洲的说法。1940年6月10日，当德军在法国境内取得巨大胜利之时，意大利总理墨索里尼迫不及待地向法国和英国宣战，企图从中分得一点战利品。意大利在出兵法国的同时，也命令驻守在其殖民地利比亚的22万意军向驻在埃及的英国军队发起进攻，以占领苏伊士运河。

9月初，意军元帅伦道夫·格拉齐亚尼率部向埃及的英军发动了进攻。

22万意军在离埃及不远的锡迪—白拉尼一线遭到了英军的顽强阻击。为了向新盟友示好，希特勒向墨索里尼表示，他愿意提供一个德国装甲师的兵力出兵北非，帮助意军攻打英军。但是墨索里尼的将军们过分狂妄，他们认为单凭意军的实力便足以打败英军了，根本不愿接受这一援助。

主动示好却遭到了拒绝，这让希特勒十分不满。因此，他在跟隆美尔谈起这件事情的时候，愤愤不平地说："绝不给非洲提供一个人或一个铜板！"

隆美尔对此信以为真。当海斯跟他讨论这件事情的时候，他便拍着胸脯说："放心，这样的事情绝对不会发生的。元首刚才向我保证过，绝不给非洲提供一个人或一个铜板！"

这件事到此便告了一个段落，隆美尔又回到了英吉利海峡边。他花了大量的时间来训练部队，好让他们适应两栖登陆作战。他的目标是横跨英吉利海峡，打败英军。但他根本不了解横渡英吉利海峡的计划有多么庞大。希特勒认为直接进攻英国很可能会得不偿失，便秘密地放弃了这一入侵计划，转向了别的目标，采取间接的方式迫使英国投降。

11月，隆美尔在儿子弗曼雷德的召唤下回到了维也纳，跟家人在一起度过了一个星期的时光。已经12岁的弗曼雷德经常给隆美尔写信。他告诉隆美尔，父亲很少回家，这对他是一种耻辱。他期待着父亲尽快回家，带他到森林里去打猎。隆美尔被儿子真挚的情感感染了，趁着休假回到了维也纳。

遗憾的是，他仅仅在家里呆了一个星期就接到了新任务，不得不返回了部队。此时，第七装甲师已经调到了波尔多。此后，隆美尔在波尔多度过了温暖、潮湿的冬季。在整个冬季，隆美尔都在认真地关注着战局的发展。法国投降之后，德军除了对伦敦实施大规模的空袭之外并没有太大的行动。墨索里尼在北非的利比亚和巴尔干半岛的阿尔巴尼亚却大逞其能，不断扩大战争的规模。对此，希特勒极为震动。他于11月1日对总参谋部的工作人员厉声喝道："不给利比亚和阿尔巴尼亚任何支援。"

曾经极为傲慢的意大利人渐感压力，向希特勒在罗马的代表艾诺·冯·林特伦将军暗示说："或许一两个德国师可以参加对尼罗河三角洲发动的攻势，那里有20万英军。"

希特勒对此并没有什么反应。他对意大利拒绝他派兵援助意军在北非作战一事一直耿耿于怀，想让意大利人独自吞下自作自受的苦果。不过，为了防止意大利军队惨败，从而由侧面影响德国的战略，希特勒还是派了一部分空军部队到地中海沿岸。

12月，傲慢的意大利人在北非遭到了严重的挫折。英军从调集了大批摩托化部队在埃及境内的锡迪—白拉尼一线向意大利部队发起了反攻。在理查德·奥康诺中将的指挥下，英军的进展神速，很快就包围了意军设在巴尔迪亚的要塞。

墨索里尼坐不住了，他立即向希特勒求援，希望德军能派出一支装甲师到北非，同时给意军提供武器和装备。直至1941年1月9日巴尔迪亚被英军攻陷之前，希特勒一直没有做任何表示。报复心极强的希特勒想让墨索里尼知道，拒绝他的帮助会落个什么样的下场。在巴尔迪亚被英军攻陷的同一天，远在西边的重要军港托布鲁克也被包围了。

希特勒不能坐视不管了，如果意军在北非的战局继续恶化下去的话势必会影响德军的战略部署。他终于决定2月初向利比亚派出一支小规模的装甲部队。墨索里尼感恩戴德地接受了这一恩惠。

令墨索里尼没有想到的是，意军没等到德军开往利比亚，便迅速崩溃了。1月22日，托布鲁克军港的守军向英军投降了。与此同时，利比亚首都的黎波里的情况也十分危急，驻守在那里的意军根本挡不住英军强大的攻势。

随后，德军第五轻装师师长汉斯·巴隆·冯·丰克少将奉总参谋部之命到达了利比亚。他认为原计划派出的小规模装甲部队根本无法挽救利比亚的局势。一星期后，他亲自向希特勒阐明了这一观点。希特勒大发雷霆地吼道："这是个极端愚蠢的行为！一方面，意大利人发出惊惶失措的喊叫，把自己军队和装备上的弱点完全暴露给敌人；另一方面，他们过于妒忌和幼稚，以致认为一旦投入德国士兵和德国的装备，就会有损于他们在这一行动中的荣耀。如果德军能穿着意大利军服作战，那墨索里尼是最喜欢不过的了！"

经过一番思考之后，希特勒向总参谋部下达了命令，在第五轻装师动身后，立即派一个完整的装甲师前往北非。正是在这一背景之下，隆美尔来到了北非的沙漠地带。正是在北非一系列狡猾的作战行动让他得到了"沙漠之狐"的绰号。

二

率部抵达的黎波里

第五轻装师师长丰克将军出身贵族，思想极其保守。在意军迅速崩溃的情况下，这位贵族师长给希特勒的每一份报告都带有浓厚的悲观情绪。希特勒决定另找一位有名望的将军到北非去指挥第五轻装师。他选中了49岁的第十五坦克团团长琼汉尼斯·施特莱彻。随后，希特勒又选定隆美尔为这次远征行动的全权指挥官，并任命他为德军非洲军军长。

1941年2月6日，隆美尔被召到了希特勒的总理府。希特勒给他看了一些英国和美国的插图杂志，上面登有英军中将理查德·奥康诺胜利开进利比亚的照片。希特勒沉默地看着隆美尔，似乎在征询他对德军出兵北非的意见。

看着这些照片，隆美尔的脑海里闪现了许多念头。不过，精明的隆美尔并没有把自己的想法说出来。他的口袋里已装着最高统帅部总司令凯特尔元帅为他拟定的行动方案，指示他在罗马和利比亚如何与意大利人周旋。

2月12日中午，隆美尔乘飞机抵达了的黎波里。的黎波里乱哄哄的，意军正在全速向这里撤退。他们正忙于收拾行装，以便在英国人到来之前登上能把他们带回意大利的船只。接替格拉齐亚尼元帅担任北非战区指挥官的依达罗·加里波尔蒂将军看着眼前的景象，显得十分麻木。隆美尔建议他在的黎波里东边的锡尔

隆美尔与意军总司令加里波尔蒂在的黎波里

特建立一道前沿防线。这位高大的意大利北方人耸了耸肩，反驳说："将军，你应该亲自到那里视察一下。"

隆美尔对加里波尔蒂的回答十分恼火，但他依然决定到那里去看一看。当天下午，他便乘坐一架海因凯尔式轰炸机来到了的黎波里以东地区。在飞机上，他看到港口的东边有一条沙色的村庄地带。隆美尔想，这里也是一条阻截英军车辆的理想天然屏障。不过，这并不容易办到。意大利的将军们告诉他说，重型坦克根本无法开进沙漠地带。隆美尔曾问过他的阿拉伯语翻译汉斯·奥托·贝兰德中尉："轮式卡车能否开进沙漠？"

贝兰德是一个埃及通，曾经写过一本题为《埃及沙漠的驾驶员必读》小册子。贝兰德笑了笑，回答说："可以，诀窍是必须轻轻地踩着油门。"

隆美尔据此认为，重型坦克也许可以开进沙漠，只是意大利人没有试验过，又或者他们的方法不对。飞机继续向东飞行，隆美尔的眼前出现了闪灼着炽热光芒的大沙漠。隆美尔的手心里沁出了汗，他暗暗心惊，在如此恶劣的环境之下作战绝不是一件轻松的事情。

回到的黎波里，意军北非战区指挥官加里波尔蒂和意大利总参谋长马里奥·诺亚塔已经在等候他了。隆美尔同他们进行了简单的交谈，并按照自己的想法作了战斗部署。随即，他给德军最高统帅部发了一份电报。他在电报上说："与加里波尔蒂和诺亚塔将军的第一次会谈圆满结束。我们的建议已经付诸行动。最重要的战斗部队放在锡尔特，本人曾亲自乘机至该地区勘察。"

当晚，意大利的将军们在的黎波里酒店为隆美尔举行了盛大的欢迎晚宴。在席间，一个意大利将军问他："将军，你的那枚功勋奖章是在什么地方荣获的？"

隆美尔不假思索地回答道："隆格诺恩！"

众人立刻安静了下来。隆美尔的那枚功勋奖章是在第一次世界大战期间同意大利人作战时获得的。那些敏感而又自尊的意大利将军们感到十分尴尬。与意大利人的这种微妙的关系在一定程度上影响了隆美尔日后在北非的战役行动。

隆美尔抵达北非的第三天，德军的一艘运兵船停靠在了的黎波里港口。隆美尔的先头部队——第三侦察营和第三十九反坦克营如期到达了。次日上午11点，隆美尔在政府议会大楼前举行了一次军事检阅。在好奇的意大利人和阿拉伯人的围观下，身着新式热带军服、头戴钢盔的德国士兵雄赳赳地走过阅兵台。隆美尔站在阅兵台上，严肃地向士兵们行了一个纳粹军礼。他的眼睛不时瞥一下站在身边的意大利军官，带有几分轻蔑和狡黠的意味。

  随后，隆美尔的非洲军团陆续开进了的黎波里。这支部队虽然在数量上无法同在北非的意军和英军相提并论，但却是一支富于献身精神的专业化的精锐部队。此后的两年多里，隆美尔以他那种熟练和异乎寻常的方式去指挥这支部队严重地打击了英国人的骄傲和自尊。甚至连英国首相丘吉尔都不得不宣告说："隆美尔！隆美尔！别的都无关紧要。只要能打败他就行！"

  隆美尔初到利比亚之时，战局对德、意军队十分不利。由于意军缺乏战斗力，抵达北非的德军数量又很少，英军仍然掌握着北非战场的战略主动权。隆美尔在一份文件中写道："如果英国人不考虑伤亡，立即向的黎波里推进，我们的整个局势将十分严重。"

  2月底，德军的一支装甲部队在的黎波里以东750公里处与英军坦克进行了一次小规模的战斗。隆美尔在给露西的信中描述了这次战斗的情况，随后又说："今后的两三个星期将具有决定性的意义。局势会越来越紧张的……敌人现在已经知道我到了这里，他们已经开始推进了。"

  希特勒十分担心北非的战局，但他深信隆美尔有能力扭转当前的被动局面。他对墨索里尼保证说："只要我们能有14天的喘息时间，英军向的黎波里发起的任何新的进攻就注定要失败……当我们的第一支坦克团到达时，形势将会戏剧性地朝有利于我们的方向转变。"

  3月初，第五轻装师的坦克团抵达了的黎波里。隆美尔再次举行了宣传性的检阅仪式。坦克排着长队，持续向东开去，似乎总没个完。这是隆美尔特意安排的。他像一个电影导演一样，要坦克团在行进时故意围着大厦转上几圈。他对坦克团的军官们说："我们要让敌人猜测我们的实力。也就是说，让他们揣测我们的弱点，直到第五轻装师的其余部队到达这里为止。"

  为欺骗英军的空中侦察，隆美尔还使了另外一条诡计。他命令部下用木头和纸板做了几百辆形象逼真的坦克，井然有序地"停"在了的黎波里以东的一个隐蔽处。为了达到以假乱真的效果，隆美尔还特意安排了一些卡车和摩托在"坦克群"之间绕来绕去。真正的坦克团则趁着黑夜开过了沙漠。正如隆美尔预想的那样，这些轻型坦克在沙漠里并没有遇到太大的困难。隆美尔的这一骗术果然起到了作用。第五轻装师的战斗日记有这样一段记载："窃听到的敌军电台报告说，发现有重型坦克，这说明我们的骗术奏效了。"

3月初，情报机关向隆美尔报告说英军正在向北非增兵。隆美尔根据情报机关提供的情报给德军最高统帅部写了一份报告。他在报告中说："托布鲁克港布满了军舰，还有大批军队在该地集结。"

此时，托布鲁克港已经位于英军战线的后方了。英军在此集结有什么目的呢？英军到底是在向北非增兵，还是想把北非的兵力撤出来投入到别的战役呢？实际上，英国人正把最精锐的部队从利比亚撤走，调往希腊，对付那里的意军。

琼汉尼斯·施特莱彻到达的黎波里之后，隆美尔立即命令他带领第五轻装师先头部队从锡尔特出发，沿着海岸线向东进行探察。3月4日，施特莱彻率领的侦察部队到了埃尔蒙格塔，但一路上连一个英国人的影子都没有见到。隆美尔有些迷惑了。不过，他开始相信，德军要在北非扭转战局，甚至征服整个北非并不是一件困难的事情。

在一次放映《西线的胜利》的庆祝会上，隆美尔甚至向观众宣布，总有一天，他们会看到题名《非洲的胜利》的影片。随后，他又对一位参谋军官说："我们将向尼罗河推进，一旦局势出现合适的转机，就把这一地区重新夺过来！"

3月9日，隆美尔在给最高统帅部的信中大胆地预言说，他将在5月初重新向前推进，然后沿海岸一直向东进发，直到盛夏的酷暑阻碍更进一步的行动为止。他宣称："我的第一个目标将是夺回整个昔兰尼加，第二个目标是埃及北部和苏伊士运河。"

3月19日，隆美尔飞回了柏林。次日，他来到了希特勒的总理府，陈说自己的战役计划。一见面，希特勒便亲自给隆美尔颁发了一枚橡树叶勋章。这是隆美尔自从率部孤军深入法国腹地以来一直想得到的。授勋仪式几乎是当天让隆美尔唯一感到幸福的事情。随后，已从国防部长转任总参谋长的弗朗兹·哈尔德将军便开始冷嘲热讽隆美尔的战役计划，并坚决地告诫希特勒不要接受这一计划。

哈尔德将军认为，由于英国人控制着地中海，德军根本无法向北非派出大规模的地面部队。否则的话，保证部队的补给将会成为德军沉重的负担。他估计，德军最多只能派3~4个师到北非去。他告诫希特勒，局势迟早会对意大利不利，但只要德军能把目前这种局势拖延得久一些，如果有可能的话，最好拖上几年，以便德军控制整个欧洲大陆，乃至整个欧洲。

一心求胜的隆美尔坚持自己的意见，不愿更改。哈尔德厉声问道："为了达到这一目的，你还有什么要求？"

隆美尔回答说："我还需要两个装甲军。"

哈尔德反驳说："我们能派出两个装甲军，但你怎样向他们提供给养，如何养活他们？这对我无所谓，那是你的事情。"

希特勒想了想，命令隆美尔守住现有的防线，准备一次严格控制的有限进攻。因为他有一个秘密暂时还不能告诉隆美尔，那就是德军正在秘密集结部队，准备入侵苏联。希特勒需要把更多的部队调往东线去对付苏联人，而不是派往北非帮意大利人去打英国人。

三

违令进军昔兰尼加

隆美尔回到北非之后，德军总参谋长哈尔德将军又向他下达了一份书面指示，强调防守的重要性。这使得隆美尔大为不满，他认为"进攻才是最好的防守"。他决心违抗哈尔德的命令，进行几次小规模的试探性进攻。

水是沙漠中最珍贵的资源之一。3月24日，施特莱彻率部攻占了埃尔蒙格塔以东30公里处的埃尔阿格拉。这是一个优良的小型港口和供水点。施特莱彻的轻装甲部队几乎未经战斗就占领了它。驻守此地的英军撤退到了60公里外的布雷加港，驻守在一个靠近海岸、被沙山隔开的阿拉伯村庄。

德军总参谋部立即向隆美尔发来指示，要求他在5月底之前不准进攻布雷加。意军北非战区指挥官加里波尔蒂也与德军总参谋部持同一意见。布雷加是一个战略据点，易守难攻。如果强行发起进攻的话，可能会造成严重的伤亡。因此，德军最高统帅部要求等第十五装甲师开抵利比亚之后再发动进攻。

隆美尔陷入了进退两难的境地。他在给露西的一封信中透露说："我现在必须把部队调回来，不让他们再向前疾驶。"

3月底，第十五装甲师的电台侦破连抵达了利比亚。电台侦破连破译了布雷加守军的电台密码，获悉他们正在请求支援。空中侦查的结果也表明，布雷加的英军正在挖壕固守。隆美尔有些坐不住了。如果英军的援军到了，攻克布雷加将会付出更加沉重的代价。3月31日，隆美尔不顾柏林的指示，向施特莱彻下达了作战命令，向布雷加发起进攻。在德军闪电式的突击下，英军很快放弃了他们的阵地。

第二天中午，隆美尔怀着舒畅的心情驱车前往施特莱彻的指挥所。

一见面，他就高声嚷嚷道："哈，我们什么时候在阿杰达比亚见面。"

阿杰达比亚是下一个大城镇，已经远远超越了哈尔德命令的停止线。自从在法国跟随隆美尔以来，施特莱彻已经摸透了隆美尔的脾气。他知道隆美尔在暗示自己向阿杰达比亚进军。他故意不置可否地回答说："我们大概会看到它的。"

隆美尔走后，施特莱彻便命令他的装甲师于4月2日清晨重新开始向前推进。施特莱彻没有将这一计划上报给隆美尔，而狡猾的隆美尔也没有主动跟施特莱彻联系。他知道自己的这位部下会采取什么样的手段来讨自己欢心。4月2日下午1点，第五轻装师的先头部队已经快抵达阿杰达比亚了，隆美尔才赶上它，佯装吃惊地对施特莱彻高声嚷道："这到底是怎么回事？"

施特莱彻决心陪上司将这场戏演到底，他平静地回答说："我想我不应该让一支撤退的敌军有任何机会再重新挖壕固守。我便命令全师推进到了这里，我要进攻阿杰达比亚。"

隆美尔狡黠地回答说："那不是我的命令！不过我赞成你的意见。"

就这样，阿杰达比亚在当天下午4点便被攻占了。隆美尔在第一时间就出现在了那里，同他的士兵们一起分享胜利的喜悦。几年后，隆美尔在战争日记里将这场战斗的功劳全部归到了自己的头上，抹煞了施特莱彻的作用。好在施特莱彻是一个大度的人，他从来没有因为这件事而耿耿于怀。

占领阿杰达比亚之后，隆美尔突然意识到英国人打算从昔兰尼加半岛撤退。他们为了保存实力，才放弃了布雷加和阿杰达比亚的。阿杰达比亚是通向昔兰尼加半岛的起点，隆美尔决定抓紧时机继续向东推进。

就在这时，加里波尔蒂给他发来了一道强硬命令。加里波尔蒂在命令中强调："你的行动和我的命令抵触，在你继续前进之前，务必等我到达。"

隆美尔根本没有将这个意大利人放在眼里。他根本没有等加里波尔蒂，而是直接命令部队兵分三路，全力向半岛上的英军发起进攻。在行军的途中，隆美尔从一位过路的意大利牧师那里获悉，英军甚至连昔兰尼加的首府班加西也放弃了。隆美尔立即派出一个侦察营沿海岸公路直接向班加西进军。

晚上 10 点，隆美尔派出的侦察营在人们的欢呼声中向班加西进军了。隆美尔眯着眼睛，瞅着眼前的一切，心情十分愉悦。而此时，意军北非战区指挥官加里波尔蒂正在因隆美尔不服从自己的命令而怅然若失呢！

第二天，隆美尔的部队便出其不意地出现在昔兰尼加。英军指挥官菲利浦·尼姆将军奉命将司令部撤出了昔兰尼加。如此一来，隆美尔的部队几乎没有开一枪就将英军的昔兰尼加司令部挤出了昔兰尼加。

隆美尔知道自己的行为已经违反了德军总参谋和意军北非战区指挥官加里波尔蒂的命令，但他毫不在乎。他在给露西的信中夸耀说："我在的黎波里、罗马，或许柏林的上司们这时肯定处于一种无可奈何的窘态中。我的冒险违背了他们的一切命令和指示，因为机会摆在那里诱惑着我们。或许这一切以后将被证明是正确的。他们将会说，处在我当时那种情况下，他们也会做出同样的事情来的。"

3 月 4 日晚上，加里波尔蒂与隆美尔在他的阿杰达比亚活动指挥车里发生了争执。加里波尔蒂的情绪十分激动，他要求隆美尔绝对服从命令。隆美尔只是咧着嘴笑道："不管怎么样，你根本没有必要为我们的给养情况担心。"

两人互不相让，吵了将近 3 个小时，几乎要动起手来了。幸好德军最高统帅部司令凯特尔元帅及时发来了电报，才平息了两人的争吵。隆美尔不知道，他在北非的冒险行动几乎打乱了法西斯德国密谋入侵苏联的计划。凯特尔元帅在用"恩尼格码"写成的电报中告诫隆美尔说："希特勒严肃地指示，你的任务是巩固阵地并钳制英国军队。任何必要的有限进攻行动均不得超过小股部队的兵力……总而言之，你要避免在你开阔的右翼采取任何冒险行动，束缚自己，不要北上进攻班加西。"

看完电报后，隆美尔竟然对加里波尔蒂说，电报声明希特勒已经给了他"行动的绝对自由权"。迟钝的加里波尔蒂一时语塞，竟然没有追究真相。

隆美尔并没有理会凯特尔的命令，他努力使自己相信，大好时机就在眼前，如果凯特尔元帅处在他的位置上也会这么做的。他立即命令部队继续前进，直到占领整个昔兰尼加为止。施特莱彻被隆美尔的命令吓坏了。他反对说，第五轻装师至少需要 4 天的时间来补充给养。但是他们的全部军需品仍然堆集在后方的阿尔科费勒尼"大理石拱门"。这个象征胜利的拱门是墨索里尼于1937年修建的，位于黎波里塔尼亚和昔兰尼加的边界上。

隆美尔略一沉思，命令道："把全师卡车上的货物立即卸在沙漠上。从各坦克编组里抽调一组后备人员，让他们乘空车返回去。到阿尔科费勒尼军需品堆集点收集汽油和弹药。"

施特莱彻不安地回答说："那我的师至少得掉队一天。"

隆美尔大声吼道："这是避免流血，征服昔兰尼加的唯一办法！"

4月4日，跨越昔兰尼加的战斗开始了。昔兰尼加是一个不毛之地。放眼望去，除了漫漫黄沙之外，偶尔可以看到几株矮小可怜的松树和几片多刺的灌木丛。沙漠里的天气变化无常，中午炙热的阳光能把空气烤到50度以上，但到了夜晚，气温又会在一个小时之内骤然降到零度。刚才还是响晴的天，一会就可能刮起狂风，掀起漫天的沙暴。滚烫、细小的红沙会涌进帐篷，塞满人的眼睛和鼻子，挡住卡车挡风玻璃，切断人的视线。更为严重地是，红沙钻进坦克的引擎过滤器，让坦克无法发动。

除此之外，酷热的沙漠中还出没着毒蛇、蝎子和苍蝇等生物。这些小东西也时刻威胁着士兵们的生命。幸运的是，德军士兵们经受住了它们的考验。

隆美尔坐在飞机上，不停地飞来飞去，监督部队的行动。有好几次，他都把撤退的英军当成了自己的部队，差点降落在他们中间了。他近乎强迫的指挥引起了部分军官的不满。三路大军中的第一路部队指挥官施维林看到头顶飞过的飞机，不由得咒骂道："那肯定是隆美尔！"

还有一次，隆美尔在飞机上看到一支摩托部队竟敢停下来休息，立即写了一张字条扔了下去。士兵们捡起字条，只见上面写着："如果你们再不立即行动，我就下来！——隆美尔。"

士兵们一边咒骂着"该死的隆美尔"，一边行动了起来。德军士兵在隆美尔近乎强迫的指挥下终于在黄昏时分抵达了预定地点。

四

部队在托布鲁克受阻

梅奇尼是昔兰尼加沙漠地带的战略要地之一。在古老的土耳其式要塞中心有10条沙漠小道辐射向海岸和遥远的内地。隆美尔想当然地认为英军在这里的防守应该比较薄弱,决定先占领该地。但侦察部队在4月5日上午发现,英军在梅奇尼的防守力量十分强大。但隆美尔却坚持先集中兵力攻克梅奇尼。

由于第五轻装师所属的坦克团位置不明,德军根本没有足够的兵力进攻梅奇尼,从阿杰达比亚返回的下级军官不同意这样做。他们表示:"我们宁愿把托布鲁克看作我们的目标,切断那里的海岸道路,阻止敌军逃跑,也不愿首先攻克梅奇尼。我们可以在梅奇尼留下一支伪装部队。"

隆美尔有些犹豫不决,并与施特莱彻和施维林两位手下就此争吵了一番。最后,隆美尔决定亲自率领手下几个排的兵力去攻占梅奇尼。下级军官们担心的事情发生了,隆美尔损兵折将,但却未能撼动坚固的梅奇尼要塞。自视甚高的隆美尔在日记中故意将这段不光彩的经历掩饰了过去,施特莱彻在战争日记里如实将其记录了下来。几天之后,施特莱彻趁着风暴突入了梅奇尼要塞,俘虏了1700余名英军,其中包括70名军官和一位将军,还缴获了大批武器、汽车和粮食。

隆美尔立即命令施维林率一支追击部队沿沙漠小道向海岸边的德尔纳推进。在前一天,贝兰德中尉指挥的一个坦克连已经在隆美尔的命令下朝德尔纳方向出发了。他们在当天傍晚就顺利地开进了这个造型美丽典雅的港口。英国人并没有进行任何抵抗,全都慌慌张张地撤走了。施维林的部队紧随贝兰德中尉的坦克连出发了。机枪营在古斯塔夫·波纳斯营长的指挥下经过一场激烈的枪战,在德尔纳机场建立了一个据点。4

月8日晚6点30分,隆美尔驱车驶进了德尔纳机场。波纳斯上校得意地告诉隆美尔,他们俘获了900余名俘虏,包括4名将军,理查德·奥康诺中将本人也在其中。

隆美尔表现得异常冷静,他非但没有夸奖波纳斯,反而命令他立即继续沿公路向东挺进,目标是特米米尼和托布鲁克。由于施特莱彻将军和第五坦克团团长奥尔布雷奇上校在进攻梅奇尼的过程中与其意见相左,刚愎自用的隆美尔决定将先头部队的指挥权交给海因里希·冯普里特维茨少将。他刚刚率领第十五装甲师到达利比亚。隆美尔此举直接导致了他与手下军官们,尤其是施特莱彻的不合。

不过,隆美尔并没有想这么多,他一心想要攻占托布鲁克。托布鲁克是昔兰尼加最具战略意义的港口城市。此外,它还封锁着一条50多公里长的海岸公路,迫使隆美尔的给养运输队不得不向前开往埃及边境,然后再沿着一条长80公里长的沙漠小道给隆美尔的非洲军运输给养。由于英国人控制着托布鲁克,隆美尔也不敢轻易发动对埃及和尼罗河流域的进攻,因为托布鲁克的英军随时可以冲下来切断他的补给线。

1941年11月29日,隆美尔在托布鲁克

英军的败退让隆美尔骄狂起来,也让他对战局做出了错误的判断。他收到的每一份电报或照片情报都清楚地表明英军正在撤退。但实际上,英军只是撤出了昔兰尼加,并没有打算放弃托布鲁克。丘吉尔从伦敦向托布鲁克的英军下达了作战命令,要求他们必须"誓死守住托布鲁克,决不允许产生撤退的念头。"4月8日深夜,从昔兰尼加撤退出来的澳大利亚军队的主力已到达托布鲁克,并奉命进入了意大利人先前修筑的防御工事。

实际上,英国人并不知道隆美尔要进攻托布鲁克。在隆美尔发起进攻之前，英国人破译德军的"恩尼格玛"所获得的情报表明，德军最高统帅部给隆美尔下达的命令都是固守在班加西以西一线。他们没有料到隆美尔会违令向东推进。这也是英军在与隆美尔的非洲军接触时迅速溃败的主要原因。

有趣的是，隆美尔也不知道丘吉尔已经向驻守在托布鲁克的英军下达了作战命令。4月10日凌晨，隆美尔还断言说："敌人毋庸置疑是在撤退，我们必须尽力追击他们。我们的目标是苏伊士运河，要把这一情况通知每一个士兵。"

然而，波纳斯的机枪营此时已经在维亚巴尔比亚公路18公里里程碑处遭到了英军的顽强抵抗。这里距离托布鲁克仅仅15公里了。英军以反坦克炮火和机枪火力封锁了整个路面，迫使波纳斯的机枪营躲在了公路两旁的掩体内。

在后面不远的柏油路上，施维林对先头部队的指挥权也被普里特维茨接管了。普里特维茨刚到非洲，对这里的情况一无所知。他对施维林说："隆美尔派我来接管进攻的指挥权。不过我刚刚才到非洲，关于部队和地形我一无所知。"

施维林耸了耸肩，向他作了简单的介绍。普里特维茨将军似乎对这些并不感兴趣，他抽空到帐篷里睡了一会儿。一大早，普里特维茨就被隆美尔的咆哮声吵醒了。波纳斯的机枪营一停止进攻，隆美尔就驱车往普里特维茨的先头部队指挥所赶来了。太阳刚刚升起的时候，他来到了普里特维茨帐篷前，大声嚷嚷道："为什么向托布鲁克发起的进攻停顿了下来？英国人正在逃跑！英国人正在逃跑！"

普里特维茨低着头，脸上红一阵白一阵的，因为他也不知道到底出了什么状况。隆美尔立即要他到前方去看看情况。普里特维茨虽然十分不乐意，但也无可奈何。施维林把自己的小轿车和司机借给了普里特维茨。

普里特维茨驱车驶向托布鲁克附近。他不知道自己所处的正确位置，因为他既没有带地图，手头也没有从空中拍摄的要塞照片。机枪营的士兵们看到后面开过来一辆插着将军三角旗的小轿车，慌忙向他们喊道："停车！停车！"

普里特维茨在飞驰的汽车里站起身来对士兵们喊道："跟我来，前进！敌人正在逃跑！"

士兵们停在原地，惊恐地看着他。突然，一发英军的反坦克炮弹落进了他的轿车里。"轰"的一声，轿车被整个地撕裂开来，普里特维茨和司机当场毙命。

普里特维茨命丧黄泉的消息很快就传到了先头部队指挥部。施维林心情沉重地走进了隆美尔的办公室。看见施维林的样子，隆美尔一言不发地站了起来。施维林说："你刚才派往前线的那位将军已经死了。"

隆美尔脸色煞白地转过身去，一言不发地走出了办公室。为了证实这个消息，隆美尔驱车赶到了托布鲁克附近。在他的轿车后面跟着一队汽车和一门20毫米的大炮。在路上，一个监视哨发现有两辆小车追了上来。

隆美尔立即命令车队停了下来。从望远镜里，他发现后面的两辆小车有一辆是英军的指挥车，另一辆看上去和他的德国车相似。他冷静地命令道："准备射击！"

那两辆小车疾驰而过，绕到了他们的前头停了下来。施特莱彻将军从那辆英军指挥车里跳了出来。他跑到隆美尔的跟前，大声报告说："普里特维茨阵亡了。"

隆美尔冷冷地说："你怎敢在我身后驾驶一辆英国小车？我已经准备向你开火了。"

施特莱彻也毫不示弱，他气愤地回答说："要是那样，你是想在一天之内把你的两名装甲师师长都整死，将军阁下。"

隆美尔很快平静了下来，他命令施特莱彻向托布鲁克发动进攻。施特莱彻派波纳斯疲惫不堪的第八机枪营从南线出击，奥尔布雷奇的第五坦克团则用可以调动的全部坦克在右翼平行推进。但进攻部队很快就被英军挡了回来。

五

永远抹不去的污点

隆美尔在北非的行动引起了德国民众的强烈兴趣。普通的民众喜欢用一种简单的方式来衡量一位将军的胜利。在他们看来,隆美尔的非洲军在北非的胜利不但证明了隆美尔的英勇,也证明了伟大的元首——希特勒的英明。希特勒正需要在部队中塑造一个典型,也乐意让媒体去宣传隆美尔。

面对媒体的赞扬,在托布鲁克受阻的隆美尔不得不想办法绕过要塞,让一部分部队继续向前推进,以制造出一种胜利仍在继续的假象。4月12日,非洲军占领了巴尔迪亚,次日又占领了卡鲁汝堡和埃及领土上的第一个城市萨卢姆。但隆美尔知道,在浩瀚的沙漠里攻城略地并不能算真正意义上的胜利,最重要的是摧毁敌人的重型武器——坦克和大炮。在沙漠上,没有这些武器,任何军队都是无法作战的。尽管隆美尔的非洲军占领了大片的土地和一些小城镇,但英军的力量,尤其在托布鲁克要塞,丝毫没有受到削弱。

隆美尔把他的流动指挥部移到了托布鲁克前线以南的一个山谷里。除了睡觉,隆美尔几乎将所有的时间都被用来思考如何进攻托布鲁克了。隆美尔紧握着手中的望远镜,站在地中海岸边的岩石上,凝视着托布鲁克。英军的防御阵地是怎样布置的?英军有多少兵力呢?

在接连几日的战斗中,隆美尔的非洲军损失惨重,但始终未能撼动坚固的托布鲁克要塞。隆美尔的失败是可以预见的。托布鲁克要塞里有34000多名英军和大量的重型装备,而他的手中只有500名机枪手和20余量坦克。兵力的悬殊是他失败的主要原因。此外,隆美尔在进攻之前并没有对要塞进行必要的侦查,致使部队在战斗中陷入了英军的重围。结果,他的第八机枪营500名士兵中只

隆美尔用望远镜察看战况

有116人逃出了包围圈，营长波纳斯也阵亡了。奥尔布雷克的第五坦克团也损失了一半的坦克。

面对这样的结局，隆美尔十分愤怒。他暴跳如雷地命令施特莱彻再次发起进攻。施特莱彻告诉隆美尔的作战部长埃勒斯少校："将军阁下或许不愿意听我的这些话，但是作为另一名高级指挥官，我有责任指出，只要英国军队有那么一点勇气，他们完全可以从要塞里冲出突破口。如此一来，他们就不仅可以越过我们师的残余部队，而且还会俘获非洲军和我的指挥部。那将是德军在利比亚存在的最终结局，也是将军阁下名誉扫地的时刻。请你最好把这一点转告你的将军。"

埃勒斯将施特莱彻的话转告了隆美尔。隆美尔终于改变了决定，让施特莱彻转入了进攻防御。当晚，在写给总参谋部的报告中，隆美尔掩饰了这次惨重的失败。但纸终究包不住火，机枪营营长古斯塔夫·波纳斯和他手下许多士兵阵亡的消息在非洲军里悄悄传开了。信任危机开始了。士兵中第一次出现了一个反隆美尔的团体，他们说，隆美尔宁愿毁掉大批优秀的士兵，也不肯做好适当的准备再发起进攻。

狡黠的隆美尔找了几只"替罪羔羊"。他把机枪营的伤亡归咎于施特莱彻和奥尔布雷克，指责他们不遵守自己的命令。后来，隆美尔在递交陆军部的一份文件中解释了这次失败的行动。他说："……在围困托布鲁克的初期，有许多这样的实例，我的指挥官们不执行我的明确而具体的命令，或者说没有果断地执行，还有近似不服从命令的例子，某些指挥官在敌军面前临阵退却。"

隆美尔企图重新赢得士兵们对他的信任。4月16日，他来到了遭到重创的机枪营。隆美尔对士兵们鼓吹说："你们不应该被这点伤亡搞得一蹶不振。在战争中做出牺牲是必要的，这是士兵的天职！"

在离开的时候，他又鼓励士兵们说："胜利是属于我们的。从今天起算起，8天之内，我们将到达开罗！把我的话传出去好了，你们等着听胜利的消息吧！"

两天后，空军副总参谋长霍夫曼·冯·瓦尔道将军和赫尔曼·戈林的代理人陆军元帅米尔契飞抵了非洲军驻地。第二十七战斗机联队的分队紧随他们之后抵达了附近的加扎拉。隆美尔再次自信起来。他拉着陆军元帅米尔契一头钻进了他的流动指挥部。热情高涨的米尔契非常喜欢隆美尔这种时刻保持着战斗热情的将军，两人聊得很愉快。隆美尔弯着腰紧紧挨近地图，大声叫道："看，米尔契，这就是托布鲁克，我要攻下它！这就是哈勒德亚帕斯，我也要攻下它！这是开罗，我同样要攻克它！还有那里，那是苏伊士运河，我也要把它占领。"

米尔契哈哈大笑，回答道："我就在这里，把我也带上吧！"

雄心勃勃的隆美尔又开始思考进攻托布鲁克的方案了。但他很快发现，战局正在急剧恶化，要攻克托布鲁克几乎是不可能的事情了。沙漠里酷热的气候、士兵中反隆美尔团体的中伤和来自战场上的危险，让他的精神陷入了崩溃的边缘。

在英军的坦克、炸弹和战舰炮火的打击下，隆美尔的非洲军损失惨重，只剩下一支驻守在巴尔迪亚和埃及边境的小部队了。4月24日，隆美尔再次向柏林请求援助。他在电文中说："由于英军兵力在不断增加，巴尔迪亚和托布鲁克的局势一天比一天严重。"

隆美尔请求将第十五装甲师空运到北非，尽快将第五轻装师扩充为一个编制完整的装甲师，向北非派出强大的空军增援部队，并使潜艇沿地中海海岸采取行动。

得到隆美尔在托布鲁克受挫的消息，希特勒十分恼怒，他甚至当众骂了一些十分难听的话。两天以后，第十五装甲师的先头部队开始空运到班加西。与此同时，隆美尔从意大利士兵那里获悉，意大利士兵在撤出托布鲁克之前曾沿着近50公里长的环形防线设计和修建了138个互相连接的战术据点。这些据点都是完全隐蔽的，它们与周围的沙漠浑然一体，根本看不出来，不踏上去根本不会发现沙漠下还有地下通道。防线周围都布有密密麻麻的带刺铁丝网。如此看来，隆美尔进攻托布鲁克遭到如此惨重失败便毫不奇怪了。

4月27日，德军总参谋长哈尔德将军的代表保卢斯来到了托布鲁克。保卢斯与隆美尔曾经在一起共事过，私人关系相当不错。总参谋长哈尔德将军发现隆美尔正在各部队之间来来往往地进行访问，企图再次进攻托布鲁克，便派保卢斯前来了解情况。他认为，保卢斯或许是"唯一对那个疯狂至极的军人比较有个人影响的人"。

几乎就在这时，隆美尔把意大利的指挥官和施特莱彻叫到一起，"商讨"新的进攻计划。施特莱彻说："几天前，我的一些军官以及我本人视察过托布鲁克东南方向的地形，那里地势很平坦！这给我们部队在夜间直接运动到他们的防御阵地提供了一个良好的条件，我们的士兵不会被发现，从而可以在拂晓前发动进攻。"

隆美尔轻蔑地申斥道："我不想从你那儿听到任何别的打算，我只想知道你准备怎样把我的计划付诸于行动。"

保卢斯的到来并没有让隆美尔改变主意，他依然一心想要攻克托布鲁克。4月底的一天，隆美尔让保卢斯绕着包围圈的环形防卫线跑了一圈，并告诉他，自己正计划于4月31日在托布鲁克的西南防御区发动一次大规模的进攻。

由于对施特莱彻不满，隆美尔把指挥权交给了海因里希·寇彻海姆将军。寇彻海姆是作战部的热带作战专家。他当时刚好在利比亚，隆美尔便把他拉拢在了自己的身边。4月31日夜，德军攻占浅滩209高地的战斗开始了。隆美尔驱车来到第一条战线，在他的指挥车里观察战斗。

战斗十分激烈，德军的伤亡很大。5月1日，接替普里特维茨任第十五装甲师师长的汉斯·格尔特·冯·埃斯贝克向隆美尔报告说："我们的士兵，尤其是军官，在敌人占压倒优势的炮火面前，遭到了重大伤亡，大多数部队伤亡都在50%以上。不过，部队的士气仍旧十分高昂……"

在战斗进入胶着状态之时，一阵遮天蔽日的沙漠风暴席卷而来，搅乱了隆美尔的作战计划。保卢斯以总参谋长代表的身份命令立即停止进攻。隆美尔无可奈何地向各部队下达了停止进攻的命令。在此战中，隆美尔的非洲军有1200多名士兵死伤和失踪。

更为严重的是，非洲军的物资储备也被大量消耗了。隆美尔突然发现，他的非洲军出现了给养供应危机。由于战线太长，意大利人已经无法保障德军在非洲的物资供应了。非洲军每月需要3.4万吨给养和2万吨军火，空军则需要9000吨作战物资。但意军只能每月提供不足2万吨物资。

隆美尔一边恶毒地诅咒着意大利人，一边反思自己的作战计划和部署。他多次独自停留在维亚巴尔比亚公路旁的德军公墓前，注视着成片的坟墓，默默地念着墓碑上的名字。进攻托布鲁克的战役成为了"沙漠之狐"职业生涯中永远也抹不去的污点。托布鲁克也成为了隆美尔的伤心地，他暗下决心，一定要攻克这座坚固的堡垒！但不管怎样，隆美尔进入北非的一个多月里，以少量的部队迅速占领了大片土地，迫使英军一路后撤的功绩是不容置疑的。他就像是一只狡猾的狐狸一样，驰骋在茫茫的北非沙漠之上……

·第五章·

棋逢对手

一

遇到了真正的对手

沙漠里酷热、难熬的夏季到了。成群的苍蝇在士兵们的头顶上飞来飞去，不时停在他们的脸上或其他裸露的地方叮上一口。糟糕的是，士兵们根本没办法把全身都包裹起来，天气实在太热了。士兵们的鼻子被晒脱了皮，嘴唇也干得裂出了几道血口，脸上、脖子上全都起了水泡。在如此恶劣的条件下，士兵们却只能依靠饼干、橄榄油和各种罐头食品维持生命。由于长期缺乏新鲜水果和蔬菜，不少士兵的健康明显恶化了，甚至25岁的年轻人就已经开始掉牙了。

拘谨、古板的隆美尔也穿上了短裤。他经常驱车在滨海公路上疾驰。滨海公路的尽头是利比亚与埃及的边境线。利比亚与埃及边境上的重镇萨卢姆和它东面的哈勒法亚隘口是从埃及境内进入利比亚高原沙漠的通道。这两处要塞已经在4月底被赫尔弗上校率部攻克了。如果这两处要塞失守，埃及的英军便可以长驱直入地进攻隆美尔的非洲军，从而迫使他放弃对托布鲁克的包围，退到埃尔卡热拉一线或更西的地方。根据保卢斯的命令，隆美尔在5月初便制定了萨卢姆前线的防御计划。

隆美尔让步兵固守阵地托布鲁克和萨卢姆阵地，把所有的机械化部队都集中起来作为预备队。如此一来，当英军企图突出布鲁托克包围圈时，这支部队便可以机动到托布鲁克；当埃及境内的英军向萨卢姆进攻之时，它又可以迅速前往萨卢姆迎敌。

在隆美尔调整作战计划之时，英军也调整了在北非的兵力部署。丘吉尔力排众议，果断地派海军船队载着300多辆坦克冒着巨大的危险直接进入直布罗陀海峡，驶向北非海岸。英国空军凭借着空中优势，最终在5月12日将船队安全护送到了亚历山大港。从英国本土运来的这批坦克极大地增强了英军在埃及的实力。同一天，丘吉尔致电中东英军司令

隆美尔乘坐指挥车通过沙漠

部总司令韦维尔将军说:"我们的第一个目标是在西部沙漠地区获得一次决定性的军事胜利。"

韦维尔将军决定在德军的第十五装甲师主力部队赶赴北非之前攻占萨卢姆和哈勒法亚隘口,将德军往西赶。5月15日凌晨,英军投入了第七装甲师和第二十二装甲旅的55辆坦克向这两处要塞发动了进攻。英军的坦克里至少有10辆是玛蒂尔塔坦克,德军反坦克炮根本没有办法击穿它们。

隆美尔判断这是英军从后方援救托布鲁克的一次主要行动,便立即命令赫尔弗以机动战粉碎英军的企图。赫尔弗上校在英军的攻击刚刚开始之时便命令部队在天黑之后放弃阵地,绕到英军的侧翼去。受此影响,利比亚与埃及边境上的一些德军也纷纷放弃了阵地,疯狂地向西撤退。当天晚上,英军第七装甲师和第二十二装甲旅便攻克了萨卢姆和哈勒法亚隘口。

第二天早上,赫尔弗上校率领8辆坦克出其不意地出现在了英国人的侧翼,向其发起了猛烈的攻击。英军立即乱成一团,纷纷后撤。一时间,战场上出现了十分有趣的情景,英、德双方的部队都在拼命地向各自的后方撤去。赫尔弗上校利用这个千载难逢的好机会再次占领了萨卢姆。英军在后撤的过程中将第二十二装甲旅留在了哈勒法亚隘口,阻击德军的追兵。赫尔弗上校占领萨卢姆之后并没有派兵追击。

这是英军在北非战场上真正意义上的第一次反攻。隆美尔似乎有些不大适应,他在两三小时内向柏林发了一连串令人心惊肉跳的电报。他一会说前线固若金汤,一会说形势危急。德军陆军总司令布劳希奇元帅于5月25日亲自给他发了一份长达6页的电报,要求他今后的报告"慎重一些",要有"一定的连续性",当敌人发动突然袭击的时候,不要喋喋不休。"在突然事件的影响下,你应该避免让自己的报告时而沾沾自喜,时而悲观失望。"

隆美尔认为总司令的电报是一种难堪的指责。他决定用实际行动来回敬总司令。5月26日晚间,隆美尔向赫尔弗上校下达了作战命令,要求他趁英军防守薄弱之际再度攻占哈勒法亚隘口。5月27日清晨4点30分,赫尔弗上校率部向哈勒法亚发起了攻击。两个小时之后,战斗便结束了,英军丢弃了所有的重型装备,沿着海岸平原逃往锡迪—白拉尼一线。

隆美尔兴奋不已,立即写了一封踌躇满志的信给布劳希奇元帅。他在给露西的信中提及了此事。他说:"我遭到了总司令的一顿狠狠的斥责。我认为这是极不公平的。万幸的是,我们取得了胜利。对此,我决不会等闲视之,我已经写好一封如何回答冯·布劳希奇的信。"

在媒体的广泛宣传之下,隆美尔在德国国内声名鹊起。各地的信件像雪花一样飞向北非。一个纳粹妇女组织还给他寄了许多巧克力。一个年仅10岁的小女孩也成了他忠实的崇拜者。有一次,这个小女孩在新闻纪录片中看到隆美尔之后立即给他写了一封信。她在信中说:"……我并不害怕像别人一样,从您那里得到冷淡的回答。隆美尔将军,我可以向您倾吐自己的心声,我非常崇拜您和您的非洲军,并热切地希望您赢得最后的胜利。"

隆美尔俨然成了德国的全民偶像。对此,隆美尔十分兴奋。他有选择性地给他的崇拜者们回了信。不过,他明白自己离最后的胜利还十分遥远。他的非洲军在托布鲁克碰上了真正的对手。他在给露西的信中说:"高大的澳大利亚士兵打起仗来十分勇敢,他们远比我们的士兵训练有素。就现状而言,用武力是不能征服托布鲁克的。"

有鉴于此,隆美尔在托布鲁克周围设下了一个坚固的包围圈,打算困死城内的英军。他让士兵们在城郊挖了深深的战壕,教他们如何躲避英军的子弹,以尽量避免不必要的流血和牺牲。与此同时,他命令前来协助自己作战的空军竭尽全力摧毁托布鲁克的供水系统,并尽可能地阻止英军运输给养的船只进入托布鲁克港。

北非的战事暂时平息了下来。隆美尔趁此机会对部队进行了休整工作。他撤换了一直对自己的命令提出过多质疑的施特莱彻将军。5月底的一天,他给施特莱彻的指挥车打了个电话。他在电话中冷冰冰地说:"施特莱彻,我已经让别人来替换你的职务了!不过,在替换人到达之前,你仍旧继续担任指挥。"

施特莱彻也冷冰冰地回答说:"将军阁下还有什么别的吩咐吗?"

施特莱彻不等隆美尔回答便挂断了电话。施特莱彻的继任者是琼汉尼斯·冯·腊芬斯坦少将。5月31日,这位出身名门的英俊少将来到了比利亚。几天后,施特莱彻便离开了非洲。在为他举行的送别仪式上,隆美尔粗暴地训斥他说:"你未免太关心你的士兵的身体了。"

施特莱彻冷冷地向他行了一个纳粹军礼,生硬地回答说:"我可以想象得到,你对一名师级指挥官是不会有什么赞扬之辞的。"

6月初,第十五装甲师的主力部队终于到达了利比亚。隆美尔让年轻的瓦尔特·纽曼·西尔科上校来指挥这个师,并将其派往了萨卢姆前线。第五坦克团团长奥尔布雷克上校对隆美尔的做法十分不满,便称病向他请了假。隆美尔毫不在乎地任命厄思斯特·波尔布林克少校担任第五坦克团的新指挥官。至此,隆美尔的非洲军已经有两个战斗力极强的德国装甲师了,即第五轻装师和第十五装甲师。除此之外,他指挥着3个意大利师。

二

粉碎英军的"战斧行动"

隆美尔对托布鲁克围而不攻的作战部署让英军极度恐慌。丘吉尔决定集中英军在北非的所有兵力，击溃隆美尔的非洲军。他与韦维尔将军商讨了作战计划，并将其命名为"战斧行动"。"战斧行动"的具体计划是由英军第十三军军长贝雷斯福德·皮尔斯将军等人起草的。

韦维尔将军认为英军无法彻底击溃隆美尔的非洲军，只希望将其赶到托布鲁克以西。根据这个指导方针，皮尔斯将军计划用第四印度师和第七装甲师来实施"战斧行动"。在战役的第一阶段，第四印度师和第七装甲师下辖的第四装甲旅一部全力进攻萨卢姆和哈勒法亚，第七装甲师负责掩护。第二个阶段，第七装甲师变助攻为主攻，全力攻击包围托布鲁克的德、意军队。第三阶段，第四印度师和第七装甲师会同托布鲁克的澳大利亚部队向西推进，将德军赶往托布鲁克以西。

6月上旬，隆美尔本能地感觉到英国人正在酝酿着一场大规模的进攻战役。6月14日，德军的电台监听员从英军电台里监听到"'比特'将于第二天开始"的信息。隆美尔立即警觉起来。英军于5月中旬向哈勒法亚隘口和萨卢姆进攻之前也曾在电台里向各部队下发过类似的命令。这是否意味着英军的大规模战役马上就要开始了呢？隆美尔立即命令萨卢姆前线的部队处于战备状态，并让预备队做好行动准备。

6月15日凌晨4点30分，英军第四印度师和第四装甲旅一部沿着海岸平原和高原展开了。隆美尔立即命令部队保持战斗队形，准备迎战。上午9点，激烈的战斗开始了。在灼人的阳光下，两军的坦克左冲右突，大显奇能。士兵的惨叫声、坦克发动机的轰鸣声和炮弹爆炸的巨响交织在了一起。

英军的兵力和坦克的数量都占有绝对优势。他们出动的190辆坦克中有 100 辆玛蒂尔塔坦克。这种重型坦克的装甲厚度是德军 3 型和 4 型坦克的两倍，德军 37 毫米的反坦克炮根本无法将其击穿。幸运的是，隆美尔知道 88 毫米的高射炮可以对付英军的玛蒂尔塔坦克。隆美尔的手中有 13 门 88 毫米的高射炮。他在哈勒法亚部署了 5 门，在台菲德山脊安置了 4 门，另外 4 门则交给了萨卢姆前沿后的第十五装甲师。

隆美尔的这一部署起到了非常重要的作用。12 辆从高原一侧爬上哈勒法亚隘口的玛蒂尔塔坦克有 11 辆被平射的 88 毫米高射炮击中了，从海岸一侧逼近的玛蒂尔塔坦克也有 8 辆在主要阵地前被击毁了。战斗持续到深夜，英军始终未能突破德军的防线。

6 月 16 日拂晓，纽曼·西尔科指挥第十五装甲师的坦克向英军发起了反攻。他企图跨过前线的铁丝网，出其不意地迂回到英军侧翼。但他的进攻没有获得多大的进展。上午 7 点 45 分，第十五装甲师被迫退出了战斗。该师 80 辆坦克仅剩 35 辆可以正常运转了。中午时分，第五轻装师在靠近锡迪—奥马的边境地带也遭到了英军的狙击。哈勒法亚隘口陷入了英军的重围之中。

隆美尔的非洲军陷入了被动之中。如果英军第七装甲师这时不顾一切地压过来，隆美尔就不得不放弃包围托布鲁克的计划。隆美尔在指挥部里盯着作战地图，一言不发。如何才能走出眼前的困境呢？前线部队不停地从电台里发来最新的战况。隆美尔发现英军对自己侧翼的安全很不放心。他做了一个大胆的决定。深夜 12 点 35 分，他通过电台向纽曼·西尔科上校下达了作战命令，要求他将第十五装甲师撤离卡普诺，与第五轻装师的前沿平行向南推进，在拂晓前插入英军的侧翼，解除英军对哈勒法亚的包围。

纽曼·西尔科上校行动了。隆美尔狡黠地一笑，又向空军部队下达了一道命令。几分钟后，一架德军的战斗机出现在哈勒法亚的上空。飞行员向固守在哈勒法亚阵地上的德军撒了一些宣传单。宣传单上说："我军的反攻正在西线取得节节胜利，敌军被迫处于守势，整个胜利取决于你们能否守住哈勒法亚隘口和海岸平原。"

狡黠的隆美尔向自己的士兵撒了一个谎。不过，士兵们在他的谎言下坚定了胜利的信心，与英军展开了殊死的搏斗。

沙漠之狐·隆美尔 shamozhihu·longmeier

隆美尔和他的士兵

6月17日早晨6点钟，第五轻装师和第十五装甲师按照隆美尔的指示突然出现在了英军的侧翼。英军顿时陷入了混乱之中。上午7点45分，非洲军的电台监听员向隆美尔报告说，他在电台里听到英军第七装甲师下辖的第七装甲旅向皮尔斯将军求援。隆美尔的脸上露出了微笑。

过了一会，电台监听员又报告说，英军第七装甲旅向皮尔斯将军报告说，他们的弹药告罄，形势危急。一名英军坦克指挥官甚至请求皮尔斯将军亲自到前线督战。

隆美尔兴奋极了，立即把这些消息告诉了他的坦克师指挥官们，并催促他们迅速行动。第五轻装师和第十五装甲师迅速穿插到了哈勒法亚隘口，解除了英军对此地的包围。就这样，隆美尔赢得了第一个回合的胜利。

6月18日，隆美尔离开指挥部，来到了千疮百孔的前线。士兵们已经筋疲力尽了，但每个人的脸上都洋溢着胜利的喜悦。隆美尔比他们任何一个人都要高兴。他以大胆的冒险成功地粉碎了英军的"战斧行动"。

失败后，英军士兵的情绪十分低落。他们不知道隆美尔到底用了什么武器，能够将他们引以为傲的玛蒂尔塔坦克轻而易举地击毁。一名被俘的英军少校要求看一看摧毁他坦克的武器。满面笑容的隆美尔爽快地答应了他的请求。当88毫米高射炮摆在那名英军少校的面前时，他惊叫道:"这太不公平了,竟然使用打飞机的高射炮来打坦克!"

听到那名英军少校的惊呼,隆美尔狡黠地笑了起来。和这位倒霉的少校一样,大多数英国人都想弄明白隆美尔到底使用了什么新型武器。不少英军士兵甚至猜测这是德国的 3 型和 4 型坦克发射的一种威力巨大的炮弹。国外的媒体在报道这场战役时均对隆美尔和他的非洲军都流露出了敬畏的之情。

这场战役的胜利让隆美尔在国内的声誉同样达到了顶点。一些纳粹分子认为,应该给隆美尔写一部完整的传记了。一位上校写信给隆美尔说:"我想着手写一部有长远价值的作品,它将表现我们时代一位典型的年轻将军,要把他作为子孙万代的榜样……"

希特勒也希望将隆美尔塑造成胜利的典型,他向最高统帅部提议,将隆美尔晋升为坦克上将。总参谋长哈尔德将军坚决抵制。他说,隆美尔在两年之内已从中校升为了中将,这已经够快了!实际上,哈尔德对隆美尔抗命不遵仍耿耿于怀。

但不管哈尔德如何阻挠,希特勒依然轻而易举地将隆美尔提升为了上将。他通过向最高统帅部施压,在非洲建立了一个非洲装甲兵团。装甲兵团在建制上仅次于军团,它的设立除了把隆美尔晋升为上将之外,再无别的选择了。这支又被称为"隆美尔装甲兵团"的部队下辖原先的非洲军和由几个步兵师组成的意大利第二十一军。隆美尔任装甲兵团总司令,路德维希·克鲁威尔将军被任命为非洲军军长。

获此消息,隆美尔兴奋得手舞足蹈。他在给露西的信中说:"……对最近的这次晋升,我所应该感谢的只有元首……你可以想象我是多么高兴!我所做的一切以及我做这一切的方式得到了元首的认可,这远远超出了我的梦想。这么年轻我就被提拔到了如此高的地位,这太令人高兴了!如果可能的话,我将在自己的肩章上添上更多的星。"

就在隆美尔被提升为上将前后,疯狂的希特勒也在加紧实施"巴巴罗沙"作战计划,准备入侵苏联。"巴巴罗沙"的意思是"红胡子"。"红胡子"是神圣罗马帝国皇帝腓特烈一世的绰号。腓特烈一世崇尚扩张与侵略,他曾 6 次入侵意大利,并指挥过十字军东侵。

入侵苏联是危险的,一些军事和外交人员屡次劝告希特勒,应该先解决英国后再开辟对苏战场较为妥当。希特勒的决策通常与德军将领的建议相反，但直到制定"巴巴罗沙"之时，他的这些决策都取得了辉煌的胜利。因此，不但被他蛊惑的人认为他是政治和军事天才，就连他自己也认为自己是千年难遇的奇才。希特勒狂妄地认为在1941年的冬季之前一定可以攻下苏联全境，因此不必准备过冬物资，以抵御苏联寒冷的冬天。这在后来成为德军受挫的主因之一。1941年6月22日，希特勒撕毁苏德互不侵犯条约，突然出动190个师，3700辆坦克，4900架飞机，47000门大炮和190艘战舰，兵分三路以闪电战的方式突袭苏联。

　　希特勒入侵苏联的消息传到北非，隆美尔手下的指挥官们都大吃一惊。施维林曾在私下里对自己的部下说："没什么可说的，这场战争我们是输定了！"

　　不过，隆美尔依然像往常一样乐观，他盼望着自己能在北非取得更大的胜利，彻底击溃北非的英军，为自己赢得更大的荣誉！

三
酝酿更大的作战计划

在隆美尔的声誉达到顶点之际，军队内部对他的埋怨与指责也与日俱增。军官们指责他随心所欲地下达作战命令，还经常作出"荒唐的决定"。7月9日，陆军总司令布劳希奇元帅给隆美尔寄来了一封措词严厉的信。布劳希奇在信中警告他说："我认为我有责任告诉你，所有这一切不仅仅关系到非洲军的利害得失，同时也关系到你本身的利益。"

然而隆美尔对此却毫不在意，他在给朋友的信中说道："由于我新近的晋升，我已经越过了我的一大批战友。这无疑会引起许多人的嫉妒，许多许多的嫉妒。"

就在这时，隆美尔与意大利最高统帅部之间也产生了矛盾。墨索里尼不明白，隆美尔本来是到非洲来协助意大利人作战的，现在怎么就成了轴心国在北非实际上的最高指挥官呢？正是在这种背景下，意大利北非战区指挥官加里波尔蒂于7月12日突然被解除了指挥职务。隆美尔异常震惊，他已经开始喜欢这个和蔼、温顺的老糊涂蛋了！

接替加里波尔蒂担任意军北非战区最高指挥官的是埃托尔·巴斯蒂柯将军。墨索里尼与这位风度翩翩的年轻将军私交甚深。十分明显，墨索里尼想通过巴斯蒂柯将军挤走隆美尔。7月底，巴斯蒂柯把隆美尔召到了他位于昔兰尼加的一座古代宫殿的司令部。隆美尔风尘仆仆地赶来了。他看上去十分憔悴，头发蓬乱，面色黧黑。然而，巴斯蒂柯并没有什么重要的事情，他只是要求隆美尔必须服从他的指挥。

隆美尔的心情瞬间跌入了低谷。他知道，轴心国在北非不可能有两位独裁者存在。巴斯蒂柯作为他的顶头上司势必会千方百计地把他挤走。隆美尔在给露西的一封信中愤愤不平地说："到柏林去已势在必行了。"

7月28日，隆美尔飞到了维也纳，跟妻子露西度过了两天美好的时光。露西一眼就看出丈夫的身体状况欠佳，催他去看一下病。隆美尔知道妻子是对的，沙漠里残酷的自然环境严重地损害了他的健康。不过，他拒绝到医院去。他笑着对妻子说："我不相信医生，他们在1915年曾打算锯掉我的一条腿呢！"

两天之后，隆美尔飞到了希特勒设在东普鲁士的大本营。希特勒祝贺他在萨卢姆取得的胜利，并把俄国前线的作战地图拿给他看。隆美尔兴奋地看到，德军在苏德战场上正以大规模的包围战突破苏联红军的后方。隆美尔的眼前一亮，他在北非是否也可以使用这一战术，引诱和包围英军呢？

隆美尔向希特勒提出了大量的要求，期望能够一举攻下托布鲁克。希特勒批准了他的大部分要求，并命令空军在隆美尔全面进攻开始时，向托布鲁克投掷一种两吨半重的新型炸弹。同时，他还指示海军向地中海出动6艘潜艇和部分鱼雷摩托艇，协助隆美尔封锁托布鲁克港。

离开德军大本营之时。希特勒指示隆美尔到罗马去见墨索里尼和意军总参谋长休果·卡瓦利诺将军。隆美尔立即匆匆赶到了罗马。8月6日上午，隆美尔与卡瓦利诺将军和墨索里尼进行了会谈。根据巴斯蒂柯的报告，墨索里尼和卡瓦利诺将军都认为，由于运输上的困难，在近期内进攻托布鲁克是无法完成的任务。

但隆美尔坚持进攻托布鲁克。他竭力向墨索里尼解释，萨卢姆前线的战略地位十分重要，德、意军队完全可以守住这一阵地，甚至还有打败英军优势兵力的可能。幸运的是，隆美尔说服了墨索里尼。墨索里尼指示卡瓦利诺等人立即飞往利比亚，对进攻托布鲁克的战役进行必要的部署。

8月7日，隆美尔心满意足地乘飞机离开了罗马。在上飞机之前，隆美尔在照镜子的时候突然发现自己的眼睛和皮肤已经变成了黄色。他开始暗暗担心自己的健康问题了。但他更加担心德军总参谋部或意大利人会以此为借口阻止他飞回利比亚。因此，隆美尔隐瞒了自己的病情，一副若无其事的样子登上了飞机。

从罗马返回巴尔迪亚的指挥部后，隆美尔便开始踌躇满志地制定新的进攻计划了。但他的医生很快就发现他的健康状况严重恶化了。医生们对他进行了会诊，最终确定他患了黄疸病。医生们规定他不准吃刺激性大的食物，而且必须保证足够的睡眠。隆美尔接受了医生们对他饮食的限制，但对其他的告诫却置之不理。

士兵们听说他们的将军生病了，纷纷把水果、鸡蛋、土豆和活鸡等在沙漠里难得一见的食物作为礼物送给隆美尔。士兵们得到这些食物并不容易。他们要跟那些漫天要价的阿拉伯人再三讨价还价才能买到一些。尽管军官们对隆美尔颇为不满，但普通士兵却十分爱戴他。因为跟着隆美尔可以打胜仗，可以给他们带来荣誉。

8月末，新编成的非洲特种部队抵达了利比亚。不久之后，这支特种部队被改编成了第九十轻装甲师。第五轻装甲师的兵力也得到了加强，被改编成了第二十一装甲师。如此一来，隆美尔的非洲装甲兵团便有了3个德军装甲师，即第十五装甲师、第二十一装甲师和第九十轻装师。

隆美尔视察德国第二十一装甲师

随同部队一起抵达的还有大批军官。这些人大都是德军副总参谋长兼非洲装甲兵团参谋长阿尔弗雷德·高斯的老部下。隆美尔对他们十分满意。他在给露西的一封信中提到："我这些新部下比那些老部下好得多。"

对于高斯，隆美尔更是喜欢得不得了，与这位来自东普鲁士的高级参谋军官当了朋友。他曾不仅一次地告诉露西，他是多么地喜欢高斯。有趣的是，高斯也非常喜欢隆美尔。施特莱彻曾告诫他说："你和隆美尔不会相处太长时间的。"但是高斯却发现这位跟大多数军官都合不来的指挥官跟自己却十分投缘。

在非洲特种部队抵达之后，隆美尔便把他的前线司令部迁到了甘布特。这里位于托布鲁克和比、埃边境的中点上，对他指挥未来的战役具有十分重要的意义。不过，甘布特的环境却让人无法忍受。这里臭虫横行，苍蝇成群，十分肮脏。

隆美尔搬来的第一天就跟床上的害虫展开了一场激烈的战斗。隆美尔将那些害虫称为"莫西干人"。莫西干人是美洲的土著居民，曾被欧洲殖民者大量屠杀。他跟副官一边打害虫，一边高叫道："要消灭最后一个莫西干人！"隆美尔甚至让副官把汽油浇在床上点燃，把所有的害虫都活活烧死了。

在甘布特，隆美尔几乎每天都乘他的指挥车颠颠簸簸地沿着沙漠小道，去走访非洲装甲兵团所属的兵营和各个据点。各地的部队都在进行着艰苦的训练和实弹演习。他迫不及待地要向托布鲁克发动一次经过周密部署的大规模进攻。不过，他还只能静静地等待。因为希特勒还没有将攻城必须的火炮和弹药给他运到北非。

隆美尔的作战计划十分简单。他决定对托布鲁克进行连日的猛烈炮击，最大程度地削弱英军的防御。随后，他将出动步兵师，让其在环形防御线上为第十五装甲师打开一个突破口。埃尼·纳瓦里尼将军指挥的意大利第二十一军的几个步兵师负责第十五装甲师左翼的安全。一旦第十五装甲师得手，德军便直接冲进港口，切断托布鲁克守军与港口的联系。如此一来，城内的英军会陷入要么投降，要么挨饿的境地。

巴斯蒂柯将军对隆美尔的这个作战方案不置可否。他警告隆美尔说，英军决不会袖手旁观地让他凭侥幸取得成功。英军或许会从埃及攻击非洲装甲兵团的后方，甚至可能抢在隆美尔尚未攻陷托布鲁克之前发起一次总攻。

隆美尔早就想到了这一点，但他懒得跟巴斯蒂柯解释。在第十五装甲师进攻托布鲁克的同时，他会在沙漠里布署一支机动部队，以及时制止英军的这类行动。此外，他还将萨卢姆前线的防御工事延伸进了沙漠。如此一来，英军要想从埃及方向对隆美尔的后方发动攻击就必须攻克萨卢姆，或绕过萨卢姆防线，做一次漫长的迂回运动。隆美尔估计，英军至少需要3天的时间才能完成这一任务。在这段时间里，他可能早已攻陷了托布鲁克。

四

决意进攻托布鲁克

隆美尔与巴斯蒂柯之间的矛盾在一定程度上阻碍了进攻托布鲁克计划的实施。巴斯蒂柯觉得隆美尔对托布鲁克的兴趣已经演变成了一种病态的迷恋。他建议隆美尔在不惊动托布鲁克守军的情况下,直接向埃及方向的英军发起进攻。

隆美尔没有理会巴斯蒂柯的喋喋不休。他背着巴斯蒂柯把参谋长高斯派到了罗马,直接跟墨索里尼沟通。疯狂的墨索里尼和希特勒一样,都希望隆美尔在向埃及发动进攻之前攻克托布鲁克。墨索里尼指示说,在隆美尔向尼罗河推进之前,攻下托布鲁克是"绝对必要"的。他还答应给隆美尔提供足够的给养,以便他可以在11月初发起进攻。

隆美尔预感到这次事件会加深他与巴斯蒂柯之间的矛盾。为了巩固自己在北非的地位,他采取了预防措施。9月中旬,隆美尔邀请墨索里尼最亲密的朋友之一——梅尔奇奥希少校访问了非洲装甲兵团。隆美尔极尽奉承之能事地讨好梅尔奇奥希少校。第一天,他带着这位衣着考究的少校在沙漠里打猎。他们的猎物是跑得很快的瞪羚。隆美尔站在疾驰的敞篷汽车里,双手紧握机枪,紧紧跟随在瞪羚的后面,不时射出一梭子子弹。一个上午,他们便猎到了不少瞪羚。梅尔奇奥希少校十分佩服隆美尔精准的枪法,自己也跃跃欲试。结果,一天下来,他和隆美尔就成了无话不说的好朋友。

随后,隆美尔又为梅尔奇奥希少校安排了一次进军埃及的表演。隆美尔将这次行动命名为"仲夏夜之梦"。在离边境只有20多公里的地方有一个庞大的英军给养库。那里有大量没有别上肩章的崭新军装、名牌汽车、阿根廷的咸牛肉、加拿大的黄油罐头、美国的牛奶罐头和英国的咸猪肉。

隆美尔觉得仅仅20多公里的距离，几个小时就能结束战斗。9月14日拂晓，第二十一装甲师奉命冲过了边境上的铁丝网，迅速扑向英军的给养库，将其包围了。隆美尔坐在其中的一辆坦克里，指挥部队作战。

6辆空卡车紧紧跟随在坦克的后面，等着去装经过精心挑选的战利品。第二十一装甲师师长腊芬斯坦将军乘坐的坦克和这些卡车一起在灌木丛中缓慢地前进着。在他们的身后，一个侦察营在边境上来来往往，佯装进行着无线电联络。很显然，隆美尔想造成一种整个非洲军大举进攻埃及的假象。

英军并没有上当，他们在此之前已经通过截获的电报破译了"仲夏夜之梦"的全部计划。他们只是命令部队撤离高原地区，退到了德军坦克里的汽油所能到达的最远距离之外。第二十一装甲师的先头部队向埃及境内推进了约100公里，但始终没有遇到英军的抵抗。先头部队的指挥官十分纳闷，急忙赶到了预定的会合地点。隆美尔已经在那里转了3个小时的时间了。隆美尔仿佛意识到了情形不对，但为时已晚了。中午12点55分，一架英军的飞机突然出现在他们的头顶上，投下了一枚重磅炸弹。两辆满载着汽油的卡车被引爆了，一名高射炮手和6名坦克手当场死亡。隆美尔的指挥车也中弹了，他的靴跟被弹片削掉了一块，司机也受了重伤。

隆美尔命令部队放弃追击，立即返回利比亚。在返回的途中，他们俘虏了两名与大部队失去联络的英军，缴获了一辆已失去战斗力的装甲车。这辆车里有许多机密文件。隆美尔兴奋异常。缴获的文件显示，英军在短期内无法向德军发起进攻。第二十一装甲师师长腊芬斯坦不失时机地拍马屁说："将军阁下，仅仅缴获这些文件就足以补偿我们的损失了。"

隆美尔没有想到的是，这些文件是英军故意让他缴获的。英军的目的正是要掩盖自己真实的意图，让隆美尔对战场的形势做出错误的判断。显然，英国人的目的达到了。9月下旬，柏林和罗马方面同时向隆美尔发来了警告——英军可能发起总攻。隆美尔对这些警告丢在了一边，根本不去理会。他在一次演讲中对士兵们说："我们14日的出击已经表明，敌人在今后几个星期或几个月内不可能发动任何进攻。"

隆美尔关心的是，他所需要的给养什么时候才能从欧洲大陆运到北非。由于希特勒将大量的空军部队抽调到了苏德战场,英国空军完全掌握了地中海的制空权。德军的运输船在向班加西港和的黎波里港运输物资的过程中损失很大。这严重地影响了非洲装甲兵团进攻托布鲁克的进程。

10月,希特勒的参谋军官们发现英军有主动向隆美尔发动进攻的可能,便立即向希特勒作了汇报。希特勒决定抽调整整一个空军大队到地中海,并任命优秀的空军元帅艾伯特·凯塞林为南线总司令,负责指挥这支空军大队。随后,他又命令海军派出24艘潜艇从大西洋进入地中海,协助隆美尔作战。

隆美尔对参谋军官的议论十分生气,他坚持认为英军无力主动发起攻击。他已经把全部精力都集中在如何进攻托布鲁克上了,根本没有心思去考虑别的事情。10月26日,隆美尔发布了向托布鲁克进攻的"兵团命令",要求部队在11月20日必须发动攻击。

德军最高统帅部多次与隆美尔沟通,希望他能改变想法。统帅部的参谋军官们向他指出,英军在非洲已经掌握了绝对的空中优势!他们建议隆美尔将进攻托布鲁克的战役推迟到1942年再实施。隆美尔断然拒绝了他们的建议,他认为轴心国现在正掌握着战场上的主动权,托布鲁克的英军很可能在两天之内便会投降。

把答复送交柏林后,隆美尔便动身飞往罗马,去见露西了。他已经和露西约定,在那里为他庆祝50岁的生日。当时,琼汉尼斯·冯·腊芬斯坦将军和他的妻子也在罗马度假。隆美尔夫妇与他们一起在罗马度过了一个美好的假期。

美好的假期并没有让隆美尔忘记战场上的形势。他在罗马期间多次与墨索里尼和意军最高统帅部司令卡瓦利诺举行会谈,希望他能解决非洲装甲军团的给养问题。然而,卡瓦利诺开始打退堂鼓了。11月8日,装载着4万吨给养的轴心国护航船队在地中海上被英军的飞机全部击沉了。意大利断然决定暂时中止护航行动。这对给养已经十分匮乏的非洲装甲军团来说无疑是雪上加霜的灾难!

与此同时,巴斯蒂柯也再次向隆美尔发出了警告。根据他所掌握的情报,英军的进攻已经迫在眉睫。隆美尔的部队也收到了同样的情报。一架侦察机拍摄了英军在卡塔拉低地以南一个新机场的照片。照片清楚

沙漠之狐 隆美尔

地显示,英军在该机场上停放了100多架飞机。另外一些情报也显示英军正在酝酿着一场大规模的反攻。非洲装甲兵团司令部的工作人员将一部分照片送到了在罗马休假的隆美尔手中。隆美尔抓起照片,怒不可遏地将其扔在地板上,大叫道:"我拒绝看这些东西!"

巴斯蒂柯的看法没错,隆美尔对托布鲁克已经形成了一种病态的迷恋。他根本不愿意相信那些对他发起进攻不利的情报,甚至连看都不愿意看一眼。此后的种种情报都表明英军根本不会给隆美尔进攻托布鲁克的机会,大批英军正在集结,准备发动反攻。但陶醉于即将来临的胜利之中的隆美尔丝毫没有留意这些情报。

1941年初,隆美尔帮助被困车辆

11月16日,隆美尔乘飞机离开了罗马。与此同时,非洲装甲兵团开始往托布鲁克方向集结。隆美尔乘坐的飞机在途中遇到了一场暴风雨,不得不迫降在贝尔格莱德。第二天,飞机的发动机又莫名其妙地出现了故障,隆美尔又不得不在雅典停留了一夜。

· 第六章 ·

撤出昔兰尼加

一
英军的大规模反攻

就在隆美尔在雅典停留的那个夜晚,英军一支小部队偷袭了他先前设在贝达利托里的司令部。那晚,利比亚遭遇了一场罕见的暴风雨。洪水来袭,原本干涸的河道瞬间变成了咆哮的急流。汹涌的河水卷带着又粗又长的荆棘冲向营地,卷走了坦克和汽车,淹没了机场,冲毁了电话线路设备。贝达利托里兵营里的德军士兵乱成一团,谁也没有注意到有6个模糊的人影冲向了那座普雷菲特拉式的二层小楼。这座隐蔽在一片柏树林中的小楼原本是隆美尔的司令部。不过,隆美尔早在8月间就已经将司令部迁到了甘布特。

这6个人是英国的突击队员,他们的目的非常明确——暗杀隆美尔。一名英国军官化装成阿拉伯人住在这个镇里已经很久了。他发现这座建筑就是隆美尔非洲装甲兵团的指挥部,遂组织了这次暗杀行动。

6名英国突击队员的动作十分敏捷,他们悄悄越过了守卫森严的大门,从窗户爬进了小楼。在走廊里,一名卫兵发现了他们,并试图拉响警报。一名突击队员向他射去一梭子子弹,那名德国卫兵应声倒地。枪声惊醒了一楼总机械部办公室里的人。两名德军下级军官拔枪冲到了走廊上,他们还没有发现英国人的影子,一串冲锋枪子弹便迎面飞来。两名德军下级军官倒在了血泊里。英国突击队员见暴露了行踪,便向屋里扔了一颗手榴弹。几秒钟后,手榴弹爆炸了,屋里的灯一下全灭了,发电机也被炸毁了。

正在楼上开会的非洲装甲兵团总工程师巴泰尔少校和隆美尔的助理军需主任威兹上尉听到爆炸声立即拉响了警报。两人警觉地锁好了机密文件,抓起左轮手枪守住了办公室的大门。楼下又传来了一阵急促的枪声,紧接着便恢复了平静。两人拿着手电筒走到了楼下,映入他们眼帘的是一片凄惨的景象。水箱被子弹击穿了，里面的水全部漏了出来。地板上的积水混合着鲜血，荡漾着让人作呕的波纹。

巴泰尔少校和威兹上尉迅速勘察了现场。除了德军官兵的尸体之外，他们发现了一名英军少校的尸体和一个负了重伤的英军上尉。他们的身上都穿着卡其布军服和胶底鞋。不一会儿，一队德军赶到了。巴泰尔少校让他们搜查了英军突击队员的背包。他们的背包里有炸药、导火线、雷管、手榴弹等物品。那位英军少校的身上还有一些埃及和意大利钞票，一张女孩照片和一个日记本。根据这些资料，他们判断这名少校名叫罗杰·基斯，是一个由20人组成的英军突击队的队长。

据那名负伤的上尉交待，他们是几天前由英军潜艇护送登陆北非的。他们的任务是消灭隆美尔和巴斯蒂柯，并炸毁非洲装甲兵团一个重要的电台发射塔。基斯是在混乱中被他的部下打死的。英军突击队这次大胆的突袭行动失败了。隆美尔则因为机缘巧合幸运地躲过了一劫。

11月18日，隆美尔的飞机终于降落在了利比亚的一个机场上。隆美尔刚下飞机，副官便向他报告了英军突击队袭击了贝达利托里司令部的消息。隆美尔粗略地看了一下报告，迷惑地摇了摇头。他不明白英国人为什么判定他会呆在贝达利托里司令部里。那里离前线差不多有300公里，生活安静而又富足，喜欢亲临前线的隆美尔怎么会一直呆在那里呢？实际上，他在这个司令部总共只呆了7天就离开了。因为那里优越的生活让他觉得自己就像一个"军事富豪"，而不是一名指挥官。

隆美尔并没有对英军突击队的这次暗杀行动给予太多的关注。他命令部队将那名英军少校和4名在战斗中牺牲的德军官兵肩并肩地葬在了一起，以表达对这名英军少校的敬佩之情。当然，他也想借此激发德军士兵的骑士精神！

一心想要进攻托布鲁克的隆美尔没有想到，英军突击队的这次暗杀行动正是英军大规模反攻的前奏。1941年7月2日，丘吉尔撤换了韦维尔，任命奥金莱克将军为英军中东总司令。与此同时，他开始大规模地向北非地区增兵。从7月到9月间调到北非的英军兵力达3个师、10个坦克队。至此，英军在北非的坦克和飞机的数量已经远远超过了隆美尔的非洲装甲兵团。奥金莱克将军也开始酝酿一次代号为"十字军远征"的大规模反攻行动。

"十字军远征"行动的目的是收复整个昔兰尼加地区，并彻底摧毁隆美尔的非洲装甲兵团的装甲部队。奥金莱克还打算，如果此次行动顺利的话，将命令英军继续向的黎波里塔尼亚进攻。为了实现这一目的，奥金莱克在8月份就将北非的英军各部队编成了第八集团军，并任命坎宁安将军为集团军司令。

第八集团军下辖第十三军和第三十军两个军。第十三军下辖第四印度师、第二新西兰师和第一陆军装甲师。第三十军下辖第七装甲师、第四装甲旅、第一南非师和二十二装甲旅。到11月中旬，奥金莱克将军的第八集团军和托布鲁克的守军加起来已经达到了6个步兵师、1个装甲师、3个装甲旅和2个独立步兵旅，共约15万兵力、924辆坦克、1311架飞机。除此之外，英军在马耳他的空军还可以随时出动10个航空中队的兵力支援奥金莱克在北非的行动。

坎宁安将军决定使用第十三军沿着滨海公路向西突击，托布鲁克的澳大利亚部队则向东突击，争取在行进中包围并歼灭两部队之间的德、意部队。第三十军则迂回到德、意军队的南翼，向西北方向发动进攻，全歼驻守在昔兰尼加东北部的敌人。而后，第三十军应会合第三十军、托布鲁克的澳大利亚部队，共同向西推进，追击退却之敌。

隆美尔的非洲装甲兵团并没有什么变化，依然只有3个德国装甲师和7个意大利步兵师，共约10万人、550辆坦克、500架飞机。7个意大利步兵师的战斗力还十分低下，装备也很陈旧，不少部队甚至还装备着第一次世界大战时期的火炮。无论在兵力上，还是在装备上，隆美尔的非洲装甲兵团都明显处于劣势。更为严重的是，隆美尔根本不相信英军会向他们发动进攻。

11月18日清晨，隆美尔返回利比亚不久，英军的大规模进攻便开始了。英军第十三军的步兵部队从埃及境内出发，迅速推进到了萨卢姆前线，第三十军的一支强大的装甲部队迂回到了萨卢姆前沿地带的东南方向。英军两支强大的部队对萨卢姆形成了包围之势。

各部队的指挥官纷纷向隆美尔报告这一消息，但隆美尔并不相信英军真的发动了全线进攻。他要求部下不要惊慌失措，继续准备进攻托布鲁克。上午11点，非洲军司令部打电话告诉他，意大利巡逻部队在锡迪—奥马附近抓获了一名英军士兵。这名俘虏宣称，英军第八集团军的主力部队已经进入了利比亚。隆美尔依然固执地认为这是不可能的事情，他的参谋军官甚至释放了这名英军俘虏。

11月19日上午9点，隆美尔阅读了参谋军官给他送来的报告。这份报告详细地记录了英军俘虏的供词。然后，隆美尔只是随便扫了一眼，便轻蔑地将它丢在了一边。他的参谋们也不把它当一回事，认为这是"谎言和夸张"。

中午时分，非洲军军长克鲁威尔来到司令部，再次向隆美尔报告说："英国人的大规模进攻已经开始了。"

隆美尔和他的参谋长高斯嘲笑克鲁威尔在杞人忧天。这位刚愎自用的将军依然在筹划着如何一举攻下托布鲁克。事实上，英军第二十二装甲旅和第七装甲师已经与隆美尔的装甲兵团在前线遭遇了。整个昔兰尼加地区陷入了一片混战。英军第八集团军司令坎宁安将军十分纳闷，他不知道隆美尔的葫芦里到底卖的什么药，为什么在火烧眉毛之际仍然如此冷静。

二

取得阶段性的胜利

从严格意义来说，非洲军军长克鲁威尔应该毫无保留地服从非洲装甲兵团司令隆美尔的指挥。不过，克鲁威尔却经常绕过隆美尔，直接指挥部队行动。一向狂妄的隆美尔竟然默认了这种现象的存在。克鲁威尔虽然是他的手下，但出身优越，家境富裕，这让出身小知识分子家庭的隆美尔在心理上产生了自卑感。正是因为这个原因，隆美尔才对克鲁威尔冷嘲热讽的同时，对他的越权行为采取了忍让的态度。

11月19日下午，克鲁威尔绕过隆美尔，直接命令第五坦克团团长斯太芬上校率部插入托布鲁克东南方向的甘布萨尔赫，去迎击英军推进到那里的一个装甲旅。次日，他又决定把非洲军的全部兵力集中用来轮流对付英军的3个旅。下午2点35分，他向第二十一装甲师师长冯·腊芬斯坦将军和第十五装甲师师长纽曼·西尔科将军全力进攻甘布萨尔赫。克鲁威尔对隆美尔的荒唐行为十分不满，英军的主力部队已经打到家门口了，他居然说这不过是英军的侦察行动。克鲁威尔愤愤不平地说："我拒绝袖手旁观，拒绝就这样眼睁睁地看着敌人平安无事地推进到托布鲁克。"

11月20日晚上，英国设在开罗BBC广播电台公开广播了第八集团军在北非沙漠的行动。BBC广播电台的新闻简报报道说："第八集团军拥有7500名装备精良、武器优越的士兵。他们已经在西部沙漠开始了一次总攻，目的在于消灭驻守在北非的德、意军队。"

隆美尔这才从进攻托布鲁克的迷梦中清醒过来。他慌忙走到作战地图前去察看战场上的形势。综合了前线部队发来的信息，隆美尔判断出了英军的真实意图。深夜，他在打给克鲁威尔的电话中焦躁地谈到了局势的严重性。他命令非洲军的两个装甲师天一亮即沿着英军装甲部队留下的痕迹，从甘布萨尔赫向北开往托布鲁克。隆美尔大吼道："你们的目标是锡迪—雷日弗的机场中心。"

这个机场的位置十分重要，是通向托布鲁克的重要通道之一。实际上，英军已经攻占了这个机场，并在那里部署了重兵。

11月21日早晨6点30分，隆美尔钻出自己的指挥车，登上了贝尔哈姆德山。炮兵司令波提彻尔将军已经率部在那里立住了脚跟。隆美尔立在山顶上密切注视着5公里外的战场。英军的步兵和坦克正在机场上列队，准备向托布鲁克发起最后的冲锋。隆美尔命令波提彻尔将军将大炮瞄准机场，炮轰英军。由于距离太远，大炮的杀伤力十分有限。英军向托布鲁克的进攻开始了。与此同时，托布鲁克要塞里的英军也开始用坦克向包围圈发起了猛烈的攻击。

1941年11月21日，隆美尔和德国意大利军官

战斗十分惨烈，隆美尔部署在那里的步兵渐渐支持不住了。就在这时，隆美尔从望远镜里看到，他的非洲军赶到了。非洲军的第二十一装甲师从机场的南边发动了攻击。隆美尔的精神为之一震，立即驱车进入战场，亲自指挥部队作战。经过一天的激战，英军被牢牢地压在了机场里，他们企图打通托布鲁克要塞通道的行动失败了。英军损失惨重，第三十军下属的第七装甲旅仅剩下了10辆坦克。

第二天的战斗依然十分惨烈。第二十一装甲师师长冯·腊芬斯坦将军率部冲进了机场。英军的炮手们立即开炮还击。第五坦克团团长斯太芬上校指挥该团所属的59辆坦克左冲右突，巧妙地躲过了英军的炮弹，将大部分英军炮手都近距离地射杀了。等到英军的第二十二装甲旅从机场南边赶来支援之时，德军第二十一装甲师已经夺回了机场，并站稳了脚跟。

经过两天的战斗，非洲军的两个装甲师还剩下有173辆可以正常运行的坦克。英军的损失更大，唯一能与非洲军抗衡的英军第七装甲师只剩下了144辆坦克。至此，隆美尔暂时稳定了战局，并有转败为胜的希望。

在第二十一装甲师在托布鲁克南郊的机场与英军第七装甲旅激战之时，克鲁威尔切断了自己与隆美尔的联系，率领第十五装甲师向西扫荡去了。那天深夜，他们与英军第四装甲旅遭遇了。当时，英军第四装甲旅正在进行"夜间会合"。这是英军装甲部队在夜间所采取的独特的休息形式。他们将坦克围成一个圈，炮口对外，保持警戒。克鲁威尔将军率部冲进了英军的会合圈内，开始了猛烈的炮击。在混战中，克鲁威尔缴获了50辆装甲战斗车，还俘虏了英军的旅指挥部。

11月23日是11月的最后一个星期日，战斗仍在继续。克鲁威尔和他的参谋长拜尔莱因上校已经4天没见到隆美尔的面了。他们不顾隆美尔让非洲军从南向北推进的命令，依然率第十五装甲师向西推进。一路上，他们几乎没有遇到英军的顽强抵抗，还俘虏了大批落单的英军后勤梯队。

克鲁威尔兴奋起来，他立即命令他的3个坦克团一字排开，成单行掉头向北推进。他准备把英军赶回锡迪—雷日弗—线。大炮和88毫米高射炮将与他们一同前进。两个步兵团乘坐汽车，紧跟在坦克后面。这位疯狂的将军还命令士兵"直到进入步兵密集火力的射程之内"才准步兵下车。

下午3点，天空下起了毛毛细雨，克鲁威尔命令坦克手把坦克炮塔的舱盖全部关上。卡车上的步兵也把子弹推上了膛，准备战斗了。在锡迪—雷日弗—线，英军已经立稳了脚跟，正等着德军往他们的枪口上撞呢!

克鲁威尔命令装甲部队全速向英军固守的阵地推进。英军发现了他们，并开始以猛烈的火力进行阻击。克鲁威尔不顾一切命令部队往前推进，他要求指挥官必须站在指挥车上指挥，让士兵们看到自己。疯狂的德军军官们无条件地执行了这一命令。他们冒着英军密集的子弹，全都笔直地站立在自己的指挥车上。第五装甲师损失惨重，绝大部分军官在冲锋的时候阵亡了。到最后，克鲁威尔不得不任命一名中尉来指挥一个坦克团。

克鲁威尔这种不要命的打法把英军吓坏了。到下午6点，英军的阵地出现了骚动。克鲁威尔立即率部冲了上去，歼灭了英军第七装甲师残部和第一南非师大部。在战斗中，双方的伤亡都极其惨重。后来，德军便将这个星期日称为"死亡星期日"，以纪念阵亡者。下午6点50分，克鲁威尔在锡迪—雷日弗一线取得巨大胜利的消息传到了隆美尔的耳朵里。当时，他正在第二十一装甲师师长腊芬斯坦指挥部里。隆美尔本来打算跟克鲁威尔摊牌，治其抗命不遵之罪的。但克鲁威尔打了胜仗，隆美尔也无话可说，只能装聋作哑。

隆美尔并没有意识到克鲁威尔在战术上胜利了，但在战略上却失败了。他的第十五装甲师的大部分步兵军官和军士都阵亡了，160辆坦克也损失了70余辆。这是德军在英军发起的"十字军远征"行动中一天之内损失最大的战斗。从一定意义上说，隆美尔在前几天因调遣灵活而缴获的物资和优势都被这次损失抵消了。尽管从表面上看，英军第三十军的损失要比克鲁威尔的非洲军大得多，但英军有大量后备力量，而隆美尔则一无所有。因为苏德战场的形势让希特勒无法再向北非增兵了。但不管怎么样，隆美尔反击英军的"十字军远征"行动还是取得了阶段性的胜利。

三

突袭计划的彻底结束

11月23日晚上,隆美尔回到了自己的司令部。疯狂的隆美尔制定了一个大胆的计划,他决定对第八集团军的后方发动一次突然袭击,迫使英军全面撤退。参谋长高斯和兵团作战处长威斯特法尔都极力赞成他的计划,但情报处长梅林津则提出了反对意见。梅林津认为,英军虽然受到了重创,但非洲军的损失也不小,所剩下的坦克已经不足百辆了。从战场上赶回的克鲁威尔也极力反对,建议隆美尔按照常规战争的模式,先打扫战场,收拾战利品。

隆美尔拒绝了克鲁威尔的建议。11月24日一早,隆美尔便对克鲁威尔和非洲军参谋长拜尔莱因说:"向托布鲁克开来的敌军大部已被消灭,现在我们应该掉头向东,在英军重新组织兵力向托布鲁克发动进攻前一举将其消灭。与此同时,我们还应该占领哈巴塔和马达莱纳,切断他们的补给线!记住,速度要快,速度在这个时候是最关键的……"

克鲁威尔无可奈何,只好按照隆美尔的命令去部署兵力了。他们留下了一部分步兵和炮兵在托布鲁克附近固守阵地,以抵挡英军第十三军向东发起的攻势。隆美尔和高斯等人则亲率非洲军主力开始向东推进。隆美尔和高斯率第二十一装甲师第五坦克团冲在了最前面,克鲁威尔则率该师其余部队和第十五装甲师远远地跟在后面,径直渗透到了英军三十军的后方。

第五坦克团的先头部队与英军遭遇了。隆美尔命令该团团长斯太芬率部抵抗,他自己则率其余部队继续以每小时110公里速度向前推进。下午4点,隆美尔抵达了利、埃边境地区。非洲军的队形已拖长到了70~80公里。意大利第二十一军所属的阿雷艾特师遭英军第四装甲旅的牵制,也未能跟上来。

坎宁安将军十分诧异,他没有想到隆美尔会组织部队向东反攻。惊诧之余,坎宁安将军向各部队下达了全面撤退的命令。正当坎宁安打算退入埃及境内时,奥金莱克赶到了第八集团军的指挥部。他看了一下作战地图,果断地命令坎宁安停止撤退,立即组织第十三军继续向托布鲁克方向进攻;第四印度师负责掩护第八集团军在迈斯哈夫的交通线;第二十二装甲旅、第七装甲旅等部队负责保护第三十军的后方。奥金莱克的这一重大决策挽救了"十字军远征"计划,也挽救了随后的一些战役。随后,他命令里奇将军接替了坎宁安第八集团军司令之职。

此时,隆美尔正不顾一切地命令腊芬斯坦率部从东北方向进入埃及,并要求他天黑以前在哈勒法亚东南面站稳脚跟。第二十一装甲师的坦克和战斗车辆都还在路上,腊芬斯坦的手中只有一辆自己乘坐的卡车。但腊芬斯坦依然执行了隆美尔的命令。

隆美尔和高斯坐在小汽车上,跨越铁丝网,进入了埃及境内。没有走多远,小汽车的方向盘便折断了,后来发动机也熄了火。恰在此时,克鲁威尔的指挥车从旁边经过,他们便爬上了克鲁威尔的车。隆美尔亲自驾驶指挥车向利比亚方向开去,但怎么也找不到来时的那道铁丝网缺口了。隆美尔便停了下来,要大家和他一起在车上过夜。英军的前沿指挥部就在他们南边不远处。英军的通讯兵和卡车不断地从他们的车旁经过。隆美尔甚至可以清晰地听到英军通讯兵说话的声音。幸运的是,克鲁威尔的指挥车是缴获的英军车辆,过往的英军通讯兵并没有注意他们。天刚亮,隆美尔便匆忙发动汽车,找到了一个缺口,穿过铁丝网,溜回了利比亚。回到前沿司令部时,隆美尔发现第十五装甲师、阿雷艾特师和输送燃料的补给部队依然没有赶到。他原定的占领哈巴塔的计划只能作罢了。

随后的几天,战斗依然十分惨烈,双方的损失都十分惨重。第二十一装甲师第五坦克团团长斯太芬上校在战斗中还受了重伤。隆美尔闻讯赶往该团的阵地,前去看望斯太芬。斯太芬的情况不大好,失血过多,时常昏厥,随时都有生命危险。隆美尔问副官:"最近的野战医院在哪里?"

副官回答说,锡迪—奥马附近有一个野战医院,但是英军的。隆美尔没有说话,立即命令几个士兵抬上斯太芬向锡迪—奥马前进了。第十五装甲师在克鲁威尔的指挥下已经赶到了那里。隆美尔命令他们立即攻占英军的野战医院。克鲁威尔立即指挥部队拿下该医院。英军少校伊安·埃尔德医生成了德军的俘虏。但埃尔德并没有停止工作，双方的伤员源源不断地被送到这里，他不能眼睁睁地看着他们死去。

中午时分，几名德军士兵抬着满身血污的斯太芬闯进了医院。埃尔德迅速给他做了检查。斯太芬的伤势很重，他的心脏被子母弹切开了。陪同斯太芬前来的德国军医要求埃尔德给斯太芬上校止血，然后他们会派飞机将其送到后方。

埃尔德回答说："这名少校需要立即动手术！否则的话，他的生命便很难维持了。"

陪同斯太芬的德国医生犹豫不决，匆匆跑了出去。隆美尔和高斯等人就坐在外边的一辆装甲车里！那名德国军医向隆美尔报告了情况。隆美尔想都没想，便大声吼道："那就立即动手术！"

德国军医跑到了帐篷里，埃尔德正在给斯太芬输血，并准备给他做手术了。德国军医对他说："将军请你尽快开始手术。"

就在这时，德军的航空兵开始轰炸附近的英军阵地了。一些炸弹落在了医院的附近。炸弹爆炸产生的气浪震得人们脚下的沙子"沙沙"作响。麻醉师提醒埃尔德说："炸弹越来越近了。"

埃尔德似乎根本没有听到炸弹爆炸的声音，全神贯注地在给斯太芬做着手术。就在这时，隆美尔等人轻轻走了进来。他们站在一旁静静地看着埃尔德和躺在手术台上的斯太芬。一位护士贴近埃尔德的耳边，提醒他炸弹越来越近了。隆美尔看了那名护士一眼，转身离开了帐篷。几名军官跟在他的身后，也出去了。回到装甲车里，隆美尔立即命令几名德军士兵将这个野战医院撤到安全地带。手术完成了，但并不成功。斯太芬上校最终还是死掉了。隆美尔非常伤心，他手下最英勇的坦克团团长就这样丧失了宝贵的生命。

在隆美尔和高斯深入前线的几天里，作战处长威斯特法尔上校奉命坐镇非洲装甲兵团司令部。当11月25日英军第二新西兰师全部开进托布鲁克附近的锡迪拉杰格地区时，威斯特法尔给隆美尔发了一个急电，要他注意这一事态的发展和托布鲁克守军集中兵力突围的苗头。但通讯兵并不知道隆美尔的具体位置，直到11月26日早晨，他们才将电报送到隆美尔的手中。隆美尔只是简单地看了一下，并没有给予足够的关注。随后，他便得到消息，托布鲁克城内的英军已经突破了封锁线，新西兰部队也占领了附近的机场和贝尔哈姆德山。

由于无法跟隆美尔取得联系,威斯特法尔上校只好自作主张,直接给第二十一装甲师发电,撤销了所有追击命令,令该师迅速向托布鲁克挺进,攻击英军第二新西兰师的后方。第二十一装甲师从萨卢姆地雷场以北穿插过去,于11月26日傍晚攻击并扫荡了卡普措堡附近英军第二新西兰师编成内的第五旅的阵地。当晚10点多,第二十一装甲师与第十五装甲师会合了。第十五装甲师正企图向巴尔迪亚靠拢,以便补充燃料和弹药。

隆美尔从埃及回到利比亚之后一直跟第十五装甲师一起行动。当第二十一装甲师师长腊芬斯坦突然出现在他面前报告说:"将军阁下,我十分高兴地通知你,我和我的装甲师到了。"

隆美尔惊诧地反问道:"你怎么会在这里?"

按照隆美尔的部署,第二十一装甲师现在应该在战线的埃及一侧,镇守萨卢姆呢!腊芬斯坦将军向隆美尔出示了威斯特法尔撤销命令的密码信号。

隆美尔无可奈何地笑了起来。由于腊芬斯坦的过早返回,他孤注一掷的突袭计划彻底结束了。隆美尔并没有把责任推到威斯特法尔的身上。当他见到威斯特法尔之时,宽宏大量地表示:"你可以继续实现自己的意图。"

从整个战场的形势来看,威斯特法尔的命令是正确的。由于身边没有带一个情报官,隆美尔对英军兵力部署的判断出现了失误。他的"豹的跳跃"的突袭根本不可能成功。如果他采取了克鲁威尔的建议,先打扫战场,再就近消灭英军第三十军的残部,或者摧毁英军第二新西兰师,便可以取得局部的胜利。但这种打法太保守了,根本不符合隆美尔的性格。结果,第十五装甲师和意大利部队行动的过于迟缓使得突袭行动没有收到预期效果。这次突袭几乎耗尽了非洲军的全部实力。突袭结束之时,整个非洲军仅剩下60辆坦克。

四

决定放弃托布鲁克

"豹的跳跃"行动失败之后,隆美尔开始构思回援计划了。为了解除德、意军队在托布鲁克方向的危机,他令第十五装甲师和第二十一装甲师分别向托布鲁克和巴尔迪亚以南推进,以歼灭锡迪—奥马至卡普措一线的英军。第十五装甲师在向西推进的过程中遭到了英军第二十二装甲旅和第四装甲旅的夹击。隆美尔十分焦急,命令克鲁威尔无论如何也要突出英军的包围圈。第十五装甲师苦战了一天,始终未能脱离险境。奇怪的是,英军在黄昏时分突然开始向南撤退。隆美尔十分诧异,英军到底在干什么呢?原来,英军传统的坦克"夜间会合"时间到了,他们纷纷向安全地带撤去。第十五装甲师的险境解除了,又开始向西急驰而去。第二十一装甲师在巴尔比亚公路也遭到了英军的阻击。为了尽快与第十五装甲师会合,腊芬斯坦命令部队调头向南,沿沙漠小道向第十五装甲师靠拢。如此一来,非洲军的兵力便集中在了一处。

11月27日晚,隆美尔到了甘布特,与非洲装甲兵团司令部取得了联系。威斯特法尔向他报告说,托布鲁克一线已处于崩溃的边缘,意军指挥官已经向意大利军队下达了总退却的命令。隆美尔急忙让非洲军司令部派一名参谋来见他。克鲁威尔立即带上拜尔莱因来到了甘布特,隆美尔向他们下达了关于未来作战计划的指示——包围托布鲁克城外的英军第二新西兰师。

接下来的两天,战场上出现了让人费解的平静局面。11月29日,托布鲁克附近又热闹起来。第十五装甲师、第二十一装甲师和意军阿雷艾特师相继向英军第二新西兰师发起了攻击。英军第二新西兰师被德、意部队合围了。第十五装甲师在西面,第二十一装甲师在东面,阿雷艾特师在南面。形势虽然对隆美尔非常有利,但他未能消灭英军该师的有生力量。因为第二十一装甲师经过连日的战斗已经组织不起来进攻力量了，整个师仅剩下9辆坦克。与此同时，英军一支强大的装甲部队正在向德、意军队的南翼掩护部队奔袭。

克鲁威尔垂头丧气地要求将他的非洲军撤下来休整，但隆美尔坚持他的包围计划，直到歼灭新西兰部队为止。11月30日下午，第十五装甲师开始从南面攻击锡迪拉杰格高地。隆美尔亲临非洲军司令部，观看战斗。大口径炮向锡迪拉杰格的英军阵地大量倾泻炮弹，英军第二新西兰师也开始已重炮还击，山岭和机场上立即被弥漫着尘土和硝烟笼罩了。英军第七装甲师、第一南非师分别从南方和东南方向赶来支援。第二十一装甲师和阿雷艾特师奋力阻击。下午4点左右，英军第二新西兰师的炮弹耗尽了，终于守不住了。

12月1日，英军第二新西兰师向东南突围，英军第四装甲旅从外围接应。第十五装甲师苦战多时，俘虏了1000多名英军，但最终还是被其逃走了。随后，英军第七装甲师和第一南非师也开始向南退却。托布鲁克又变成了一座孤城。不过，隆美尔的非洲军也损失惨重，阵亡473人，受伤1680人，被俘和失踪962人。第二十一装甲师师长腊芬斯坦和16名其他军官也在战斗中被英军俘虏了。非洲军的坦克也几乎消耗殆尽。如果英军重整旗鼓，再发动一次攻击的话，隆美尔很可能会遭到灭顶之灾。隆美尔在给露西的信中提到："这里局势得到了缓和！不过，如果让我对英军的情况作一个判断的话，他们是不会就此罢休的。"

隆美尔的判断没有错。奥金莱克正确地估计了隆美尔的非洲装甲兵团后备力量不足的弱点，决定调集预备队，加强第八集团军的兵力，继续作战。他命令一直驻守在利、埃边境的第四印度师开赴利比亚，与第七装甲师会合，从两翼包抄隆美尔的部队，以切断其补给线和退路。第二南非师则奉命接防第四印度师的驻地。

12月2日，希特勒从苏德战场抽出了德国空军第二航空队司令部和相当于一个航空军的战斗部队到意大利南部和北非地区，"组成轴心国在中地中海的中坚力量的基础"。与此同时，希特勒还向地中海增派了海军部队。不过，这些措施并没有起到立竿见影的作用。航空兵和海军部队起码要等几个星期才能部署到位。地中海和北非的制空权和制海权仍然被海空优势明显的英军控制着。这对隆美尔的地面部队作战是极其不利的，因为他的物资补给无法得到有力的保障。

12月4日清晨，隆美尔收到了英军调动部队的情报。他的装甲兵团司令部也遭到了英军装甲车和炮兵的骚扰。隆美尔陷入了沉思之中，是否放弃对托布鲁克的包围，主动向西撤退呢？隆美尔已经围困了托布鲁克242天，如果此时放弃的话，他之前的努力全都付诸东流了。但如果不放弃的话，他的非洲装甲兵团很可能会遭到毁灭性的打击。两害相权取其轻，隆美尔最终下定决心，放弃对托布鲁克的包围，主动向西撤退。

12月5日，隆美尔命令所有的装甲部队全部集结在古比尔一线，主动向英军发动一次反击，为部署撤退争取时间。由于意军阿雷艾特和的里雅斯特两个装甲师没有从其集结地域赶来，第十五装甲师单独与英军展开了厮杀。战斗进行得十分惨烈，第十五装甲师损失惨重，师长纽曼·西尔科也被英军发射的燃烧弹烧成了重伤。几天之后，纽曼·西尔科因伤势太重而死掉了。这对隆美尔来说是一个极大的打击。

五

主动撤出昔兰尼加

意军北非最高指挥官巴斯蒂柯于12月7日晚得到了隆美尔正在组织大撤退的消息。他立即抓起电话质问隆美尔为什么要撤退。隆美尔冷冷回答他说:"十分抱歉,我现在没有时间来回答你的问题。"

巴斯蒂柯被气得翻起了白眼,在心里暗暗咒骂隆美尔。深夜,巴斯蒂柯亲自赶到了隆美尔的司令部,要他解释撤退的理由。见到巴斯蒂柯,隆美尔的情绪一下子失控了,他嚷嚷道:"3个星期来,我曾为赢得胜利而艰苦战斗,但你的那些意大利将军老爷们却一再贻误战机。"

隆美尔不合时宜地将失败的原因归结到了意大利人的头上,这让巴斯蒂柯的心里十分不舒服。隆美尔见巴斯蒂柯露出了不满的神情,又对他狂吼道:"现在,我决定把自己的部队撤回的黎波里,我要留在中立国突尼斯。"

过了好一会,隆美尔的情绪平静了下来。他无可奈何地低叹道:"我们没有打赢这一仗,所以现在除了撤退外,别无他法。"

隆美尔的战术撤退是成功的。一直没有参战的第九十轻装师奉命占领了班加西以南180公里的阿杰达比亚,以确保滨海公路的畅通。隆美尔希望部队能在意大利人以前修建的贾扎拉要塞阵地上站稳脚跟,保住昔兰尼加的大部分。他命令意大利第二十一军的步兵驻守在滨海公路一线,阿雷艾特和里雅斯特两个意大利装甲师挡住英军追兵的正面,非洲军的两个装甲师则由北向南展开,掩护整个德、意军队的右翼。

12月13日,英军第十三军追到了贾扎拉,对德、意守军展开了攻击。意军第二十一迅速溃败,丢失了贾扎拉阵地。非洲军的两个装甲师虽然击溃了第四印度师,并俘虏了千余名俘虏,但没能扭转战局。经过几日的激战,非洲军损失惨重,第十五装甲师还剩下14辆坦克,第二十一装甲师也只剩下了 19 辆坦克。步兵伤亡人数也在不断增加，许多营仅剩下几名军官和几十个士兵。第九十轻装师师长马克斯·萨默曼也被英军航空兵的炸弹炸死了。至此，德军装甲部队的 3 名师级指挥官全部损失了，第十五装甲师师长纽曼·西尔科和第九十轻装师师长马克斯·萨默曼战死，第二十一装甲师师长腊芬斯坦被俘。

隆美尔的情绪糟糕极了，战局的发展对他越来越不利了。12 月 15 日，南线总司令凯塞林、意军总参谋长卡瓦利诺、意军北非战区最高指挥官巴斯蒂柯和隆美尔被迫召开了一次军事会议，讨论当前的危局。隆美尔强调，他遇到了前所未有的困境，部队损失巨大却得不到及时补充，贮存的弹药也不足以进行一场旷日持久的阵地消耗战了。因此，他决心放弃贾扎拉防线，把部队从昔兰尼加撤到布雷加港一带加以整顿。

意大利军官们极力反对。巴斯蒂柯和卡瓦利诺怒气冲冲地指出，昔兰尼加的丢失对意大利无疑将是一颗政治炸弹。隆美尔知道，如果继续坚守昔兰尼加，他的非洲装甲兵团将损失殆尽，届时包括的黎波里塔尼亚在内的整个利比亚都将丢失。他冷冷地回敬巴斯蒂柯和卡瓦利诺说："整个的黎波里塔尼亚的丢失将是一颗更大的炸弹！"

卡瓦利诺和巴斯蒂柯没能说服隆美尔。12 月 16 日午夜，隆美尔正式向各部队下达了撤退的命令。非洲军和意大利的装甲部队取道沙漠向西撤去，意大利步兵师则沿着滨海公路退却。为了防止英军越过沙漠进行一次强大的坦克突击，切断德、意装甲部队的退路，隆美尔组织了强有力的后卫掩护撤退行动。但英军仍然凭借着强大的空中优势，利用飞机骚扰德、意军队的后方。

12 月 20 日晚，第十五装甲师撤到了班加西。隆美尔的心中稍微宽慰了一些。班加西是轴心国部队的补给基地，那里还有一部分刚刚运到的坦克。第十五装甲师在班加西补充了物资，又继续向西退去。步兵部队则用卡车将鲜肉、黄油、啤酒、香烟等物资沿公路向西运去，来不及运走的则全部销毁。

12 月 24 日，德、意大部分部队都撤到了班加西以西。隆美尔那颗悬着的心终于放了下来，部队总算脱离了险境。英军部队随即推进到了班加西。隆美尔在一封信中幽默地说："英军没能在班加西切断我们，也没有在那里找到一滴汽油或一粒粮食！我想，他们肯定极度失望。"

撤离班加西之后，隆美尔命令部队在班加西以南的阿杰达比亚停了下来。阿杰达比亚的战略地位十分重要，是通往昔兰尼加的咽喉之一。他想坚守此地，伺机打回贾扎拉。隆美尔对克鲁威尔说："如果我放弃了这里，那就等于放弃了整个昔兰尼加。"

为了守住阿杰达比亚，隆美尔乘坐指挥车，亲自在前线奔波，检查炮兵阵地，设法巩固装甲兵团的防御工事。隆美尔的非洲装甲兵团在阿杰达比亚只有12门88毫米高射炮，其他的是对英军的玛蒂尔塔坦克没有杀伤力的小口径火炮。为了迷惑英军，隆美尔便命令意大利人制造了一些假的88毫米高射炮。意大利人颇具艺术才能，他们用电线杆子伪装成的88毫米高射炮看上去跟真的一样。

有一次，隆美尔又坐在他的指挥车里在前线巡视。突然，他发现几门88毫米高射炮被安置在了十分显眼的地方。隆美尔立即跳下车，暴跳如雷地吼道："天呐，这简直是一场灾难！难道那些傻瓜就不怕英军用密集的炮火轰击这些珍贵的高射炮吗？"

走近之后，隆美尔才发现，那些高射炮都是用电线杆子伪装而成的。回到司令部之后，隆美尔羞愧地说："那些大炮全是假的！意大利人用电线杆子伪装成的高射炮愚弄了我。"

12月26日，英军第二十二装甲旅得到加强之后赶到了阿杰达比亚附近，配合英军第十三军的其他部队向隆美尔的非洲军发起了进攻。非洲军在班加西得到了补充，坦克数量已经增加到了70辆，战斗力也基本恢复了。在隆美尔的指挥下，非洲军没费多大力气便击退了英军的头几次攻击。

英第二十二装甲旅企图迂回到阿杰达比亚阵地的东南方，对非洲军形成包围之势。隆美尔识破了英军的企图，指挥非洲军主动向该旅发起了攻击。经过3天的激战，非洲军最终对英军第二十二旅形成了反包围之势。英军奋力突围，非洲军则竭力消灭英军的有生力量。结果，英军第二十二旅90余辆坦克只有15辆突出了包围圈，其他的全部被德军击毁了。

德、意军队的状况得到了很大的改善，不但给养基本可以得到正常的供应，还得到了越来越多的空中支援。英军第八集团军的情况则有些糟糕，他们虽然一路占领了不少土地，但部队的损失惨重，补给线也越拖越长。

隆美尔分析了战场上的形式，决定立即从阿杰达比亚向布雷加港撤退。这只狡猾的狐狸想进一步拖长英军的补给线，同时也使自己更加靠近德、意军队的后方，得到更多的增援后，以便集中力量挥戈反击。隆美尔撤向布雷加港后，在利、埃边境的德意部队便陷入了孤立无援的境地。1942年1月2日，巴尔迪亚守军向英军投降了。1月17日，坚守哈勒法亚隘口的守军也被英军缴了械。

在英军发动的"十字军远征"行动中，隆美尔失败了。他失败的原因有很多，除了指挥上的失误之外，英军牢牢掌控着制空权和制海权也是非常重要的原因。不过，隆美尔凭借他灵活多变的指挥也取得了一些局部的胜利，并最终避免了德、意军队被英军全歼的命运。

第七章

晋升到头

一

挥戈反击，大获全胜

1941年底，第二次世界大战蔓延到了更多的国家和地区。12月7日，日本偷袭了美国的珍珠港，将美国也卷入了第二次世界大战。苏、美、英、中等众多国家组成的反法西斯同盟形成了。德、意、日等轴心国不得不与世界上最主要的几个工业国和人口大国全面作战。此时，希特勒等法西斯分子发起的这场侵略战争已经无可避免地走向了失败。不过，由于反法西斯国家，尤其是苏、美、英等国的经济和军事潜力暂时还没有发挥出来，在战前便将经济纳入战时轨道的法西斯国家依然掌握着战争的主动权。

此时，在北非的隆美尔因德军第二航空队和德、意海军的行动而获得了喘息之机。德国第二航空队对英军在地中海的海空军基地马耳他岛进行了狂轰滥炸。德空军渐渐掌握了北非和地中海的制空权，并能抽出更多的兵力配合隆美尔的地面作战行动了。德、意海军也开始打击英国海军及其护航队。由意大利开往的黎波里的运输船终于可以畅通无阻地驶过地中海了。

1942年1月5日，9艘从意大利开来的商船在的黎波里安全靠岸了，给隆美尔的非洲装甲兵团卸下了50多辆坦克和2000吨航空汽油。随后，运送军用物资的船只陆续到达了。隆美尔的装甲兵团的坦克数量很快就增加到了150多辆。新增加的坦克多是3型坦克，装甲厚50毫米，所装备的坦克炮经过了改良。隆美尔十分兴奋，立即要求这些新坦克以每天370公里的速度从的黎波里开往布雷加前线。

英军第八集团军的情况却有些不妙。久经沙场的英军第七装甲师在此前的战斗中损失惨重，不得不退到托布鲁克以南休整。它在阿杰达比亚附近的阵地由刚从英国调来的第一装甲师接防。第一装甲师的装甲旅是由3个骑兵团改编而成的，虽然拥有150辆巡逻坦克，但战斗力十分低下。由于日本在东南亚扩大了侵略范围，丘吉尔又不得不从北非抽调部分空军和陆军前往远东地区作战。这就进一步削弱了英军在北非的实力。

此外，英军的补给线也受到了严重的威胁。英军从埃及境内到布雷加前线的陆上补给线已经长达2000余公里，而且还要越过茫茫沙漠。德国空军时常出没在他们补给线的上空，轰炸和袭扰其运输队。经海上抵达托布鲁克等港口的海上补给线也不安全，德、意两国的海、空军对其进行了严密的封锁。

隆美尔从阿杰达比亚撤退时所预见到的情况变成了现实。隆美尔开始在布雷加防线上秘密组织兵力，准备挥戈反击了。除了视察部队之外，他几乎将所有的时间都用来研究作战方案了。一连好几个晚上，隆美尔都独自坐在办公室里，对着地图、照片和各种情报苦苦思索。1月17日，他在给露西的信中说："局势正按照我们的推断发展，我脑袋里塞满了各种各样的计划。不过，我一丝也不敢向周围的人透露，否则他们会认为我是个十足的疯子。然而我并没有疯，这仅仅因为我比他们看得更远一些。"

几天之后，一个大胆的作战计划在隆美尔的脑海里成形了。为了保密，隆美尔没有向任何人透露自己的计划。巴斯蒂柯见隆美尔整日默不作声，还以为他又准备撤退了呢！巴斯蒂柯没有跟隆美尔沟通，便向罗马报告了这一消息。意大利最高统帅部十分重视这一情况，立即召开了一次重要的军事会议，研究对策。

在罗马、那不勒斯和德军防线后方的英国间谍很快就获得了这一情报，并立即将其送到了英军中东总司令奥金莱克的办公桌上。隆美尔发现身边的意大利人都在讨论着撤退的事情，十分纳闷，便向他们："谁告诉你们要撤退了？"

意大利军官们如实回答了他的问题。隆美尔眼前一亮，立即计上心头。他将计就计地让部队烧毁了一些废弃的补给品，作出一副要继续撤退的假象。英国空军和在德军防线后的英国间谍把这一情况再次上报给了奥金莱克。英军第八集团军的军官们根据德、意部队之前的表现判断，隆美尔确实在准备继续撤退。

与此同时，隆美尔正在加紧进行反攻准备。他计划以意大利的坦克部队扼守阿杰达比亚，牵制部署在阿杰达比亚以东的英军第一装甲师，令非洲军迂回到英军该装甲师的侧翼，将其合围。隆美尔的目的很简单——阻止英军继续推进和迫使其推迟正在准备的进攻。

1月20日，隆美尔把自己的战斗计划告诉了几名高级指挥官，但瞒住了德军和意军最高统帅部。白天的时候，隆美尔故意让卡车运输队向西运行，作出撤退的假象。黄昏时分，卡车运输队掉头往东驶去。为了防止英军窃听德军的无线电密码，隆美尔在向非洲装甲兵团下命令时没有使用无线电，而是将命令清楚地写在了巴尔比亚公路两侧客栈的通告牌上。隆美尔在命令中写道："此时我们要比在前线与我们对峙的敌军强大得多！因此我们今天将发动进攻并摧毁敌人。我希望在这具有决定性的日子里每个人都贡献自己的一切……"

1月21日早上6点，隆美尔离开司令部驱车赶往前线。途中，他收到了希特勒发来的两封电报。希特勒在第一封电报中宣布说，非洲装甲兵团改称为非洲装甲集团军，隆美尔正式升为装甲集团军的总司令。第二封则通知隆美尔，他被授予了一把佩剑和一枚橡树叶奖章。隆美尔顿觉精神大振，兴冲冲地赶到了前线。

上午8点30分，激烈的战斗开始了。德军反坦克炮手与坦克互相掩护，迅速达成了目标。缺乏沙漠作战经验的英军第一装甲师在德军第一轮攻击结束之时便损失了半数的坦克。隆美尔得意地说："我们的对手像是被塔兰图拉毒蜘蛛蜇了似的，简直一败涂地。"

隆美尔的独断专行终于激怒了意大利人。意大利人虽然看到了隆美尔在战役中取得的胜利，但却埋怨他之前没有向他们透露作战计划。1月23日，意军总参谋长卡瓦利诺和德军南线总司令凯塞林元帅一道飞来见隆美尔。卡瓦利诺直截了当地告诫隆美尔说："权当这次行动是一次出击吧，你必须直接返回布雷加港。"

隆美尔耸了耸肩，轻蔑地回答说："我打算把这次进攻长时间地坚持下去！我要告诉你的是，只有元首才能制止我的行动，因为大多数战斗都将由德国军队承担。"

隆美尔的傲慢激怒了卡瓦利诺。他咆哮道，他拒绝让意大利装甲部队跟随非洲军行动，让隆美尔指挥他自己的部队去进攻吧！意大利的装甲部队奉命撤了下来，战场上的形势立即发生了变化。英军第一装甲师趁机在英军外围部队的策应下突出了非洲军的合围圈，撤到了姆苏斯。

隆美尔十分气愤，他一边诅咒意大利人，一边思考对策。1月24日晚，隆美尔决定于次日向姆苏斯进攻，彻底歼灭英军第一装甲师。第二天天一亮，第十五和第二十一装甲师便开始行动了。第二十一装甲师在右翼，第十五装甲师在左翼，全力向姆苏斯推进。

第二十一装甲师并没有遇到英军的顽强抵抗，第十五装甲师在向西北方向推进时，遭遇了一股占有很大优势的英军装甲部队。克鲁威尔立即命令该师的第八坦克团进行还击。英军虽然在坦克数量和质量上占有优势，但单兵作战能力比德军士兵要差得多！第八坦克团迅速击溃了当面之敌。英军慌忙从沙漠上寻路而逃。德军紧随其后，以每小时30公里的速度向前追击。3个多小时之后，第十五装甲师已经奔袭了90余公里，歼灭了好几支英军的补给纵队。

1月25日上午11点，第十五装甲师占领了姆苏斯飞机场，并缴获了12架准备起飞的飞机。由于燃料用完了，该师在晚些时候停止了追击。在这一天的战斗中，德军缴获了96辆坦克、38门火炮和190辆卡车。英军第一装甲师损失惨重，几乎陷入了全军覆没的境地。

英军第一装甲师在姆苏斯受创之后，英军第八集团军司令里奇将军立即命令第四印度师撤出班加西，驻守德尔纳—迈基利防线。奥金莱克再一次从开罗飞到了第八集团军司令部，并命令里奇收回撤退的命令，要求他下令准备反攻。然而，他的这次干预并不适当。为了掩护班加西和迈基利之间280公里长的地带，英军不得不把兵力在宽大的正面上铺开，并且静止不动。

姆苏斯刚好位于班加西和迈基利的中点位置，隆美尔的非洲军可以对任一目标发动攻击。1月26日下午，隆美尔要求非洲军参谋长拜尔莱因飞到装甲集团军司令部来。隆美尔向他透露了未来几天的作战计划。第二天黄昏，隆美尔率部从姆苏斯出发，拜尔莱因则奉命佯装向迈基利推进。英军指挥官们果然上当了，赶忙向迈基利增兵。

隆美尔抓住这一有利时机，立即指挥部队猛攻班加西。英军遭到突然打击，只得丢弃了存放在港口的所有物资，匆忙撤出了班加西。隆美尔缴获了大批战利品，其中包括急需的1300辆卡车。英军第八集团军司令里奇担心德军会乘胜追击，立即命令部队退守贾扎拉防线。

1月28日，德国的广播电台中断了其他广播节目，播送了隆美尔胜利的消息。德国民众再次掀起了一股"隆美尔热"。29日，希特勒在演说中公开赞扬了隆美尔，并提升他为大将。露西也给隆美尔写信说，他们家的房间里放满了崇拜者送来的鲜花……

二

组织更大规模的反攻

英军退守贾扎拉之后，隆美尔开始筹划发动一场更大规模的进攻。他要再次控制整个昔兰尼加，继而攻克托布鲁克，向埃及和尼罗河推进。这是隆美尔连做梦都在想的事情。但追击到贾扎拉一线时，非洲军的兵力已经无力突破英军的防线了。自2月6日起，双方便在贾扎拉两侧形成了对峙状态。

2月中旬，隆美尔决定亲自前往罗马和东普鲁士，请求支援。他的申请发出去不久之后，希特勒便从东普鲁士的大本营发来一封措辞谨慎的电报。希特勒在电报上说："如果能确保暂时离开战场不致发生危机的话，隆美尔可以来会商。"

隆美尔自信地复电说，正因为不会出问题，他才打算飞往欧洲的。但希特勒对北非的形势依然不大放心。他立即给隆美尔发来了第二封电报，并要求隆美尔到罗马去同墨索里尼商议有关事宜，至于是否继续飞往东普鲁士要等他的指示。

2月15日，隆美尔飞到了罗马。墨索里尼盛情款待了他，但并没有同他讨论任何军事问题。16日，隆美尔飞到了维也纳，与家人团聚了一天。17日，隆美尔违令飞到了东普鲁士，来到了德军的大本营。他自信地认为，希特勒肯定会格外关注北非战场的形势的。但事实并非如此，希特勒最关心的是苏德战场上的形势。1941年底，德军在莫斯科城下败北之后，希特勒便撤了布劳希奇的职，亲自兼任陆军总司令，希望能扭转苏德战场的局势。

当隆美尔赶到德军大本营之时，希特勒正在盘算着如何发动夏季攻势，才能夺取苏联的高加索油田、顿巴斯盆地工业区和伏尔加河上的斯大林格勒。隆美尔根本不理解希特勒的心思，他喋喋不休地向希特勒叙述他在北非的作战经历和北非战场当前的形势。

最后，他又问道："我的元首，最高统帅部今年在北非和地中海的作战计划是怎么安排的？"

希特勒避而不答。隆美尔建议夺取马耳他岛，希特勒也含糊其辞地搪塞过去了。在希特勒的心中，北非不过是一个二流战场，根本无力影响整场战争的发展方向。总参谋长哈尔德也持同一观点。因此，隆美尔向北非增兵的要求并没有得到满足。几天之后，他便情绪低落地离开了东普鲁士。

在飞往北非的途中，隆美尔与德国南线空军指挥官进行了会谈。他喋喋不休地向空军指挥官们述说着自己的计划。他明确表示，必须先夺取马耳他岛上的英军空军基地，彻底消除其对北非战区运输线的威胁，然后再占领托布鲁克，最后向埃及境内推进。隆美尔将夺取马耳他的计划命名为"大力神"，将攻占托布鲁克、向尼罗河推进的计划命名为"阿伊达"。实际上，德国南线空军的任务已经十分繁重了，根本抽不出足够的兵力对马耳他进行长时间的轰炸。

3月间，德军南线总司令凯塞林元帅被隆美尔说服了，同意使用伞兵占领马耳他。希特勒也批准了"大力神计划"和"阿伊达计划"。意大利方面原则上同意参加夺占马耳他岛作战，但他们既没有训练有素的伞兵，又没有足够的运输机和滑翔机，因而便想方设法要求推迟这一计划。

返回利比亚后，隆美尔便全力以赴地投入到了战役准备之中。3月末，他把装甲集团军的指挥部搬到了德尔纳附近马姆泽姆的一座石头建筑里。这座古老的石头建筑虽然不算宽敞，但却能避开沙漠里灼热太阳和猛烈的风暴。刚搬到新指挥部之时，隆美尔发现了英军写在前门上的一行字，差点笑出声来。英军用粗大的字体写道："请保持清洁，我们很快就会回来。"

在新指挥部里，隆美尔开始着手改编非洲装甲集团军。刚到北非不久的乔治·冯·俾斯麦少将和古斯塔夫·冯·瓦尔斯特中将分别被任命为第二十一装甲师与第十五装甲师的师长。与此同时，一部分增援部队也抵达了北非，其中包括1300名精锐的德国空降兵。

正当隆美尔积极准备发动攻势之时，意大利人终于说服了希特勒，将"大力神计划"推迟到了6月底执行。隆美尔不得不改变了行动计划，决定先攻占托布鲁克，再夺取马耳他。4月底，希特勒、凯塞林、墨索里尼和卡瓦利诺在伯希特斯加登召开了一次特殊的军事会议，讨论了隆美尔的新计划。最终，希特勒等人同意了隆美尔可以在"大力神计划"实施之前发动对托布鲁克的攻势，但同时也提出了一个附加条件，就是一旦攻占托布鲁克必须转入防御，以便德、意的北非部队集中力量攻占马耳他岛。

此时，英军也在为发动夏季攻势而积极准备着。在此期间，英军加强了贾扎拉防线，构筑了野战工事，设置了大片的地雷带，使之从一条普通的防线变成了一道深沟高垒的坚固防线。贾扎拉防线位于托布鲁克以西75公里，从南向北绵亘80余公里。防线的北端由英军第一南非师防守，南端由柯尼希上校指挥的自由法国第一旅坚守，中间地段则由英军一个旅和第四印度师防守。在防线的后方，奥金莱克还部署了由装甲和摩托化部队组成的强大预备队。

从表面上看，英军的防线是牢不可破的。奥金莱克的部署也十分符合现代化战争的需要。不过，隆美尔却从中看出了破绽。英军的部署是为了主动向西发起进攻的，而不是为了坐待隆美尔的进攻。英军在贝勒哈迈德建立了前进基地和铁路终端站，这是一个很容易受到德军翼侧包抄的目标。贝勒哈迈德的各种物资堆积如山，需要大量的兵力进行掩护。这在一定程度上牵制了英军的机动能力。

隆美尔决定利用英军防线的这一弱点，集中全部坦克攻打贾扎拉防线的南翼，然后北上绕到防线的后方，切断英军机动部队与其一线部队之间的联系，在防线背后进行突破。隆美尔的这个计划十分新颖，但也富有极强的冒险性。因为他的补给部队也不得不从敌人的侧翼绕道而行。如果坦克部队战斗失利的话，他将面临全线失败的危险。

5月中旬，隆美尔向各部队指挥官下达了作战命令。按照隆美尔的部署，非洲军军长克鲁威尔应于进攻发起当天的下午2点指挥4个意大利步兵师对贾扎拉防线北端发起进攻，并插入英军阵地约20公里处，随后由德军一个坦克营和一支由缴获坦克装备的部队发起坦克进攻，将英军的装甲部队吸引过来。至黄昏时，德军坦克营向南迂回，以便与德、意的主力部队会合。晚上9点，非洲军的第十五和第二十一装甲师、意军第二十一军的阿雷艾特装甲师、里雅斯特装甲师及德军第九十轻装师构成的主力部队从预订地点出发，于次日凌晨4点30分在贾扎拉防线南端发起正面进攻。突破英军的防线后，主力部队迅速向托布鲁克方向攻击前进，切断英装甲部队退往托布鲁克的后路。

隆美尔的地面部队与英军相比并不占优势。他拥有3个德国师和6个意大利师共9万人的兵力，但其中4个意大利步兵师全是非机械化部队，在进攻中起不到多大的作用。英军拥有4个机械化步兵师、2个装甲师、2个摩托化加强旅和2个集团军直属装甲旅，共10万人的兵力。

隆美尔拥有560辆坦克，其中230辆是进攻和防守能力都极差的意大利坦克，只有19辆是德国造的3型坦克。除此之外，他的后备坦克也很少，除了30辆正在修理的坦克外，就只剩下20辆刚运抵的黎波里的坦克了。英军有849辆坦克，其中有400辆是装甲厚度和主炮穿透能力都优于德国3型坦克的美制格兰特式坦克。除此之外，英军还有420辆后备坦克可以随时增援。

隆美尔的非洲装甲集团军在空军方面略占优势。德、意军队拥有704架飞机，英军方面拥有近600架飞机。这是隆美尔进入北非战场作战以来第一次在空中力量上超过英军。

离战役开始的时间越来越近了。隆美尔的心情也一天天地紧张起来。他十分清楚，这次反攻行动是一次极大的冒险。如果冒险失败的话，整个北非战场的形势将会急剧恶化，他之前获取的种种荣誉也可能会因此而黯然失色。但无论如何，他都要将这次冒险进行到底。他不能坐等英军向他发起进攻。

三

出师不利，损兵折将

1942年5月26日上午，隆美尔向克鲁威尔将军下达了进攻的命令。下午2点，克鲁威尔指挥4个意大利步兵师向贾扎拉防线北端发动了进攻。英军果然上当了，其装甲部队迅速迂回到了北端。晚上8点30分，隆美尔向装甲部队各指挥官宣布道："开始行动！"

一个小时候，隆美尔坐的指挥车颠颠簸簸出现在了贾扎拉防线南端的沙漠里。在沙粒的反射之下，月光显得分外皎洁。但隆美尔根本无心去欣赏沙漠上美丽的夜景。他不时看看指南针和汽车速度表。意大利第二十一军的装甲部队在他的左翼，非洲军和第九十轻装师在他的右翼，正全力向前推进。

5月27日凌晨3点，隆美尔的部队推进到了托布鲁克西南方向上的一个沙漠前哨——比尔哈希姆。隆美尔命令部队进行阵前编队。非洲军排在部队的最前面，第二十一装甲师在左翼，第十五装甲师在右翼。坦克后面跟着工兵、炮兵和信号兵，两翼是乘坐卡车的步兵以及反坦克部队。队伍的最中间是成千辆编成梯队的给养卡车。

隆美尔命令意军阿雷艾特师夺占比尔哈希姆，非洲军和第九十轻装师则向比尔哈希姆以南地区推进。阿雷艾特师在混战中击溃了英军第四印度师所属的第三摩托化旅，但被阻止于比尔哈希姆之前，再也无力推进了。第九十轻装师和侦察部队夺占了比尔哈希姆南边的雷特马据点。第十五装甲师的战斗进行得最为惨烈。英军第四装甲旅挡住了它前进的道路。在战斗开始的30分钟里，第十五装甲师便损失了30辆坦克，英军第四装甲旅也损失了20辆。直到英军发觉自己的两翼处于危险之中时，才迅速撤出战斗，暂时把前进的路线让给了德军。

中午时分，非洲军在行进中遭到了英军第二装甲旅的反击。隆美尔用望远镜密切注视着战场上的形势。突然，他发现几辆从来没有见过的巨型坦克出现在了敌阵之中。它们用高效爆炸炮弹以最远射程向第二十一装甲师发起了猛烈的轰击。这些坦克喷射出的火力比隆美尔的任何一辆坦克都要猛烈得多。德军57毫米反坦克炮对其丝毫不起作用。那些巨型怪物甚至径直开向德军的反坦克炮炮位，直接碾压德军的反坦克炮手。这些巨型怪物便是美制格兰特式坦克。

第二十一装甲师损失惨重，其右翼很快被英军突破了。正在这时，高射炮团指挥官埃尔温·沃尔兹上校发现了几门88毫米高射炮。他迅速带人冲到炮前，企图用高射炮平射坦克。他发现隆美尔正在那里阻止士兵向后溃退。隆美尔看到沃尔兹上校，愤怒地训斥他说："你的高射炮团应该对目前的状况负责。为什么你的大炮到现在还没有还击？"

沃尔兹上校设法拦住了3门88毫米高射炮和部分溃退的人马。在隆美尔的直接指挥下，3门高射炮被架设了起来。这时，英军几十辆格兰特式坦克距离隆美尔只有1400米的距离了。在英军坦克的前面，德军大批运送给养的卡车正在拼命逃跑。非洲军司令部以及各团的信号车也夹杂在混乱的卡车群中。在这千钧一发之际，88毫米高射炮终于开火了。几辆格兰特式坦克被击毁了。英军随即停止了追击。第二十一装甲师的危机总算过去了。

第一天的战斗结束了。隆美尔并没有如愿以偿地冲到海边，从而切断贾扎拉防线上的英军部队退路。黄昏时分，隆美尔仅仅推进到比尔拉法，离海边仍有近40公里，但他的非洲军已经损失了近三分之一的坦克。

第二天，隆美尔令非洲军继续向北开进。德军在激战中损失惨重，甚至连隆美尔的参谋部都被英军占领了。隆美尔不得不承认，他的速战速决的企图已经失败了。装甲集团军已四分五裂，司令部被打得七零八落，给养也严重不足。非洲军只剩下150辆坦克还可以投入战斗，意军只有90辆坦克，而英军手里却还拥有420辆。但英军八集团军司令里奇没能抓住这一机会。如果他集结装甲部队，协同打击共同的目标，或者完全切断隆美尔的补给线的话，隆美尔的非洲装甲集团军将陷入全军覆没的境地。奇怪的是，里奇并没有这样做。

5月29日，非洲装甲集团军的主力部队的处境十分危险，几乎已经到了走投无路的地步。克鲁威尔将军也在这一天成了英军的俘虏。当时，他正乘坐一架飞机视察前线。不料，一个隐蔽的英军战术据点击中了他的座机。恰在此时赶到前线的空军元帅凯塞林不得不暂时代替克鲁威尔指挥。德、意军队虽然没能击溃当面的英军，但成功地在卡普措小道地区的地雷场开辟了几条通道。

当晚，隆美尔设法使第九十轻装师、阿雷艾特师和非洲军聚拢在了一起。随后，他召集非洲装甲集团军参谋长高斯、作战部长威斯特法尔和非洲军参谋长拜尔莱因，召开了一次特别军事会议。会上，隆美尔决定放弃原来的作战计划，准备用反坦克炮阻止英军坦克的进攻，同时组织部队向西边的锡迪穆夫塔撤退，恢复与从正面进攻的德、意步兵的联系，从而开辟一条主要的给养供应路线。

5月30日，德、意装甲部队向西撤退之时遭到了英军的拼死抵抗。守在锡迪穆夫塔的英第一五〇旅以猛烈的炮火封锁了地雷带的通道，有效地阻止了德军向西的撤退行动。就在这时，隆美尔奉命前去会见凯塞林和希特勒的侍从副官贝洛。他们在一起讨论了战场上的形势。凯塞林对隆美尔的表现比较满意。他认为，隆美尔虽初战不利，但现在的计划还是切实可行的。隆美尔让非洲装甲集团军在反坦克炮构成的屏障后原地不动，让英军分散兵力对其发起猛攻。一旦英军分成小股并筋疲力尽之时，隆美尔便会命令装甲部队迅速对其发起反攻。

5月30日黄昏，隆美尔终于将部队集中起来，包围了锡迪穆夫塔地区。英军第一五〇旅奋力突围，企图与从东面向德、意装甲部队发动进攻的英军第二十二装甲旅等部队会合。隆美尔亲自

1942年，隆美尔和艾伯特·凯塞林在谈话中

率部冲入了敌阵。战斗持续进行了一天一夜，双方都累得筋疲力尽了。

6月1日，德军一个轰炸机中队前来增援，对英军阵地进行了狂轰滥炸。英军第一五〇旅终于扛不住了，阵地上出现了骚动。隆美尔和作战处长威斯特法尔都十分兴奋，钻出坦克，站在炮塔上观看德国空军的轰炸行动。英军发现了他们，当即向他们所在的位置开了几炮。隆美尔又钻进了坦克，但威斯特法尔却依然固执地站在坦克上面。隆美尔喊他下来，威斯特法尔似乎没有听见，动也不动地站在那里。就在这时，一颗炮弹落在了坦克附近，威斯特法尔被掀下了坦克，顿时血流满面。隆美尔惊呆了，立即叫来医护兵把他的作战部长抬走了。

轰炸持续了几个小时之后，隆美尔认为英军已经无力坚持了，便冲身边的一名营指挥官高声叫道："嗨，向他们摇白旗，他们会投降的。"

那名营长立即脱下衬衣，摇动起来。其他德军士兵也纷纷挥动起了手帕或绶带。不一会，对面的英军便有了回应，3000多名英军士兵陆续爬出阵地，举手投降了。隆美尔终于在贾扎拉防线上撕开了一个10公里宽的缺口。

隆美尔本来以为英军会把克鲁威尔将军关押在锡迪穆夫塔的，希望趁机把他救出来。不过，英军在投降几个小时之前已经把克鲁威尔转移到了其他地方了。隆美尔的心情有些低落，他又损失了一名高级指挥官。更为不幸的是，他的参谋长高斯在下午也被英军的炮火击伤了。隆美尔只好命令非洲军参谋长拜尔莱因代理高斯之职，并让情报处长梅林津代理了作战处长一职。

四

攻占托布鲁克要塞

损兵折将之后，隆美尔终于放弃了冒险计划，改取稳扎稳打的战法，决心一个一个攻克英军的阵地。他决定在向西发起进攻前集中全力端掉英军的比尔哈希姆阵地，消灭自由法国第一旅。凯塞林元帅支持了隆美尔的这一计划。

6月2日，隆美尔以第九十轻装师和一个意大利装甲师在俯冲轰炸机的掩护下包围了比尔哈希姆。与此同时，非洲军则严阵以待，准备对付英军的反攻。奇怪的是，英军第八集团军司令里奇并没有立刻发动反攻。他在给奥金莱克的报告中声称，第一五〇旅被歼使他"很苦恼"。不过，他仍然认为第八集团军目前的处境要比德军好得多，而且会一天比一天好。

奥金莱克的回电却没有这么乐观。他在电报中指出，隆美尔有可能在"你的阵地中间打进一个又宽又深的楔子"，英军正在失掉主动权。他建议里奇将军在贾扎拉防线的北端组织一次大规模的进攻。

里奇将军按照奥金莱克的建议，开始组织兵力，对德、意军队发动进攻。然而，第八集团军司令部的工作效率太低了。里奇与军、师长们经过长时间的辩论才决定从正面进攻意军的里雅斯特师，而且仅仅调动了一半的兵力。6月5日凌晨，英军向里雅斯特师发起了进攻。英军的步兵、炮兵、坦克兵在进攻中的协同极差，几乎是各自为战，从而削弱了对意军的整体打击力量。更糟糕的是，英军的坦克兵误入了意军的反坦克炮阵地，70辆坦克中有50辆被毁灭。

英军第八集团军的一系列失误给隆美尔创造了扭转战局的机会。狡黠的隆美尔立即捕捉到了战机。他在英军的攻势稍稍减弱之际便命令第十五、第二十一装甲师和意军的里雅斯特装甲师迅速从地雷场的通道窜出来，摧毁了陷于混乱中的两个英军师的作战指挥部。深夜，隆美尔又命令这3个装甲师趁英军"夜间合会"之机，包围了第十印度旅、第二十二装甲旅的支援群及其后面的4个炮兵团。

6月6日，第十五、第二十一装甲师和里雅斯特装甲师开始逐渐缩小包围圈。英军炮兵和第十印度旅虽英勇抵抗，但始终未能摆脱被全歼的命运。一战下来，第十印度旅被德、意装甲部队全歼了，英军4个炮兵团也基本丧失了战斗力，只有第二十二装甲旅突出了包围圈。

打退并歼灭了英军的反攻部队后，隆美尔便开始集中兵力围歼比尔哈希姆的守军了。比尔哈希姆驻守着4000名自由法国的官兵和1000名犹太旅的志愿兵，还拥有一个用弹药箱、地堡和散兵坑组成的防御系统。意军阿雷艾特师的几次进攻都被他们顽强地挡住了。

隆美尔的第九十轻装师和大批德国俯冲轰炸机赶来增援之后，自由法国第一旅的情况开始恶化了。在德军一次又一次的狂轰滥炸中，要塞的壕沟和墙壁坍陷了，许多士兵都被活活压死了。要塞里已经断水了，弹药也越来越少。战壕里到处都躺着在痛苦呻吟的伤员和发臭的尸体。但英勇顽强的法国士兵和犹太志愿兵始终没有放弃抵抗。

6月8日，隆美尔将第十五装甲师一部也调往了比尔哈希姆，加强了攻城的兵力。德军出动了数百架次的飞机，对要塞进行了狂轰滥炸。地面部队也发起了猛烈的冲击。但直到深夜，比尔哈希姆仍然被自由法国第一旅牢牢控制着。犹太志愿兵的战斗更是十分顽强，他们争相传递着一句口号："战斗到底，全世界的犹太人都在注视着我们。"

6月9日，隆美尔要求空军加强轰炸力度，发起最后一次进攻。德军第二航空队的指挥官瓦尔道抱怨说，他已向要塞出动过1030架次飞机了。凯塞林也在一份电文中申斥非洲装甲集团军没有努力配合空军的行动，对要塞发动猛烈而卓有成效的进攻。

6月10日，隆美尔再一次向要塞增兵，终于深深楔入到了比尔哈希姆的防御体系中。自由法国第一旅弹尽粮绝，面临着被全歼的险境。旅长柯希尼上校当机立断，放弃了要塞，率部趁着夜色偷偷撤了出去。随后，德、意军队攻占了比尔哈希姆。

至此，德军虽然在兵力上仍处于劣势，但基本上扭转了战局。隆美尔决定抓住时机，立刻发起反攻。攻克比尔哈希姆要塞的第二天，隆美尔便命令全体部队从比尔哈希姆向北进发。入夜，第十五装甲师和第九十轻装师到达了阿德姆南面和西南10~20公里的地区。驻防此地的英军第二和第四装甲旅并没有向他们发起反击。隆美尔精神大振，立即令第十五装甲师转入防御，令第二十一装甲师继续向南推进，迂回到英军装甲部队的后方，对其实施夹击。

6月12日，第十五装甲师迟迟不见英军发动攻击，便先发制人，向英军第四装甲旅主动发起了攻击。隆美尔随即命令第二十一装甲师也向前推进，攻击英军第七装甲师暴露的一翼。结果，英军第二和第四装甲旅无力招架德军两个装甲师的夹击，损失惨重，慌忙向里奇将军求援。里奇将军命令驻守在贾扎拉防线的第二十二装甲旅赶赴增援。激战至黄昏，英军损失了120辆坦克。第四装甲旅已经溃不成军，第二和第二十二装甲旅受重创后侥幸逃脱了。

隆美尔随即命令部队乘胜向贾扎拉防线发动了全面进攻。战斗进行得十分激烈，英军损失惨重。到6月14日早晨，第八集团军仅仅剩下70辆坦克了。里奇将军不得不命令残余部队撤出贾扎拉防线，并撤走了设在托布鲁克东南贝尔克德前沿的补给基地。奥金莱克命令里奇将军将第八集团军撤到托布鲁克—阿德姆一线休整，并固守战略地位极其重要的阿德姆。

在巴尔比亚公路上，英军仓皇向东撤退。里奇将军命第一南非师断后，以防德、意部队从后追击。隆美尔果然命令非洲军连夜出击，企图切断英军第一南非师的退路。不过，经过3个星期的血战，非洲军也已经筋疲力竭了，向前推进的速度大大降低了。6月15日上午，第十五装甲师只截住了第一南非师的后卫部队，让其主力溜掉了。次日，德军攻占了阿德姆。隆美尔十分兴奋，立即命令部队全力向托布鲁克推进。

6月17日，隆美尔的部队终于推进到了托布鲁克要塞。攻克这个要塞是隆美尔梦寐以求的事情。从1941年以来，城外的每一寸土地都沾满了双方战士的鲜血。但德军始终未能踏入这个要塞半步。吸取了前几次进攻托布鲁克的教训，隆美尔决定从该城西南侧发动佯攻，以吸引守军的兵力。主力部队则绕过托布鲁克，佯装向东运动，然后在夜间突然掉头，全力攻打该城的东南面，并在炮兵和空军的火力掩护下攻进城去。

1942年6月18日，隆美尔在阿拉曼附近视察

此时驻守在托布鲁克的英军是第二南非师、第十一印度旅、近卫旅、第三十二装甲旅和几个炮兵团。就兵力和装备而言，他们与一年前驻守此地的澳大利亚部队不相上下，但他们大部分都是刚从战场上撤下来的疲惫之师，士气低落，战斗力极为低下。当隆美尔的装甲部队绕托布鲁克向东推进之时，英国守军丝毫没有注意到这是隆美尔的计策，根本没有加强东南方向上的防守力量。

6月20日早上5点，隆美尔站在阿德姆东北的一处高地上，用双筒望远镜观察着托布鲁克方向的动静。绕到东南方向上的装甲部队已经开始攻城了。20分钟后，凯塞林元帅派来了上百架轰炸机，编成密集的队形，对英军的阵地进行了猛烈的轰炸。随即，隆美尔命令地面部队向城内开炮。

到上午7点45分，第十五装甲师和意大利第二十一军已经在该城东南方向上打开了一个宽阔的突破口，拿下了十几个支撑点。8点，工兵在反坦克壕上架起了桥梁，坦克攻入外围阵地的道路开通了。第十五装甲师一拥而入，开始向城内突去。

隆美尔看到这种情景，也兴奋地带上他的指挥所，乘坐一辆装甲运兵车转到了第十五装甲师方向。由于英军炮火的阻挠，德军的车辆在通往城内的路口处挤成了一团。隆美尔命令自己的副官贝恩特中尉留下指

沙漠之狐 隆美尔

挥交通，他和非洲军参谋长拜尔莱因则跟在坦克的后面，越过反坦克壕，视察了两处已经占领的阵地。

激烈的战斗一直持续到夜幕降临之时。此时，非洲军已经攻占了托布鲁克港，并控制了要塞的三分之二。隆美尔无法抑制自己喜悦的心情，脸上洋溢着一种胜利的骄傲。晚饭时，他情不自禁地对拜尔莱因说："你知道，赢得这样的胜利并非仅仅是指挥上的成功，你还需要有愿意接受任何一个强制性命令的士兵……我把这一切归功于我的士兵。"

隆美尔实在是太兴奋了，攻克托布鲁克是他梦寐以求的事情。现在，这个梦想就要实现了，他怎能不兴奋呢？因为过于兴奋，隆美尔一点睡意也没有。他倒在指挥车的一个角落里，脑袋疲倦地靠着车窗，望着窗外的夜景，静静地等待着天明。

隆美尔

五

晋升为"陆军元帅"

隆美尔静静地躺在指挥车里等待天明的时候,英军托布鲁克要塞司令部正在进行着激烈的争论。要塞司令官克洛普将军主张突围,但却遭到了部下的强烈反对。此时,要塞与英军第八集团军司令部也失去了联络,克洛普将军根本弄不明白里奇将军的意图。因而,他有些犹豫,不知该如何是好了。深夜,克洛普带着一些参谋人员撤到了南非第六旅的旅部。一路上,参谋人员依然争论不休。有主张突围的,也有主张缴械投降的。最终,克洛普将军做了一个艰难的决定——天一亮就投降。

天亮了,太阳从东方升了起来。克洛普将军命令手下在指挥部里升起了白旗。英军投降的消息迅速传到了隆美尔的耳朵里。他走出指挥车,用望远镜看了看挂在克洛普指挥部上空的白旗。放下望远镜后,隆美尔狡黠地一笑,立即命令副官给希特勒发报。电报只有一句话:"托布鲁克整个要塞投降了。"

5分钟后,隆美尔以总司令的身份向非洲装甲集团军颁布了嘉奖令。他在嘉奖令中说:"在长达4个星期的苦战中,你们忠勇可靠,使敌人不断受到打击……非洲装甲集团军的勇士们!现在我们必须彻底打垮敌人!在即将到来的日子里,我要求你们再接再厉,继续战斗,直到实现我们的目标。"

托布鲁克要塞里堆积着大量的作战物资,汽车、坦克、枪支、汽油和弹药都十分充足。英军士兵们不想把这些东西留给德军,投降后便开始焚烧作战物资。瞬时,托布鲁克城内浓烟四起,爆炸声不断。

上午,隆美尔驱车进入托布鲁克城巡视。英军焚烧作战物资的行为让他十分气愤。随后,他沿着巴尔比亚公路西行,打算到第十五装甲师的指挥部去见见冯·俾斯麦将军。在路上,隆美尔与英军第二南非师师

长兼要塞司令克洛普将军不期而遇了。

1942年6月，隆美尔和乔治·冯·俾斯麦

克洛普向隆美尔呈交了投降书。隆美尔轻蔑地接过他的投降书，看了看，便转身交给了副官。突然，他又转向克洛普，警告他说："如果你们继续破坏自己的运输工具，我就只能把你们的被俘人员全部赶进沙漠里；如果你们继续烧毁给养，你们的士兵就只能等着饿死了。"

克洛普表情冷淡地回答说："将军，我只是在履行职责。"

隆美尔颐指气使地看了他一眼。克洛普马上以稍稍缓和的语气说："我没有下令烧掉给养。"

隆美尔狡黠地一笑，便命令克洛普与他一道返回要塞，举行受降仪式。返回要塞之后，英军士兵仍然乱哄哄的。隆美尔划定了受降地点之后，33000名被解除了武装的英军士兵便垂头丧气地陆续赶来了。

隆美尔攻克托布鲁克的消息传到德国之后，德国国内立即掀起了一股庆祝胜利的狂潮。6月21日，德国广播电台奏起了《鹰在炫耀》的乐曲。这是纳粹的一贯做法！每当德军在战场上获得重大胜利之时，广播电台便会演奏这支曲子。曲子演奏完之后，播音员向听众宣布了隆美尔在北非取得的巨大胜利。当时，露西正惴惴不安地呆在家里关注着北非的战局。当她听到这一消息时，惊讶得差一点晕了过去。

隆美尔再次成为了德国人议论的热门人物。6月22日，德国境内有一座桥梁落成了。兴奋的德国人马上以隆美尔的名字给这座新桥梁命名。纳粹的政要和军界高层也纷纷把贺电拍往隆美尔位于维也纳的家中。露西光签收电报便忙得不可开交了。

就在这一天，心情愉悦的希特勒决定将隆美尔晋升为陆军元帅。当晚，德国广播电台中断了正常广播，插播了这一消息。此时，在2800公里外的北非战场上，隆美尔正躺在一辆指挥车里睡觉。突然他被工作人员的欢呼声惊醒了！随后，他听到播音员宣布说："元首大本营，6月22日令。元首晋升非洲装甲集团军司令官隆美尔大将为陆军元帅。"

隆美尔十分兴奋，他自己都没有想到能够获得"陆军元帅"的殊荣。根据规定，元帅永远不退休，并有资格配备秘书、马匹和小汽车，还有专用的司机和其他额外津贴。隆美尔在给露西的信中说道："对我来说，当上陆军元帅真像做梦一样！"

在德国大肆庆祝胜利之时，埃及和英国方面却陷入了极大的恐慌之中。英军沿着滨海公路拼命向东溃逃，已无力在利、埃边界站稳脚跟了。奥金莱克将军解除了里奇第八集团军司令的职务，亲自指挥各部队。他打算在托布鲁克以东300多公里的马特鲁一线建立新防线。为了加强防守力量，他将英军第十军也调往了前线。

根据希特勒和墨索里尼的计划，隆美尔的非洲装甲集团军攻克托布鲁克之后应当立即转入防御。不过，隆美尔早把希特勒和墨索里尼的计划丢在了一边。刚刚攻克托布鲁克，他就决心乘胜前进，向尼罗河推进了。各种情报都显示，英军已经乱了阵脚，奥金莱克对是否坚守马特鲁防线也犹豫不决。隆美尔认为这是一个千载难逢的战机，不能轻易放弃。

德军南线总司令凯塞林元帅意识到隆美尔可能会继续向东追击，便于6月21日匆忙飞抵托布鲁克要塞。在隆美尔的指挥车里，两人就

希特勒任命隆美尔为陆军元帅

隆美尔和艾伯特·凯塞林在交谈中

是否应该继续向东追击展开了激烈的争论。凯塞林元帅认为，非洲装甲集团军在贾扎拉战役中遭到了重大损失，需要时间休整，根本无力继续向东追击。但隆美尔强调，英军的处境要比非洲装甲集团军坏得多，他们根本组织不起来防御力量了。如果拖延了时间，英军便可以从本土调来精锐部队，阻止德军继续前进。

凯塞林被隆美尔激怒了。他严肃地指出，如果没有空军的全力支援，隆美尔的非洲装甲集团军根本不可能向埃及进军；如果空军给陆军以全力支援，就无法支援攻打马耳他岛的作战行动；如果不拿下马耳他岛，隆美尔的后勤补给就会毫无保障。因此，凯塞林坚持认为，必须把入侵埃及的行动推迟到攻下马耳他岛以后。

无论凯塞林怎么劝说，隆美尔就是不肯改变计划，他一心想要入侵埃及。凯塞林气呼呼地钻出了隆美尔的指挥车。临走之前，他放话说："我要把空军撤往意大利的西西里岛。"

意军驻北非最高指挥官巴斯蒂柯和意军总参谋长卡瓦利诺也坚决反对继续前进。6月22日晚上，巴斯蒂柯命令隆美尔停止前进。隆美尔回答说，他"不接受这项忠告"，并且开玩笑说，他想请他的意大利上司在开罗共进晚餐。卡瓦利诺虽然没有给隆美尔下达什么命令，但却要求他慎重考虑当前的局势。

狡黠的隆美尔并没有放弃自己的计划，他一边组织兵力，一边与希特勒和墨索里尼直接联系，企图获得他们的支持。希特勒对攻打马耳他岛的"大力神计划"一直都不是十分热心，他最关心的依然是苏德战场的形势。因此，当第二航空队摧毁了马耳他部队军事设施之后，希特勒便让帝国元帅戈林将第二航空队的部分兵力调到了东线。他还向戈林等人宣称，如果西线和挪威战线有什么风吹草动的话，还要继续从地中海抽调空军。隆美尔攻克了托布鲁克之后，希特勒又不切实际地提出，日后对北非的补给可以绕过马耳他岛，直接抵达托布鲁克。这也就意味着，德国空军根本用不着再进攻马耳他岛了。

希特勒不仅赞同隆美尔入侵埃及，而且立即给墨索里尼发电，商议此事。希特勒在给墨索里尼的电文中声称，隆美尔在托布鲁克的胜利是非洲战场的转折点，如果在胜利的时刻不能坚持到底的话，"历史的契机"和"胜利女神将永远不会再现"。

收到希特勒的电报时，墨索里尼正在考虑隆美尔的要求。这位独裁者和希特勒一样，都被诱人的前景迷住了心窍，断然作了决定：把攻打马耳他的计划推迟到9月实施，一切都要为隆美尔入侵埃及让路。

·第八章·

陷入消耗战

一

侥幸攻占马特鲁要塞

隆美尔没等希特勒和墨索里尼的商议结果出来，便于攻克托布鲁克要塞的第二天向非洲军下达了进军埃及的命令。第十五和第二十一装甲师当即冲破了利、埃边境上的铁丝网，进入了埃及境内。

6月23日，隆美尔也与第九十轻装师一起进入了埃及。由于英军已决定退到马特鲁一线，奥金莱克并没有组织兵力阻滞德军向前推进的速度。第十五和第二十一装甲师的先遣部队与溃退的英军展开了一场疯狂的车赛。他们在一昼夜间竟前推进了200多公里，抵达锡迪—白拉尼和马特鲁之间的滨海公路一线。两天之后，隆美尔所率的3个德国装甲师主力也进入了马特鲁地区。德军的侦察支队还接近了马特鲁港的外围阵地。

马特鲁位于埃及北部，是一个优良的港口。奥金莱克打算在马特鲁抵挡一阵，防止第八集团军被德军包围，然后继续向东撤退。他将下辖第五十师和第十印度师的第十军配置在了马特鲁地区，将下辖第二新西

1942年初夏，隆美尔和乔治·冯·俾斯麦在查阅地图

兰师和第一装甲师的第十三军部署在锡迪哈扎姆高地的南坡。这两个军主要任务是防止德军从两侧迂回到英军防线的后方。在锡迪哈扎姆高地和马特鲁之间近20公里的地段上，英军布下了密集的地雷场，并派了两个实力较弱的先遣队掩护。

由于没有获得英军的布防图，隆美尔只能依靠猜测来部署兵力。他决定让第二十一装甲师在锡迪哈扎姆高地和主地雷场之间前进，第十五装甲师在高地以南开进。第九十轻装师则在第二十一装甲师左翼实施突击，以切断马特鲁港以东的滨海公路。意大利第二十一军在西面封锁马特鲁要塞，其装甲部队则在锡迪哈扎姆高地以南进攻，支援第十五装甲师的行动。

6月26日下午，德、意部队按照隆美尔的部署开始行动了。3个德国装甲师率先向英军的防线撞去。由于攻击的方向刚好是英军兵力部署最弱的地点，德军很顺利地突入了英军防线。在锡迪哈扎姆高地和马特鲁之间负责掩护防线的英军两个先遣队，一个被歼灭，一个被击溃。如此一来，德军便在英军阵地的中间地段打通了一条通道。

6月27日拂晓，第九十轻装师歼灭了英军的一个步兵团，俘虏了300余人。不过，该轻装师随即受到英军炮火的压制，无法向前推进一步了。上午，第二十一装甲师在猛烈炮火掩护下迂回到了第二新西兰师的背后，由东面向其发起了进攻。当时，第二十一装甲师只有23辆坦克和600名疲惫不堪的步兵，其左翼的第九十轻装师又停止了前进。在这种情况下，主动向第二新西兰师发动攻击无疑是一次极大的冒险。

一直紧随该师行动的隆美尔并不知道第二新西兰师的侧翼部署有英军第一装甲师。幸运的是，英军第一装甲师为了牵制第十五装甲师由高地向南的进攻，没有主动与第二新西兰师密切协同。第二十一装甲师由此得以逃脱了被全歼的命运，不过该师的处境依然十分危险。英军第二新西兰师拼死抵抗，其两翼的坦克部队也切断了第二十一装甲师与左右两翼德军部队的联系。

下午，隆美尔离开第二十一装甲师，来到了第九十轻装师。隆美尔命令该师从英军第十军的南翼迂回过去，并于傍晚在马特鲁港以东约35公里处切断了滨海公路，从而堵塞了英军从马特鲁的直接退路。

英军第十三军军长戈特将军立即慌乱起来。戈特将军认为呆在锡迪哈姆扎高地一带已不安全，于是下令第二新西兰师和英军第一装甲师向富卡防线撤退。戈特将军的这一指挥失误让英军错过了从两翼夹击德军第二十一装甲师的大好时机。午夜,英军第一装甲师向南撤去,英军第二新西兰师则径直穿过第二十一装甲师的阵地,撤向富卡防线。第二十一装甲师在与英军第二新西兰师的白刃战中损失惨重,步兵几乎全部阵亡了。

6月28日凌晨5点,隆美尔驱车赶到第二十一装甲师被突破的阵地。战场上一片狼藉,被击毁的车辆仍在冒着浓烟,双方士兵的尸体则横七竖八地躺在地上。隆美尔让第二十一装甲师在原地休整,第十五装甲师与非洲军的其他部队立刻向富卡方向推进,已经包围马特鲁的第九十轻装师和意大利各师则做好了强攻要塞的准备。

英军第十军军长霍尔姆斯将军在6月28日凌晨4点30分才知道第十三军已经撤向了富卡防线。霍尔姆斯将军立时冒了一头冷汗。第十三军的撤退无疑将他的第十军推向了孤军作战的险境。他打算趁德、意军队对马特鲁的包围圈尚未合拢之前突出要塞。但遗憾的是,运输车辆全部被第二新西兰师向富卡防线的撤退行动占用了。霍尔姆斯不得不将突围行动推迟到夜间进行。

6月28日下午3点,第九十轻装师和意大利军队奉命向马特鲁港发起了猛攻。英第十军进行了顽强抵抗。入夜,第十军约三分之二的部队趁黑分成小队,从南面突围而去。有一支英军小分队竟然从非洲装甲集团军指挥部的旁边溜走了。坐镇指挥部的代理作战部长梅林津曾率部奋力堵截这支英军小分队。装甲集团军指挥部的参谋人员也参加了战斗,甚至连梅林津本人也亲自端起一挺轻机枪向英军扫射。不过,这支英军小分队最终还是逃脱了。为了防止再发生类似的危险,隆美尔下令组建了一支特种分队以保护他的指挥部。

6月29日清晨,第九十轻装师和意大利部队先后攻入马特鲁,俘虏了6000余名英军,缴获了大量的给养和装备。隆美尔又一次取得了辉煌胜利。不过,这一次胜利多少有些侥幸的成分。英军第十三军军长戈特将军和第十军军长霍尔姆斯将军在指挥上的失误给他创造了可乘之机。

攻占马特鲁之后,隆美尔决定乘胜追击。6月29日下午,第九十轻装师沿马特鲁至达巴的沿海道路疾进,并于当天黄昏时分顺利地占领了阿拉曼以西约20公里处的达巴。意大利第二十一军紧随其后,也于当天晚上抵达了达巴。非洲军的两个装甲师则奉命迂回到了达巴以南20余公里处的沙漠地带,向库塞尔据点发起了进攻。

二

陷入消耗战

阿拉曼防线位于亚历山大港以西地区，是英军在尼罗河流域的最后一个防御阵地。阿拉曼防线并不牢固，它不过是卡塔腊盆地与海岸之间一连串的支撑点。这些支撑点是近几个星期内由英军工兵和意大利战俘构筑的。如果这一防线也被德、意军队突破的话，开罗，乃至整个埃及都将沦陷。奥金莱克判断，疯狂的隆美尔肯定会抓住目前的大好战机，向阿拉曼防线发动攻击。

为了避免第八集团军被德、意部队全歼，奥金莱克已经制定了一份新的撤退计划。他在计划中指出，如果阿拉曼防线失守的话，第八集团军应当退往尼罗河三角洲地带。如果开罗和尼罗河三角洲也不保的话，他便继续率部向南撤退。

奥金莱克的猜测十分正确。隆美尔在攻占马特鲁的第二天便拟定了进攻阿拉曼防线的计划。不过，非洲坦克团军经过几日的苦战，已经筋疲力尽了！意大利第二十一军向隆美尔报告称，该军装甲部队仅剩下15辆坦克，弹药也接济不上了。由于地面部队向前推进的速度太快，空军也无法及时与其协同，进行空中掩护了。被胜利冲昏头脑的隆美尔对这些视而不见，打算一鼓作气地突破英军的阿拉曼防线，向开罗进军。

英军在北非接二连三的失败在英国国内引起了极大的恐慌，丘吉尔的战时内阁也受到了民众的指责。丘吉尔发表了滔滔不绝的演说，将失败的责任推卸到将军们和隆美尔的突出才干上，总算摆脱了一场政治危机。随后，丘吉尔向奥金莱克下达了作战命令，要求他"要不惜一切代价阻止隆美尔"。丘吉尔的命令让奥金莱克不得不加强了阿拉曼防线的兵力。

综合各种情报，隆美尔决定再次采用在马特鲁取胜的战术，让非洲军在阿拉曼与迪尔阿比德两据点之间插入英军第十三军的后方,第九十轻装师则由南面迂回阿拉曼据点,切断阿拉曼以东的滨海公路。隆美尔判断,如果非洲军能够成功地插入到英军第十三军的后方,整个阿拉曼防线必将土崩瓦解。此时的隆美尔已经没有足够的力量对英军发起强攻了,他只能依靠机动灵活的战术破坏英军防御阵地的稳定性,迫使英军向东撤退。

不过,隆美尔的这一意图并没有实现。一方面,非洲军在夜间由库塞尔向预定集结地转移时迷了路,耽误了时间,致使英军获得了喘息之机,加强了阿拉曼防线的防御力量;另一方面,隆美尔对英军的防御部署做了错误的判断。迪尔阿比德根本没有英军的防御据点。

英军在阿拉曼防线上共有4个支撑点,从沿海一直延伸到卡塔腊盆地上面的陡坡,约55公里宽。最大和最牢固的支撑点在阿拉曼沿海,由第一南非师驻守;第二个支撑点在南面的迪尔西因,由第十八印度旅驻守;第三个位于第二个支撑点以南13公里处的巴卜卡塔腊,由第六新西兰旅驻守;再往南26公里是由第五印度师第九旅守备的纳吉布德维奇。掩护各支撑点之间空隙的是一支小型机动部队。该机动部队是由第一南非师、第二新西兰师、第五印度师各一部及从马特鲁港逃出的第五十师和第十印度师残部所组成的。

7月1日,隆美尔向非洲装甲集团军所属各部队下达了作战命令。阿拉曼战役正式打响了。非洲军在迪尔阿比德扑了个空,但在5公里以东的迪尔西因与第十八印度旅遭遇了。十八印度旅奋力抵抗了一天,粉碎了隆美尔速战速决的阴谋。傍晚时分,非洲军攻克了迪尔西因并歼灭了第十八印度旅。不过,非洲军也受到了重创,两个装甲师到战斗结束之时仅剩下32辆坦克。随后,非洲军被赶来增援第十八印度旅的英军装甲部队挡在了迪尔西因一线。

隆美尔并没有因为非洲军受阻而失去信心。他命令第九十轻

阿拉曼战役时的隆美尔

装师按照既定计划向阿拉曼迂回。此时，第九十轻装师的兵力只有正常编制的六分之一。但官兵们还是执行了隆美尔的命令，匆忙爬进卡车和装甲车，编成宽阔的队形向阿拉曼进发了。结果，第九十轻装师遭到英军步兵、炮兵火力的猛烈射击，不得不狼狈逃回。

隆美尔终于意识到了自己的处境，但他并不打算放弃进攻。他亲自驱车上阵，组织了一次进攻。英军再次以猛烈的火力将他们压了回去。一颗炮弹在离隆美尔的指挥车仅6米的地方爆炸了，他一下子变得惊慌失措起来。步兵们不得不在地上挖坑，把脑袋藏起来，躲避英军炮弹的威胁。英国空军部队也借助月光对德、意部队的阵地进行了轰炸。

至此，英军终于在阿拉曼防线挡住了向东推进的德军装甲部队。非洲装甲集团军作战部长梅林津写道："到了7月1日，我们的胜利前景已化为泡影。我们只有以巧妙的机动来战胜敌人，但实际上我们已经陷入了一场消耗战之中。"

战斗进行到7月3日黄昏时分，德、意部队始终未能突破英军的防线，反而遭到了极其惨重的损失。意军最有战斗力的阿雷艾特师在与英军第二新西兰师的白刃战中不但损失了该师全部30门大炮中的28门，还被俘虏了400余人。隆美尔终于意识到，进攻是徒劳的。英军的兵力不断增强，而德、意军队每师兵力仅剩下1200～1500人，补给状况也十分糟糕。如果再打下去的话，德、意军队很可能在消耗战中被拖死。

7月3日晚，隆美尔命令意大利步兵师开赴既得阵地，把残缺不全的德、意各装甲师撤出战线进行整编。随后，隆美尔给德军南线总司令凯塞林元帅发了一封电报，报告前线的形势。他在电报中无奈地说，他已"暂时"停止了进攻。

随后几个月中，阿拉曼战役完全演变成了一场拉锯战。隆美尔想乘英国增援部队抵达之前突破阿拉曼防线，进军亚历山大和开罗。英军则想乘隆美尔立足未稳之际将其赶回去。两军在阿拉曼防线你争我夺，以命相搏，都付出了惨重的代价。

然则，形势已经对隆美尔越来越不利了。由于战线太长，部队的补给问题发生了困难，德国空军也无力为其提供掩护了。希特勒为了应付苏德战场上越来越严峻的形势，不但无法向北非增兵，反而还得从地中海抽调部分空军前往东线。与德军的情况相反，英军的战线缩短了，补给也便利了许多。大批增援部队也从本土源源不断地开赴北非。实力大增的英军将德、意军队牢牢地钉在了阿拉曼一线。

7月9日到11日,英军新调到阿拉曼前线的第九澳大利亚师向隆美尔的非洲装甲集团军发动了数次攻击。德、意军队损失惨重,隆美尔的无线电侦听队队长西波姆中尉和一大批监听队员也在战斗中阵亡了。他们所收集的密码本和破译出来的英军作战命令也被英军缴获了。西波姆中尉的死对隆美尔是一个极其惨重的打击。西波姆指挥的无线电侦听队曾无数次给隆美尔提供了准确的情报。被缴获的情报无疑会提醒英军改变无线电密码。这给隆美尔之后获取英军的情报增加了不少难度。

7月13日,隆美尔将第二十一装甲师也调到了英军防线的北部,企图直接进攻阿拉曼据点,打通前往尼罗河的通道。为此,他调动了能够调动的所有空中力量,并集中了集团军全部的火炮,准备一举拿下阿拉曼。

中午,第二十一装甲师在大批轰炸机的支援下向阿拉曼发起了进攻。集团军的炮兵部队也集中了全部火力向英军阵地倾泻炮弹。在炙热的阳光下,沙漠上一切东西的轮廓都在闪烁不定。炮手们根本无法精确地瞄准目标。更糟糕的是,第二十一装甲师的步兵展开冲击的队形太靠后了,空中支援的效果没有得到及时利用。在英军防线外围铁丝网前,德军的进攻部队便被英军的炮火和机枪火力压制住了。

隆美尔在进攻开始后就动身到前线去了。就在这时,一场风暴遮住了整个战场,隆美尔只能坐在指挥车里干着急,因为他根本看不清战场上的任何情况。下午5点,通讯兵向他报告说,非洲装甲集团军在卡萨巴以南的一个高地裹足不前,空军也在等待他的命令。

隆美尔立即命令空军轰炸卡萨巴以南的德军阵地。6点30分,德国空军的轰炸机再次出动了,坦克也乘机向前推进。但当面的英军十分顽强,死战不退。

晚上10点,隆美尔接到了前线发来的消息,所有的进攻都失败了。隆美尔被迫命令第二十一装甲师撤至它原来的出发阵地。第二天早晨,隆美尔在给露西的信中痛苦地说:"我对这次进攻所怀的全部希望破灭了,无论如何也不会取得什么成功了。"

三

两军僵持阿拉曼战线

1942年7月中旬以后，奥金莱克决定把意军作为主要攻击目标，将其分割包围，逐个围歼，以孤立兵力薄弱的非洲军。隆美尔多次动用德军部队实施反击，才勉强稳定了战局。严峻的战局让隆美尔的情绪低落到了极点。7月17日，他在家信中说："从军事上讲，目前的局势对我来说简直糟透了。敌军正在利用优势，特别是步兵方面的优势，逐一歼灭意大利部队，而德军部队已经弱得无法单独作战了。这情况简直让人伤心极了！"

7月18日至21日，英军第八集团军对非洲装甲集团军的阵地进行了火力侦察。除此之外，整个战场显得异常平静。隆美尔总算得到了一次喘息之机。不过，在平静的表面背后，奥金莱克正酝酿着一次更大规模的攻势。奥金莱克打算将从英国刚调来的第二十三装甲旅协同第九澳大利亚师等部队向德军防线的中间地段发起猛攻，第二新西兰师和第二十二装甲旅则在北边进攻德军的侧翼。等到削弱德军的抵抗之后，印度第五师的步兵再向德军阵地展开一次大规模的夜袭行动。次日清晨，第二十三装甲旅突入德军的阵地之后，再由第二装甲旅赶上来继续前进。

不幸的是，英军第八集团军的参谋们并没有就此计划拟订出实施细节，第十三军各师、旅级指挥官们甚至对自己担当的任务都不清楚，也别提与友军协同作战了。与此同时，隆美尔也利用这次难得喘息之机加强了防御。隆美尔清醒地意识到，由于4个意大利步兵师已遭到毁灭性的打击，德、意军队正处于危机之中。他现在唯一能做的就是固守防线，等待德军主力部队前来增援。

7月21日凌晨，英军旨在摧毁隆美尔装甲部队的进攻开始了。一阵猛烈的炮火准备之后，第二新西兰师迅速插入了沙漠中的一处浅碟形地带，等待第二十二装甲旅的到来。而此时，德军已经在浅碟形地带周围等待他们了。4点15分，德军向浅碟地带里的英军发起了猛烈的攻势。高爆炮弹和迫击炮弹铺天盖地般落在了密集的人群中。紧接着，几辆装甲车隆隆驶过洼地的边缘，冲入了英军的阵地。

第二新西兰师的指挥官急忙联系第二十二装甲旅。他们早应该到达这里了。第二十二装甲旅旅长却宣称，坦克不能在黑夜中盲目地行动。第二新西兰师师长气得破口大骂，只能命令部队撤了回去。仅此一战，第二新西兰师便损失了1000多名士兵和大量装备。

第五印度师的夜袭也没有达到目的，没能在地雷带为跟进的第二十三装甲旅打开一个缺口。第二十三装甲旅碰上败退回来的印军之后并没有向后撤退，反而继续向前推进。结果，他们撞进了德军布置的雷场，损失惨重。德军第二十一装甲师和第一〇四反坦克炮团乘机实施猛烈的火力急袭，轻松地俘获了87辆坦克和200名英军。

澳大利亚第九师和第二十三装甲旅的一个团在北面的助攻行动也以失败而告终了。英国将军们的失误致使英军在这次突袭中付出了惨重的代价。隆美尔的反攻成功了，他以损失3辆坦克的代价俘获了英军87辆坦克，击毁了59辆坦克。一位曾目睹过这场战斗的英国人不无遗憾地说："第二十三装甲旅经过两年多的艰苦训练，绕地球半圈，好不容易才来到战场，却在半小时内化为了灰烬。"

7月21日的胜利增强了隆美尔在阿拉曼坚守下去的信心。他在给露西的信中宣称："在最后的这几天里，我们所经历的困难是难以形容的。当然，要说我们已经越过最困难的阶段那还差得很远，敌人在数量上仍然远远超过我们。"

阿拉曼战线的战斗暂时平息了下来。隆美尔和奥金莱克都十分清楚，如果没有增援的话，他们无力彻底击败对方。不过，隆美尔并不敢大意，因为英军还有强大的预备队没有用上。他估计，英军大约需要4个星期的时间才能完成下一次大规模进攻的准备。于是，他决定利用这段时间休整部队，组织兵力，先于英国人之前主动发起进攻。他始终相信"进攻是最好的防御"。

8月初，英国首相丘吉尔在前往莫斯科会见斯大林时绕道开罗，在那里召开了一次重要的军事会议。会上，丘吉尔毅然决定更换北非英军的高级将领。他撤掉了奥金莱克的职务，任命具有战略眼光的亚历山大将军为英军中东总司令。第十三军军长戈特将军则升任为第八集团军司令。倒霉的戈特将军在飞往开罗担任新职务的途中遭到了德军飞机的空袭，不幸机毁人亡了。

伯纳德·劳·蒙哥马利将军便在这种情况下来到了北非，被任命为第八集团军司令。得到这个消息之后，隆美尔便立刻要求德国情报部门提供蒙哥马利的相关资料。

一天夜里，副官把关于蒙哥马利的材料送到了隆美尔的办公室。隆美尔抓起资料，轻蔑地扫了一眼。他根本没有把大多数英军将领放在眼里。但看着看看，他的神经不禁紧张了起来。看到最后，他认真地把资料放好，喃喃地说道："在敦刻尔克时，蒙哥马利就是一名师长了！此人是一个危险人物啊！"

由于苏联方面一直要求美、英在欧洲开辟"第二战场"，丘吉尔不得不一再催促英军早日在阿拉曼一线发动进攻。但有趣的是，亚历山大和蒙哥马利上任之后，他们提出的进攻日期比奥金莱克当初提议的还要晚。奥金莱克打算在1942年9月发动进攻，但蒙哥马利则坚决要求等到准备和训练工作全部就绪之后再发动进攻。

整个8月份，蒙哥马利都在调兵遣将，准备发动新一轮的攻势。研究了隆美尔在北非的所有的战例之后，蒙哥马利发现，唯有使用第一次世界大战时期的阵地战战法来消耗他的非洲装甲集团军，不给他突袭的机会。到8月底，蒙哥马利已经在阿拉曼防线集中了7个师的兵力，配置了480辆坦克、230辆装甲运输车、700门火炮，其中有400门是性能极高的反坦克炮。另外，英军在防线的后方还有4个师和几个独立旅的预备队。

隆美尔的非洲装甲集团军也得到了补充。新组建的第一六四步兵师已经开到了前线。意大利方面也向阿拉曼派出了援兵。到8月底，隆美尔的手中共有4个德军师、8个意大利师的兵力，其中包括意大利新组建的弗尔格尔伞兵师。除此之外，凯塞林元帅还给他配备了一个精锐的德国伞兵旅。在坦克的数量上，隆美尔的非洲装甲集团军略占优势，共有510辆。但这些坦克中有281辆是性能很差的意大利坦克，战斗力远比不上英军马尔蒂塔坦克和美制格兰特式坦克。

尽管两军在阿拉曼防线的兵力大致相当，但总体形势对隆美尔十分不利。由于"大力神计划"一再推迟，英军在马耳他岛的空军基地再次成为了英国海、空军在地中海上的中转站，并有效地发挥了作用。英国空军时常出动远程轰炸机轰炸昔兰尼加各港口的船只，骚扰德军后方的补给线。再加上意大利水、陆运输部门在运输给养的过程中有意偏袒意军，致使隆美尔的非洲装甲集团军的补给再次出现了严重的问题。

由于补给状况得不到改善，非洲装甲集团军司令部的参谋们曾向隆美尔提出了一个参考方案。他们建议隆美尔把所有的非机动部队都撤到利比亚，只把装甲师和摩托化师留在阿拉曼前线。英军擅长打阵地战，但在机动战方面却远不如德军。他们打算利用德军擅长机动作战的优势，不计一城一地之得失，长时间地阻止英军进入昔兰尼加。

隆美尔曾认真考虑过这个方案。如果他采取了这套方案的话，虽然无法避免非洲装集团军最后失败的命运，但至少可以把这场旷日持久的战争拖得更久，给英军造成更大的伤亡。但是他十分了解希特勒，这位独裁者永远不会同意放弃既得地盘的。如果放弃进攻，势必会激怒希特勒。一向乐观的南线总司令凯塞林元帅建议隆美尔主动发起进攻，并保证每天空运9万加仑汽油给他。意军总参谋长卡瓦利诺也向隆美尔保证，意军水上运输部队运送的6000吨汽油将于8月30日到达托布鲁克港。左思右想之后，天生喜欢冒险的隆美尔决定于8月30日主动向英军发动一轮大规模的攻势。

四

阿拉姆哈勒法岭之战

进攻开始之前，隆美尔根据侦察部队提供的情报对英军的防御部署做出了判断。他认为，英军第三十军编成内的第五印度师、第五十师和第九澳大利亚师驻守在阿拉曼防线的北端，第一南非师位于其后的海岸地带；英军第十三军编成内的第七装甲师和第二新西兰师驻守在防线的南端；第一和第十装甲师则位于防线的中间地段和南端防线的后方。

根据这一基本判断，隆美尔制订了自己的作战计划。他计划的要点是从英军防线的侧翼迂回行动。他命令德军第一六四步兵师协同有德军部队加强的意大利步兵防守由海岸至鲁瓦伊萨特岭以南20公里处的地段；第九十轻装师、意大利装甲部队和非洲军编成的突击群则迂回英军的左翼，攻打阿拉姆哈勒法岭。阿拉姆哈勒法岭是第八集团军后方的关键阵地，夺得它即可取得整场战役的胜利。突破英军的防线之后，第二十一装甲师应立即向亚历山大进攻，第十五装甲师和第九十轻装师则向开罗推进。

由于无线电侦听队和纳粹间谍组织都被英军毁掉了，隆美尔的情报工作出现了很大的问题。他所获得的英军部署情报是错误的。英军

1942年8月，隆美尔正与他的参谋人员研究地图

第五十师根本不在前线，该师开战后3天才奉命派一个旅到前线；第一南非师也没有配置在阿拉曼防线北端的后方，而是位于北端防线的中间地段；位于阿拉姆哈勒法岭的英军除了第七装甲师和第二新西兰师之外，还有一个隆美尔并不知道的第四十四师；第七装甲师的后方根本没有什么兵力，第十装甲师和第四十四师都在第二新西兰师之后。

隆美尔对英军的兵力部署做出了错误的判断，蒙哥马利却对他的一举一动了如指掌。英军情报部门截获了隆美尔与德军最高统帅部联络的绝密电报，并成功地将其破译了。所以，当隆美尔有什么新动向之时，蒙哥马利在几个小时之后便会知道。蒙哥马利在回忆这段经历时兴奋地说："隆美尔选择进攻的时间、方向与兵力，我们是相当清楚的。"

针对隆美尔的进攻计划，蒙哥马利做出了相应的部署。他命令第四十四师坚守阿拉姆哈勒法岭，并把第七、第十等装甲部队调到该岭以西和阿拉曼阵地之间的地区。蒙哥马利明确指示各装甲部队指挥官，不得擅自出击，必须固守阵地。

攻势发起之前，隆美尔生病了。两年多的沙漠作战经历已经严重地破坏了他的健康。8月30日早晨，医生来到隆美尔的卧车给他检查身体。隆美尔的心情十分低落，他忧郁地向医生透露说："今天发起的进攻是我有生以来最难作出的一项决定。要么是我们设法到达苏伊士运河，要么……"

说到这里，隆美尔叹了一口气，做了一个失败的手势，钻出了卧车。医生看着隆美尔的背影，心头突然产生了一种莫名其妙的恐惧感。他崇拜的集团军总司令似乎在一夜之间老了许多岁。

夜间，德、意部队按照隆美尔的既定部署向英军阵地发起了攻击。此时，威斯特法尔已伤愈归来，隆美尔让他继续担任作战处长之职，坐镇装甲集团军指挥部。他自己则随着作战部队一起行动。战斗进行得惨烈，德、意部队的每一次进攻都被英军击退了。

新任非洲军军长尼林将军与他的参谋长拜尔莱因同乘一辆指挥车，指挥装甲部队向阿拉姆哈勒法岭发起了冲击。令他们感到奇怪的是，迎接他们的全是反坦克炮。拜尔莱因隐隐感觉到，英军的部署似乎就是为了应对他们的进攻的。激烈的战斗持续了几个小时之后，尼林突然收到一个可怕的消息，第二十一装甲师师长俾斯麦将军阵亡了，第九十轻装师师长也负伤了。

在付出了惨重的代价之后，非洲装甲集团军的先头部队于8月31日黎明越过了雷场。但非洲军的主力部队直到上午10点才开始东进。隆美尔十分焦急，眼前的战局表明，他已经无法按照预定目标攻占阿拉姆哈勒法岭了。隆美尔正在考虑是否要改变进攻目标，前线传来消息称，尼林将军负伤了，非洲军正在参谋长拜尔莱因的指挥下继续作战。

隆美尔终于明白了，他的非洲装甲集团军再也不可能取得惊人的战果了。非洲军的进军速度已经大大落后于原定计划了。继续攻击下去，也只能徒耗兵力。但就这样放弃的话，他又有些不甘心。隆美尔问拜尔莱因："我们现在该考虑一下是否停止进攻？"

拜尔莱因回答说："敌人似乎对我们的位置了如指掌，现在似乎应变更一下进攻目标。"

隆美尔沉思了一会，决定继续进攻，但目标有所限制。他决定让非洲军主力比预定的早一点转向北方，直接进攻阿拉姆哈勒法岭的主高地——132高地。驻守132高地的是英军第二十二装甲旅。该旅是非洲军的老对头了，曾多次与非洲军的装甲部队交手。

8月31日晚，非洲军向这个高地发起了进攻。英军第二十二装甲旅按照蒙哥马利的命令，并没有主动出击。他们把坦克全部开进了工事，用反坦克炮猛击德军进攻部队。非洲军在132高地苦战了一夜，但始终没有获得任何进展。

非洲军于132高地苦战之时，英军第七装甲师乘机从南面和东面出击，袭击了通过地雷场的德军运输补给部队。德军的运输补给部队损失惨重，数百辆卡车和无数补给物资在英军猛烈的炮火下化为了灰烬。

9月1日拂晓，隆美尔亲自驱车来到了前线。他被眼前的景象惊呆了。在狭窄的地雷场通道上，到处都是坦克残骸，许多坦克还在燃着熊熊的大火。由于运输补给部队遇袭，非洲军的燃料奇缺，新任非洲军军长瓦尔斯特将军向隆美尔报告了这一情况。

随后，隆米尔又获得消息，卡瓦利诺允诺他的6000吨汽油也成了泡影。装载1200吨汽油的"撒达迪尔"号油船和载有1100吨汽油的"法斯西尔"号油船相继在托布鲁克港外被英军的轰炸机炸沉了。隆美尔皱着眉头，叹了一口气，不得不下令停止进攻。

非洲军停止进攻之后，形势变得严峻起来。英军凭借着强大的空中优势不断对非洲装甲集团军实施空袭，当面的英军第十三军也以猛烈的炮火轰击他们的阵地。9月1日早晨，隆美尔躲在掩体里察看英军的动向。突然，英国空军的空袭开始了。密集的炮弹落在了他们的阵地上，发出巨大的爆炸声。夹杂着细沙的硝烟直往人的鼻孔里钻，使人无法呼吸。

隆美尔把头埋在臂弯里，被爆炸的气浪掀起来的细沙纷纷落在他的头上。袭击稍稍平息之后，隆美尔抬起了头。但没等他反应过来，英军的空袭又开始了。一颗炸弹在他附近爆炸了，震得他耳膜生疼。仅仅一个早晨，英军空军就对他们实施了6次空袭行动。

空袭结束之后，隆美尔狼狈不堪地从掩体里钻了出来。他发现，放在他身边的一把铁锹上嵌着一块15厘米长的弹片。隆美尔的心中一震，被吓出了一头冷汗。如果不是这把铁锹的话，这块长长的弹片肯定会刺穿他的身体。

9月2日上午，隆美尔向各部队下达了撤退的命令。但由于缺乏汽油，阵地又接连不断地遭到英军飞机的轰炸和炮火的袭击，各部队根本动弹不得，只能呆在原地不动。下午5点30分，德军南线总司令凯塞林元帅来到了隆美尔的指挥车上。凯塞林面色严峻，斩钉截铁地告诫隆美尔说："放弃进攻将破坏元首的伟大战略部署。"

隆美尔耸了耸肩，申辩说，部队的燃料严重不足，又遭到了英军可怕的轰炸，除了放弃进攻之外已经别无他法了。凯塞林认为，隆美尔是在利用给养短缺为借口，以掩盖非洲装甲集团军低落的士气。

9月3日，非洲军扔掉了50辆坦克、50门野战炮和400辆破损的卡车，开始撤退了。当天夜里，英军第二新西兰师向溃退的德军发起了进攻。非洲军立即组织兵力还击，迫使英军停了下来。随后的两天里，隆美尔指挥部队继续撤退。谨慎的蒙哥马利没再发动进攻，也没有派部队去切断他们的退路。

9月6日，德军到达原来战线以东10多公里的高地防线后停了下来。隆美尔来不及休整部队，便立即组织兵力建起了防御阵线。蒙哥马利也命令英军停止了战斗。至此，北非战场再次平静了下来。

阿拉姆哈勒法岭之战成为了阿拉曼战役的转折点。在此之前，隆美尔的部队以风卷残云之势席卷了整个利比亚，大有迅速征服埃及之势。盟国许多政界人士大为震惊，他们反复端详地图，认为英军根本无法挡住隆美尔的攻势。不少悲观的人认为，如果让隆美尔征服了埃及，他势必会向东北推进，占领中东的大油田，再与苏联境内的德军会师于高加索。如果这个战略目的达到了，同盟国肯定会付出惨重的代价，第二次世界大战的结束之期也会推迟好几年。幸运的是，蒙哥马利的谨慎挡住了隆美尔的冒险。

在阿拉姆哈勒法岭之战中，德、意军阵亡570人，伤1800人，被俘570人，共计2940人；损失坦克50辆、卡车400辆、火炮50门。与此相比，英军的损失是微乎其微的。英军共伤亡164人，损失坦克68辆、反坦克炮18门。

德军在阿拉姆哈勒法岭之战中失败的原因有很多，归结起来，主要有三点。首先，英军牢牢掌握着制空权，致使隆美尔的后勤补给陷入了困境。其次，英军破译了隆美尔与德意统帅部间的来往电报，对隆美尔的作战计划了若指掌，采取了针锋相对的措施。最后，隆美尔的身体严重不适，致使他没有足够的精力来应对战场上瞬息万变的形势。从此之后，北非战场的形势便开始朝着对英军有利的方向发展了。

五

抱病离开阿拉曼前线

战事平息下来之后,隆美尔撤回到了他的司令部,焦急地等待接替他的人到来。隆美尔的身体状况越来越差了。医生在诊断报告中说:"隆美尔元帅正在忍受着低血压的折磨,随时有晕倒的可能性。这种情况是由于长期的胃病和肠功能紊乱造成的。最近几星期体力和脑力的过度疲劳,尤其是不利气候的影响,致使他的病情更加严重了。"在诊断报告的最后,医生建议隆美尔回德国休养一段时间。

隆美尔把医生的诊断结果发给了最高统帅部,并向凯特尔元帅提出申请,让坦克战专家古德里安来接替他的职务。古德里安在莫斯科战役结束之后被希特勒解除了第二装甲集团军总司令之职,转为了预备役。凯特尔在给隆美尔的回电中说,他无法让古德里安前往北非,担任非洲装甲集团军总司令之职。

9月19日,格奥尔格·施登姆将军奉命赶到了北非,接任了非洲装甲集团军总司令之职。冯·托马将军则接任非洲军军长之职,协助施登姆将军展开工作。施登姆将军是一位脾性温和的坦克专家。隆美尔向他详尽地介绍了战场上的情况。隆美尔估计,蒙哥马利很可能会命令英军从德军阵地的正面插入。所以,他设计了一个十分精巧的防御系统。

防御系统的主体是绵亘的地雷带。德军在阵地前沿埋下了249849颗反坦克地雷和14509颗杀伤地雷,再加上被德军占领的阿拉曼防线南端原由英军布的地雷,共有445000多颗地雷。地雷带的前沿由德军战斗前哨部队守卫。地雷带后面约2000米处是步兵防御阵地,再往后则是布局巧妙的大型反坦克炮。阵地的最后方是作为机动后备力量的装甲部队和摩托化步兵师。

对在阿拉姆哈勒法岭的失败,隆美尔十分不甘。他打算伺机反扑,给英国人一点颜色瞧瞧。他在动身回国之前，强烈要求施登姆将军做好反攻的准备。他信誓旦旦地向施登姆保证道："一旦战斗开始，我将放弃治疗，返回非洲。"

9月23日，隆美尔乘飞机飞到了柏林。纳粹宣传部长戈培尔把他安排在了自己的家中住了一个星期。9月31日，希特勒在总理府的书房里接见了隆美尔。他对隆美尔在北非的表现作出了充分的肯定，并亲手递给他一个黑皮箱。那里面装着一根闪闪发光、镶有钻石的元帅权杖。

隆美尔趁机要求希特勒向北非增兵。尽管希特勒已被苏德战场上的形势搅得心神不宁了，但他还是答应了隆美尔的请求。他不但决定给非洲装甲集团军补充兵员，还决定向北非运去最新型的坦克、火箭发射装置和反坦克炮等大批装备。

10月3日，应戈培尔的邀请，隆美尔参加了纳粹宣传部召开的记者招待会。面对缓缓转动的摄影机和一双双眼睛，隆美尔吹嘘说："我们已经站在离亚历山大和开罗只有90多公里的地方，通向埃及的大门已经掌握在我们的手中了。为了彻底打开这道大门，我们还准备采取进一步的行动！"

参加完记者招待会，隆美尔便飞离柏林，来到了维也纳。露西和曼弗雷德到机场迎接了他。看着差不多已经和自己一样高的儿子，隆美尔的思维总算暂时离开了北非战场。在麦肯宁山的山庄里，隆美尔一边静静地和妻儿在一起享受天伦之乐，一边接受治疗。

在隆美尔休养期间，英、德双方在北非战场上都在不遗余力地补充兵力，调运武器和弹药，准备发起新一轮的攻势。战局的发展已经对法西斯德国越来越不利了。德军在苏德战场上的夏季攻势没有达到预期目的，在西线战场也渐渐陷入了被动的局面。美国正在积极准备向欧洲战场派兵，以开辟第二战场。与此同时，美、英两军在法属北非的联

陆军元帅隆美尔手持元帅权杖

第八章 陷入消耗战

二战中的隆美尔

合登陆行动——"火炬计划"也已经确定将于11月初实施。

为了防止盟军登陆,希特勒不得不向法国西海岸增派部队。由于缺少预备队,他只能将刚刚组建的新兵师拉到了战场之上。盟国的经济潜力更多的转化为了战斗力,但法西斯德国的战争资源已经现出了枯竭的迹象。

在强大的压力之下,德军总参谋长哈尔德于1942年9月下旬向希特勒递交了辞呈。在希特勒最后一次接见他之后,哈尔德在日记里写道:"我的精力已经耗尽,再也不能恢复。我们必须分手了。"9月23日,蔡茨勒将军接替了哈尔德,成为了德军总参谋长。但他也无力阻止战局继续恶化下去了。

为了减轻"火炬计划"登陆部队的压力,性急的丘吉尔要求亚历山大和蒙哥马利尽快击败非洲装甲集团军。为了保证进攻的兵力,亚历山大决定于10月24日发动进攻。因为决定着整个战役成败的英军第十军要到10月初才能完全装备好,训练也需要一个月的时间,因此定于10月最后一周进攻。

丘吉尔要求亚历山大和蒙哥马利将进攻时间提前,但被他们拒绝了。亚历山大和蒙哥马利认为,如果他们代号为"捷足"的进攻行动发动过早的话，虽然有消灭非洲装甲集团军的可能性，但也可能因此招来希特勒的大批援兵。如果"捷足"行动和"火炬计划"相隔时间不长的话，希特勒便会应顾不暇，手足无措了。最后，丘吉尔勉强同意了亚历山大和蒙哥马利计划，并最终确定进攻日期为10月23日夜。

蒙哥马利最初的计划是准备同时进攻德、意军队的两翼。第三十军在北面主攻，在德、意军队防线与地雷带打开两条通道，在其补给线两侧的重要地带布下阵地。第十三军则在南面发动进攻，与第七装甲师一起将非洲装甲集团军的装甲部队吸引过来。这个计划的主要目的是消灭德、意军队的装甲部队。不久，蒙哥马利改变了作战计划，决定尽量牵制或组织德、意装甲部队的行动，以便打垮敌防守体系的步兵师。蒙哥马利改变计划的主要原因是，他发现第八集团军的训练水平和许多军官的指挥水平还远远达不到消灭德、意装甲部队的目的。

为了隐藏自己的战略意图，蒙哥马利实施了一系列的诈敌行动。在战线的北端，他命令部队设置了大量的假卡车、假大炮，以迷惑德、意部队的侦察部队，让他们以为英军将在这里采取防御的态势。直到进攻发起前一夜，蒙哥马利才让士兵把这些道具撤了下来，换上了真家伙。在战线的南端，蒙哥马利则有意识地制造出了准备进攻的假象。他命令士兵在这里设置了大量的假油泵房、假输油管道等，以使德、意军队相信他们将在这里发动主攻。蒙哥马利的这些战术欺骗对英军取得阿拉曼战役的胜利起到了十分重要的作用。

经过补充之后，双方在北非的力量均有所加强。不过，英军的优势更加明显了。英军拥有8个步兵师和4个装甲师，共19.5万人；装备有1229辆坦克，其中500多辆是美制格兰特式和更新更高级的谢尔曼式坦克。

德、意也有8个步兵师和4个装甲师，但各部队的人员缺额都很大，总兵力只有8.2万人，其中还有上万根本无法参加战斗的伤员和病号。非洲装甲集团军装备有550辆坦克，但其中有320辆是落后的意大利坦克。

除此之外，英军海、空军方面也占有绝对优势。德、意方面在非洲有350架作战飞机，而英军的作战飞机多大1500多架。与此同时，英国海军的潜艇还与占绝对优势的空军协同，有效破坏着德、意军队的海上补给线。

  10月23日晚上10点，英军1000多门大炮向德、意阵地倾泻了数十万发炮弹。15分钟后，英军的步兵向前沿阵地发起了猛攻。施登姆将军慌忙组织兵力防御。战斗进行得十分惨烈！英军凭借着强大的火力优势，紧紧相逼，不给德、意军队任何喘息之机。

  10月24日上午，施登姆将军驱车到前线去视察。路上，他遇到了英军猛烈的炮击。密集的炮弹在他汽车附近接二连三地爆炸了。惊慌失措的施登姆将军从车子里摔了出来，趴在地上再也起不来了。这位高个子将军竟然因为爆炸吓得心脏病突发而一命呜呼了。

第九章

滑向失败

一

带病飞往阿拉曼前线

蒙哥马利指挥部队发起"捷足"行动之时，隆美尔正在维也纳休养。10月24日下午3点，隆美尔正在客厅里休息，电话铃突然响了。隆美尔抓起电话，就听见他的副官伯尔恩德的声音："蒙哥马利昨夜开始进攻了！施登姆将军已经失踪，不知去向。"

隆美尔的神经一下子紧绷了起来。放下电话，他眯着眼睛，瞅着窗外的风景。他知道，他又该到非洲战场去了。他猜的没错，几分钟后，希特勒便从大本营给他打来了电话。希特勒直截了当地问："隆美尔，你的身体支撑得住吗？"

隆美尔回答说："可以。我请求元首让我立即飞往阿拉曼。"

希特勒沉默了一会，答复说："好吧，你立即到维也纳机场待命吧。"

放下电话，隆美尔简单收拾了一下，立即赶赴机场。在机场方面为他特别准备的房间里，隆美尔静静地等候着希特勒的电话。此时，希特勒正在犹豫，他不知道现在派隆美尔到非洲是否合适。

隆美尔身体尚未痊愈，匆匆赶往非洲必定会受到更大的损伤。而苏德战场上正需要像隆美尔这样敢于冒险而又狡黠的指挥官。如果等他痊愈以后，将其派到苏德战场作战或许会更有价值。但如果不派隆美尔赶赴北非，英国人或许会迅速夺取整个北非，从而改变整个非洲的战局。

10月25日清晨，希特勒终于做出了艰难的决定，让隆美尔立即飞往阿拉曼，接管非洲装甲集团军的指挥权。隆美尔不敢怠慢，立即飞往了北非。

下午2点45分，隆美尔抵达了克里特岛。空军第十军指挥官冯·瓦尔道将军已经在跑道上等着他了。一见到隆美尔，瓦尔道将军便一脸阴郁地将一份阿拉曼战线的最新报告呈递给了他。报告上说，战线的南北两端同时遭到了英军坦克的大规模进攻，形势极其危急。

隆美尔立刻改乘一架多尼尔－217新式轰炸机飞往埃及。天黑时，隆美尔抵达了非洲装甲集团军司令部。11点25分，隆美尔向全体官兵发出通告，他接管了非洲装甲集团军的指挥权。

在施登姆将军病逝后，隆美尔赶到阿拉曼之前，非洲军军长冯·托马将军暂行集团军司令之职，作战部长威斯特法尔则代理参谋长之职。隆美尔赶到战场之后，立即展开了工作。在开战两昼夜多一点的时间里，英军已轻而易举地碾过了德军前沿阵地，占领了德军的地雷带。隆美尔大发雷霆地质问道："当敌人集结进攻时为什么不用炮火轰击？"

冯·托马和威斯特法尔解释说，施登姆将军为了节省炮弹，曾严禁进行炮击。隆美尔大骂道："他妈的，这简直是在犯罪！"

10月26日一早，隆美尔就钻进了他的指挥车，来到了前线。从望远镜里，隆美尔可以清楚地看到战场上的形势。在战场的一侧，越过地雷带的英军正在发动新的攻势，大量的坦克向德、意部队防守的阵地开来。德军的反坦克炮立即以强大的火力还击。在战场的另一端，英军正在构筑工事，企图阻止德军向他们的后方迂回。对英军的兵力部署和主攻方向有了清醒的判断之后，隆美尔立即命令战线南端的第二十一装甲师和炮兵主力部队开往北线的主战场增援。

统帅"非洲军团"时，隆美尔在他的指挥车上

10月27日，第二十一装甲师和炮兵部队开赴北线战场之后，英军在德、意部队阵地上撕开的突破口被堵住了。当天下午3点，隆美尔还组织兵力主动向英军发起了反攻。两军整整厮杀了一天，也没有分出胜负。英军的凌厉的攻势被暂时挡住了，但德军也无法向前推进一步。

为了打破僵局，蒙哥马利立即命令南翼的第十三军转入防御，把第七装甲师调往北部增援。英军第七装甲师的到来让隆美尔的压力倍增。双方的主力部队都集中在了战线北部狭窄的地段上，一场你死我活的殊死搏斗即将开始了。与英军的主力部队硬碰硬是隆美尔最不愿意见到的局面。他的非洲装甲集团军没有预备队，作战部队也已经疲劳至极，濒于崩溃的边缘了。蒙哥马利的第八集团军则可以随时补充兵员和装备。为了尽快摆脱这种局面，隆美尔把能够作战的德军部队都调到了北部，企图一举消灭英军的主力。

10月28日晚上9点，英军部队率先向对面的阵地发动了攻击。数百门火炮在一个小时的时间内向德、意部队的头顶上倾泻了数万发炮弹。晚上10点，英军的坦克兵和步兵协同向对面的阵地发起了总攻。隆美尔命令各部队必须固守阵地，不得后退一步。

战局的持续恶化已经把隆美尔置于了绝境之中。面对强大的英军，他的非洲装甲集团军根本无力向前推进了。如果固守阵地的话，英军一旦突破防线，部队就会被英军包围，陷入彻底覆灭的绝境。如果主动撤退的话，非洲装集团军必将失去大批重型装备和非机械化部队。因为他根本不可能在短时间将重型装备从战场撤到新的防线上，行动迟缓的非摩托化步兵也无法迅速从战场上脱身。

10月29日早上6点，德军终于暂时遏止了英军的进攻态势。严重缺乏睡眠的隆美尔拖着沉重的步子钻进他的指挥车，赶到了附近的一个高地。7点整，非洲军参谋长拜尔莱因休假归队了，赶来向隆美尔报到。隆美尔看着拜尔莱因，沉痛地说："这盘棋已经输定了。"

当晚，隆美尔的心情糟糕透了，他的身体极度疲乏，但却又无法安然入睡。一向傲慢、自信的隆美尔一下子陷入了悲观绝望之中。他坐在卧车里，给妻子写了一封信。他在信中说："我已经不存什么希望了。我白天疲乏得要死，但晚上却无法入睡，因为我双肩挑着沉重的担子。如果这里出了问题，那么会怎样呢？这种想法日日夜夜折磨着我。如果真是这样，我就无法应付了。"

战线对面的蒙哥马利也睡不着，他两眼红肿地盯着作战地图，思考着新的作战方案。经过5天的战斗，英军以伤亡近万人的代价仅仅在德、意军队防线上打开了一个小小的缺口。如果这样打下去的话，虽然最终能够击溃非洲装甲集团军，但他的第八集团军也将付出极其惨重的代价。

看着作战地图，一个大胆的念头闯进了蒙哥马利的脑海。由于隆美尔把能够作战的德军部队全部集中在了战线的北端，南端就只剩下了意大利部队和德军伤病员。德、意部队的结合部成了非洲装甲集团军防线的薄弱点。蒙哥马利决定改变作战方向，将主力部队调到德、意部队的结合部。蒙哥马利将新方案命名为"增压行动"。随后，蒙哥马利开始调兵遣将，北端战线也出现了暂时的平静。

隆美尔抓住这个时机命令部队悄悄向新防线撤退。新防线在阿拉曼以西100公里的富卡。隆美尔首先将非机动部队撤到了富卡防线以西的马特鲁地区，机动部队殿后。隆美尔并没有将这一撤退计划上报给德、意两军的最高统帅部。

11月1日晚上10点，蒙哥马利的部署已经全部到位，"增压行动"开始了。200门大炮同时向德、意部队的结合部持续炮击了3个小时，成群的重型轰炸机也潮水般涌向该地区，向目标倾泻了大量的炮弹。随后，大批英军步兵和坦克在炮兵火力的掩护下发起了总攻。隆美尔一夜未睡，他站在指挥车旁焦躁地观看着战场上空的道道弹迹。他担心前线的部队根本无法挡住英军凌厉的攻势。

11月2日凌晨5点，隆美尔驱车来到了前沿阵地。几名团级指挥官立即向他报告说，英军的坦克和步兵已经于凌晨1点突破了德军第二○○团的防御工事，撕开了近1000米的突破口。目前，英军部队正通过地雷带，企图打开一条通道。

隆美尔的心中明白，德军的失败已经是无法避免的了，他现在能做的只有尽量阻止英军推进的速度，为部队撤退争取时间。上午11点，隆美尔正在吃饭，副官突然向他报告说："英军的坦克群通过了地雷带，正在向西推进。"

隆美尔仓促地把饭盒中鸡丁饭吃完了，便钻进了他的指挥车，向附近的一座小山驶去。德军已经撤到了地雷带以西，正在用88毫米高射炮平射英军向前推进的坦克。令隆美尔惊骇不已的是，英军使用了大批从未见过的美制谢尔曼式坦克。这种新型坦克的性能极其优越。它不但可以在 1000 米的距离上开火，还能够抵挡住 88 毫米高射炮的平射。与此同时，英军的飞机也像驱不散的苍蝇群一样，在德军阵地的上空轰轰作响，不时投下几枚重磅炸弹。

隆美尔命令部队所有的高射炮集中起来进行对空射击，但也无济于事。德军的高射炮仅剩下了 42 门，对付重型坦克的 88 毫米高射炮也被英军的谢尔曼式坦克全部击毁了。隆美尔十分焦急。他已经顾不上防守整个防线了，立即命令南线的意军阿雷艾特装甲师及其剩余的炮兵全部赶到北部增援，堵击突破的英军。

经过一天的激战，英军的攻势终于被遏制住了。但隆美尔的非洲装甲集团军也付出了惨重的代价。非洲军的两个装甲师减员达 80% 左右，已由 9000 多人锐减到 2000 人，坦克也由 10 月 29 日的 90 辆锐减到 30 辆。意军的薄皮坦克更是损失惨重，几乎一辆也没有剩下。

二

"不胜利，毋宁死"

战局的迅速恶化让隆美尔的悲观情绪越来越浓重了。他向德军最高统帅部发了一封闪烁其辞的电报，声称：德军虽然暂时顽强地挡住了英军的进攻，但蒙哥马利正在组织更大规模的攻势。很显然，隆美尔在向最高统帅部暗示，他要下令全线撤军了。

11月2日晚，非洲军军长冯·托马将军打电话向隆美尔汇报了战况。冯·托马将军情绪低落地说："坦克只剩下了30辆，后备队也已全部出动了。"

隆美尔当即命令道："我的计划是要全军边打边撤，退到西线。步兵今天夜里开始行动。非洲军的任务是坚守到明天早晨，然后撤出战斗。但要尽量牵制住敌军，给步兵争取撤退的时间。"

冯·托马将军按照隆美尔的吩咐，将命令一级一级地传达了下去。截至晚上9点5分，非洲装甲集团军的所有部队都接到了这项命令。装甲集团军的步兵部队率先开始向西撤退了。与此同时，隆美尔又给德军最高统帅部发了一封电报。他在这封依然闪烁其辞的电报最后一行写道："11月2日至3日夜间，步兵部队已经撤出了阵地。"

巧合的是，德军最高统帅部值夜班的预备役少校没有注意到电报上的最后一句话，将其当把日常公文处理了，并没有立即送交最高统帅部总司令凯特尔。11月3日早晨，那名预备役少校将夜间收到的电报全部送到了凯特尔的办公室。凯特尔并没有特别关注对这些电报，一边吃早餐，一边懒洋洋地翻看着。忽然，隆美尔发来的电报映入了他的眼帘。凯特尔急忙拿着电报，匆匆跑进希特勒的地下避弹室。

凯特尔气急败坏地把隆美尔发来的电文递给了希特勒。希特勒歇斯底里地吼道："这是怎么回事？为什么到现在才把电文送到我这里来？"

凯特尔解释说，值班的少校误把电文当成普通公文了，直到早晨才送到最高统帅部。希特勒吹胡子瞪眼地吼道："我要枪毙这个可恶的少校！"

稍稍冷静了下来后，生性多疑的希特勒认为事情没有这么简单，隆美尔可能早已经与参谋部串通好了。想到这里，希特勒才没有将那个倒霉的预备役少校枪毙掉，仅仅将其降为士兵，派到一个"缓刑营"服役了。

几分钟后，希特勒给隆美尔口授了一封电报。他在电报中说："我，你们的元首，和全体德国人民，怀着对你的领导能力和在你指挥下的德、意部队的英勇精神的坚定信念，注视着你们在埃及进行的英勇防御战。鉴于你现在所处的形势，毋庸置疑，只有坚守阵地，绝不能后退一步。你必须把每一条步枪和每一名士兵都投入战斗！除此之外，你别无出路。大批空援将在未来几天里到达南线总司令凯塞林那里。领袖（指墨索里尼）和意军最高统帅部必将竭尽全力积极增援，以保证你能继续战斗。敌人虽占有优势，但已是强弩之末。意志的力量是能够战胜强大的敌人，这在历史上已屡见不鲜。你可向你的部下指明，不胜利，毋宁死，别无其他道路。"

电报在下午1点发到了非洲装甲集团军司令部。坐镇司令部的作战处长威斯特法尔上校正在吃午饭，通讯部队的一名上尉报告说："报告上校，元首的命令。"

威斯特法尔问道："什么内容？"

上尉回答说："我们部队的死亡许可证，上校。"

"什么？"威斯特法尔一把抢过电报，认真读起来。突然，他把电报重重地掷到桌子上，跌坐在了椅子上。

几分钟后，隆美尔的指挥车停在了司令部门前。隆美尔钻出指挥车，径直走到了办公室里。威斯特法尔无力地站了起来，把电报交给他说："元帅，这是元首的命令。"

隆美尔抬眼看了看他，可威斯特法尔不愿多说。看完希特勒发来的电报，隆美尔一声不吭地转过身去，凝视着窗外。希特勒的命令无疑是一张"死亡许可证"，如果命令部队坚守的话，整个非洲装甲集团军必将遭到灭顶之灾。如果正视现实，继续撤退的话，他必将激怒希特勒，甚至会因此而结束自己的仕途。

下午2点28分，隆美尔终于作出了艰难的决定。他抓起电话，接通了非洲军指挥部。在电话中，他向非洲军军长冯·托马将军宣读了希特勒的电文，并命令他"要不遗余力地继续战斗！"

冯·托马将军沉默了一阵，接着便回答说："这是一项必然导致灭顶之灾的抉择！我建议撤下坦克，重新进行编组。"

隆美尔粗暴地吼道："不能撤！元首命令我们竭尽全力坚守！"

放下电话，隆美尔的情绪低落到了极点。他不能眼睁睁地看着整个集团军因为希特勒一道错误的命令而白白葬送在沙漠里。下午4点30分，他特意派副官伯尔恩德中尉飞往东普鲁士德军大本营，劝说希特勒撤销坚守的命令。

伯尔恩德中尉登上飞机之时，隆美尔交给了他一个信封，让他在适当的时候转交给露西。信封里装着25000意大利里拉和一封信。25000意大利里拉约合60美元，是隆美尔在北非战场的全部积蓄。从这一点可以看出，隆美尔是一个清廉的指挥官，他并没有利用职权大发其财。那封信是写给妻子露西和儿子曼弗雷德的。隆美尔在信上绝望地写道："我不相信，几乎也不再相信我们会胜利。我们的生死全操在上帝手里。别了，露西！别了，我的孩子……"

非洲装甲集团军在隆美尔的命令下停止了后撤，又开始全力阻击英军的进攻了。战斗持续进行了一夜，德、意部队再次遭到重创，整个装甲集团军仅剩下22辆坦克了。

11月4日早晨7点25分，南线总司令凯塞林元帅来到了前线。他本来是打算敦促隆美尔坚决执行希特勒的命令的。但他一到前线就改变了主意。战场上的惨况让他不得不修正了自己的看法。他劝隆美尔先行撤军，然后再向希特勒请罪。他说："我觉得应把元首的电报看作是呼吁，而不是一成不变的命令。"

隆美尔立即诚惶诚恐地回答说："我认为元首的指令是绝对不能更改的。"

凯塞林劝隆美尔立即给希特勒发报，告诉他，非洲装甲集团军已经"不可能守住防线了，在非洲立足的唯一机会完全系于此次撤退战。"凯塞林甚至帮隆美尔拟好了电报。实际上，隆美尔正盼望着希特勒撤销命令呢！他把电报发出去之后，便焦急地等待着回音。

前线阻击英军的战斗仍然在继续。意大利步兵师节节败退，已经开始出现大规模的溃逃现象了。隆美尔命令意大利的指挥官强迫部队调头，继续战斗。非洲军军长冯·托马将军谴责希特勒的坚守命令是"发疯"。他挂上自己所有的勋章，乘坦克到战斗最激烈的地方去了。

非洲军参谋长拜尔莱因看到瘦削的冯·托马将军在战斗最激烈的时候钻出了坦克，伫立在一辆燃烧的坦克旁。几名英国步兵冲了上去，冯·托马将军高举手中一个帆布包，投降了。很显然，冯·托马将军已经彻底失去了抵抗意志，是有意向英国人投降的。当拜尔莱因向隆美尔报告这一消息之时，隆美尔气得半天说不出话来。

下午3点30分，意军阿雷艾特装甲师向隆美尔发来了最后一份电报。电报称，该师已经无力再组织抵抗了，如果再战斗下去的话，等待他们的必将是"自我毁灭"。此时，英军已在德、意部队防线上打开了一个20多公里宽的突破口。意大利第二十一军已经全军覆没了。

隆美尔转身望了望窗外从前线飘来的硝烟，决定不再等待希特勒收回成命了。他让威斯特法尔向各部队下达了撤退命令。各部队得到命令，迅速撤出了战场。晚上8点50分，隆美尔终于得到了希特勒的回复，他同意撤退了。第二天，希特勒的正式命令送到了隆美尔的司令部。希特勒在电文上悻悻地说："既然木已成舟，我同意你的要求。"

有趣的是，英国情报部门虽然破译了隆美尔与希特勒之间往来的电文，但始终没有弄清楚德、意部队撤退的具体时间。这主要是因为隆美尔再一次违抗了希特勒的命令，在希特勒下令撤退之前就已经开始撤退了。德、意部队已经撤退了好几个小时，蒙哥马利还命令炮兵向他们之前驻守的阵地猛轰。直到德、意部队全面撤退之时，蒙哥马利才看清隆美尔的真实意图。他马上利命令英军装甲部队继续进攻，去堵截德、意部队沿滨海公路的撤退路线。

隆美尔早已料到蒙哥马利会这样做了。他将非洲军的两个装甲部队留在滨海公路一线，阻击英军的追击部队。非洲军的兵力虽然已经受到了严重的削弱，但阻击战依然打得十分激烈。直到11月4日下午3点，非洲军奉命撤退之后，英军也得以快速向前推进。

阿拉曼战役结束了。这场艰苦的拉锯战以英军大获全胜而结束了。隆美尔损失了大部分步兵和摩托化步兵，意军阿雷艾特装甲师和的里雅斯特装甲师已名存实亡，只有非洲军的两个装甲师、第九十轻装师和第一六四步兵师的部分部队得以逃脱了被全歼的恶运。

三
撤退到阿盖拉新防线

从阿拉曼战线撤退后,隆美尔本打算让部队在富卡建立一道新防线的。但是,由于他坚决执行了希特勒那道错误的固守命令,致使部队遭到了毁灭性的打击,非洲装甲集团军已经无力在富卡站稳脚跟了。隆美尔决定继续向西撤退,到达了马特鲁。蒙哥马利试图从两翼迂回包抄非洲装甲集团军,但由于缺少迂回空间,英军推进速度太慢,他的这一意图始终未能实现。

11月6日凌晨,隆美尔的非洲装甲集团军开抵了马特鲁。疾病缠身的隆美尔无暇休息,仅对部队进行了一番休整,就又开始继续向西撤退了。部队的弹药和汽油已经消耗殆尽,埃及境内已经没有可供利用的物资了。班加西港此时运到了5000吨汽油,但那里离马特鲁尚有1100公里之遥。存放有7000吨弹药的托布鲁克也在200公里之外,而且中间还隔着萨卢姆和哈勒法亚的高山险道。

在严重缺乏作战物资的情况下,非洲装甲集团军在马特鲁无法坚守。11月7日晚,隆美尔断然决定继续撤退,取道锡迪—白拉尼、哈勒法亚隘口,撤往利、埃边境。由于指挥得力,非洲装甲集团军的撤退行动并没有演变成大逃亡。长达50余公里的汽车长龙有序地通过了哈勒法亚隘口,退到了利、埃边境地区。

希特勒和意大利方面都希望隆美尔能在利、埃边境坚守。隆美尔也希望能够尽快稳住阵脚,彻底挡住英军的追击。在前往利、埃边境的途中,伯尔恩德赶了上来。伯尔恩德从东普鲁士带来了希特勒的最新指示。希特勒说,非洲装甲集团军现在唯一要做的事是在非洲某个地方重新建立战线,而且要选择在不太重要的地方。

希特勒还答应隆美尔,他会向北非提供一批新式武器,其中包括具有大杀伤力的 88 毫米高射炮、41 型高射炮以及 10 余辆新式 4 型坦克和虎式坦克。新式 4 型坦克和虎式坦克每辆重达 60 吨，完全可以与美制格兰特式和谢尔曼式坦克相抗衡。

希特勒的许诺让隆美尔着实兴奋了一阵。但他马上就明白过来了，这一切对他来说只不过是望梅止渴而已！这些装备远在德国本土，至少需要几个月的时间才能抵达北非战场，但英军的追兵却近在咫尺，随时有可能彻底歼灭他的非洲装甲集团军。

但随即从法属北非传来的消息让隆美尔彻底失去了抵抗的信心。11 月 8 日，以美军将领艾森豪威尔为总司令的盟军在卡萨布兰卡、阿尔及尔和奥兰成功登陆了。维希法国的部队在进行了一阵象征性的抵抗之后，便缴械投降了。盟军在法属北非的成功登陆让非洲装甲集团军陷入了被东西夹击的危险之中，也使北非的局势空前复杂化了。

隆美尔敏锐地意识到，由于盟军的成功登陆，他的非洲装甲集团军已不可能再在北非建立一个稳固的战线了。他所能做的是，只有尽快撤出非洲，保存有生力量。隆美尔立即发电给德军南线总司令凯塞林和意军总参谋长卡瓦利诺，请他们到北非战场商谈应对之策。不过，凯塞林和卡瓦利诺都没有来。

隆美尔意识到了局势的严重性，他立即派伯尔恩德再次乘飞机到本土去晋见希特勒。隆美尔把自己的新计划写成了一份详细的报告，让伯尔恩德面呈希特勒。他的新计划不是在北非站稳脚跟，而是让装甲集团军撤离非洲，守住欧洲南部的海岸。

很显然，希特勒是不会同意放弃非洲的。与隆美尔不同的是，希特勒要从更大的政治和战略角度来考虑整个战局。如果采取隆美尔的建议，放弃非洲的话，意大利的法西斯独裁政府必将垮台。意大利很可能会因此而倒向盟国。这必将会对德国产生极其严重的影响，甚至可能让整场战争迅速以法西斯的失败而告终。有鉴于此，希特勒于 11 月 10 日迅速组织了一支生力军，将其空投到突尼斯，建立了一个新的桥头堡。这支部队由隆美尔以前的部下尼林将军指挥。

11 月 12 日，伯尔恩德在慕尼黑见到了希特勒。希特勒让他转告隆美尔："你不用再考虑突尼斯。俺作我们要向突尼斯推进。这样一来，你固守昔兰尼加或是从那里撤退都可能得到保障。元首的大本营将借道的黎波里不遗余力地给你提供你所需要的一切物资。"

伯尔恩德临走之前，希特勒还口授道："那里的军事指挥无可非议。我曾劝诫自己，只有在阿拉曼防线的北部地段完全落入敌军手中时，才考虑把装甲集团军撤至富卡防线。"

11月13日，伯尔恩德回到了非洲战场。他如实将希特勒的话转告给了隆美尔。当隆美尔听到希特勒最后那句话之时，心里顿时凉了半截。希特勒把阿拉曼战役失败的原因推到了自己的头上。隆美尔怎么也没有想到，他多年对希特勒忠心耿耿，唯命是从，居然还要替希特勒背黑锅。他愤愤不平地对一名副官说："但愿我是柏林的报社老板，这样的话，我就可以安然入睡，不用承担眼下的责任了。"

隆美尔再也不对希特勒唯命是从了。在希特勒的命令和眼前的现实之间，隆美尔更乐意选择后者。由于严重缺乏作战物资，隆美尔在几天之后命令部队撤到了班加西，接连放弃了哈勒法亚隘口和托布鲁克要塞。隆美尔的撤退引起了意大利人的不安。他们开始担心隆美尔会连布雷加也放弃的。

11月15日，隆美尔在一片混乱之中迎来了自己的51岁生日。驻罗马的德国空军联络官里特·冯·波尔将军来赶到了北非，为隆美尔庆祝生日。波尔带来了凯塞林的祝贺和一块大蛋糕，还有露西的信和他最喜欢吃的巧克力杏仁饼干。

庆祝完生日，波尔将军把意军总参谋长卡瓦利诺的命令交给了隆美尔。卡瓦利诺在命令上说："墨索里尼通知你，意大利庞大的增援部队已飞往突尼斯和的黎波里。他们可能还有一些时候才能赶到前线。轴心国在非洲的命运将取决于你能否守住阿盖拉的新防线。"

阿盖拉防线是布雷加最好的海岸防线。如果这一防线失守的话，整个利比亚都将落入盟军之手。看完卡瓦利诺的命令之后，隆美尔再也控制不住自己的情绪了。他对波尔将军狂吼道："别他妈的用假数字来蒙骗我了！我要的是海运来的汽油。你们空军愿意空运一部分来吗？我倒要看看你们说话算不算数。部队要调动，我必须有175吨汽油才行。你们不能只给我40吨！"

恢复了平静之后，隆美尔向波尔将军解释说，装甲集团军的非洲军连一滴汽油都没有了，坦克也所剩无几。整个非洲装甲集团军每天需要

400吨汽油,但有些时候连一滴也得不到。他鄙夷地说:"你知道吗?他们昨天才运来40吨。"

当晚,希特勒驻罗马的代表林特伦将军用无线电密码通知隆美尔说,装载着500吨汽油的德国商船"汉斯阿尔普"号将于11月17日天亮时抵达班加西港,"阿尔及里诺"、"沙伦"等几艘船只也已从的黎波里出发,"吉奥达尼"号和"西里诺"号各载数千吨汽油分别于17日和18日停泊在的黎波里。

隆美尔轻蔑地瞅了一眼林特伦将军的电报,一句话也没有说。他担心像过去的几个月一样,这些油船根本无法安全抵达港口。果然不出他所料,英军破译了这些密码,并派潜艇于11月17日凌晨击沉了"汉斯阿尔普"号。德国空军第二航空队指挥官瓦尔道在第二天的日记里写道:"全部油船均被击沉。隆美尔将怎样调动部队,就不得而知了。"

油船被击沉之后,隆美尔再一次失望了,他立即命令部队撤离班加西,取道阿杰达比亚向阿盖拉防线撤退。英军的装甲部队在蒙哥马利的命令下快速向西推进,企图截住非洲装甲集团军撤往阿盖拉的退路。不幸的是,滂沱大雨一连下了好几天。洪水淹没了沙漠,英军的许多车辆陷入了到处是水的沼泽之中。隆美尔利用这个天赐良机,获得了两天的喘息时间,顺利地退出了班加西。

就这样,隆美尔靠幸运之神的帮助于11月23日安然地把非洲装甲集团军带到了阿盖拉新防线。至此,隆美尔在没有遭受重大损失的情况下已经从阿拉曼一线后撤了近1500公里。

四

在绝望中萌生投降之念

到达阿盖拉新防线后,隆美尔立即对防线的地形进行了视察。阿盖拉防线长达185公里,比阿拉曼战线还要长几十公里。防线的背后是450公里长的大沙漠,前方是蒙哥马利强大的第八集团军。非洲装甲集团军一没有汽油,二没有机动部队可以抵挡英军的迂回包抄,在如此长的防线上建立稳固的防御几乎是不可能的。因此,隆美尔坚持继续撤退。

此时,德、意两军最高统帅部都已经加强了对北非战场的直接干预,隆美尔的行动受到了很大的限制。意大利最高统帅部强烈要求隆美尔接受意军北非战区最高指挥官巴斯蒂柯元帅的指挥。墨索里尼和希特勒更多地从政治层面来考虑北非的战局,而不是从军事层面来考虑的。他们认为非洲装甲集团军不能再后退了,布雷加港也不能再丢失了。意军最高统帅部想尽了一切理由来说服隆美尔和自己,非洲装甲集团军可以守住阿盖拉防线。

他们的第一个理由是,意大利人正在巩固阿盖拉防御地区,并向那里调遣部队。第二个理由是,虽然他们无力改变非洲装甲集团军油料长期短缺的状况,但英军的给养补充状况也不乐观。英国空军对地中海航线和德、意军队的持续袭击消耗了大量的弹药和油料等物资。英军的陆上补给线也已经长达1500多公里。另外,美、英的援军和作战物资正优先运往在阿尔及利亚和摩洛哥登陆的盟军部队。这些都会给第八集团军前线作战部队的给养补充带来困难。因此,希特勒、墨索里尼、凯塞林和卡瓦利诺等人坚持认为,隆美尔必须而且可以守住阿盖拉防线。

沙漠之狐 ·shamozhihu· 隆美尔 ·longmeier·

隆美尔与一些军官在阿盖拉

隆美尔不同意这些政治家和战略家的意见。在一次军事会议上，他质问南线总司令凯塞林、意军总参谋长卡瓦利诺和意军北非战区最高指挥官巴斯蒂柯说："我军仅有35辆坦克和57门反坦克炮，而蒙哥马利手中却拥有420辆坦克和300辆装甲车。假如敌人在一两天里推进到这条战线，然后以强大的兵力迂回夹击的话，我该怎么办？"

凯塞林等4人无言以对，但他们依然认为必须执行希特勒和墨索里尼的命令，坚守阿盖拉防线。巴斯蒂柯甚至在11月26日给隆美尔发了一封电报，告诉他：墨索里尼希望非洲装甲集团军能向英军的先头部队发动有限的反攻。

隆美尔再也忍受不了了，他将巴斯蒂柯的电报扔在桌子上，摔门而出。两天之后，他带着怒气飞到了东普鲁士的德军大本营。焦头烂额的希特勒一见到隆美尔，便厉声喝问道："没有我的允许，你竟敢擅离职守！"

隆美尔感觉十分委屈。他向希特勒抱怨说，非洲装甲集团军根本无力守住阿盖拉防线。希特勒不耐烦地打断了他："你手头还有多少人？"

隆美尔回答说："大约六七万。"

希特勒瞟了他一眼，又问道："英军进攻时你有多少人？"

隆美尔回答说："82000余人。"

希特勒盯着隆美尔的眼睛，阴阳怪气地说："看起来，你并没有遭到什么损失嘛！"

隆美尔委屈地说："可我们的武器几乎都丧失了。成千上万的士兵甚至连支步枪都没有。非洲已无法固守，我们唯一能做的事就是尽量地撤出非洲。"

希特勒一把抓起桌子上的文件，重重地扔了下去。他已经完全被隆美尔激怒了。隆美尔惊呆了，他还从来没有见过元首如此失态。过了一会，希特勒突然冲着隆美尔咆哮道："假如我们丢掉了北非，意大利就会产生极其严重的反响。放弃的黎波里塔尼亚是绝对提不到议事日程上来的。"

隆美尔隐隐感觉到，希特勒根本不愿意接受目前的实际形势。他肯定知道北非已经守不住了，只是在感情上不能接受罢了。看来，希特勒根本没有把隆美尔和非洲装甲集团军数万官兵的性命放在心上。想到这里，隆美尔的心里凉了半截。

离开德军大本营之前，希特勒命令隆美尔与帝国元帅戈林一同前往罗马会见墨索里尼，商讨应对北非战局的对策。隆美尔奉命与满身珠光宝气的戈林一同晋见了墨索里尼。经过讨价还价，双方终于在12月1日达成了妥协。墨索里尼决定，只有在蒙哥马利即将进攻布雷加的情况下，才允许隆美尔撤到的黎波里以东370公里的布厄艾特一线。

12月2日凌晨，隆美尔飞回了阿盖拉防线。疲惫不堪的隆美尔心情十分抑郁。一方面，他无法接受一路溃败的现实；另一方面，他又期待着蒙哥马利早点发起进攻，好让他可以名正言顺地领着弟兄们撤到布厄艾特防线。回到阿盖拉防线的第四天，隆美尔获悉，蒙哥马利的第八集团军已在班加西集结。隆美尔立即命令步兵先行撤出阿盖拉防线，留下装甲部队殿后。

12月11日夜间，蒙哥马利命令一支强大的装甲部队悄悄向阿盖拉防线的侧翼迂回过去。为了转移隆美尔对这支装甲部队的注意力，蒙哥马利出动了大批空军，夜袭了阿盖拉防线。谨慎的蒙哥马利决定在12月14日发动全面进攻。不过，狡黠的隆美尔还是发现了向防线侧翼迂回的英军装甲部队。12月12日夜间，隆美尔令装甲部队趁着夜色悄悄溜走了。等蒙哥马利向阿盖拉防线发起进攻之时，整个防线上连一名德、意士兵都没有了。蒙哥马利空耗了大量的弹药，却扑了空。

布厄艾特防线和阿盖拉防线一样，根本无法坚守。防线的南部地带很容易被英军的装甲部队突破，从而危及整个防线。更为严重的是，非洲装甲集团军几乎已经陷入了弹尽粮绝的境地。部队的重型装备几乎全部丢失了，一半以上的士兵手中仅持有步枪或机枪，而且子弹也严重不足。考虑到这些因素，隆美尔主张把部队继续撤往利比亚与突尼斯接壤的马里斯防线。

隆美尔的主张立即遭到了罗马方面的坚决反对。墨索里尼亲自给隆美尔发来电报，命令他说："我再次重申，抵抗到底！在布厄艾特防线的德、意装甲集团军的所有部队必须抵抗到底。"

意大利最高统帅部甚至越过了非洲装甲集团军司令部，直接向该集团军所属的意大利步兵部队下达了明确的命令，要求"在隆美尔统帅下的3万意大利步兵"必须抵抗到底。墨索里尼和意大利最高统帅部对战场的干预在一定程度上加深了非洲装甲集团军的危机，也导致隆美尔的悲观情绪更加严重了。

尽管墨索里尼和意大利最高统帅部严令部队坚守布厄艾特一线，但非洲装甲集团军的意大利将领们却一致支持隆美尔的主张。他们认为，在当前的局势下将45000名非机械化的德、意步兵向更远的西部移动尚不算晚。一旦错过了这次机会，整个装甲集团军很可能会陷入英军第八集团军的包围之中，被整个吃掉。隆美尔的一意孤行引起了意大利军政界高层的不安。卡瓦利诺第一次谈到了把隆美尔调回国的设想，让非洲装甲集团军统归一名意大利将军指挥。

面对危局，隆美尔的病情加深了，精神也已经濒于崩溃的边缘了。他甚至悄悄萌生了投降之念。他甚至让露西给他寄一本英文词典，以备不时之需。12月21日，隆美尔在给露西的密信中迫切地敦促她说："你怎么还没有把那部英文词典送来给我？"

幸运的是，罗马方面很快就意识到了形势的严峻性。12月31日，墨索里尼终于向隆美尔妥协了。他在给隆美尔的新命令中说："一旦装甲集团军在布厄艾特受到威胁，并面临毁灭的时刻，允许边打边撤，后退到的黎波里以东的霍姆斯山口。"

隆美尔抓住这一机会，将非摩托化的意大利步兵部队撤到了远在240公里外、离的黎波里较近的霍姆斯防线，只留下机动性较强的机械化部队防守布厄艾特防线。就在这时,隆美尔又获得了一个撤军的大好机会。1943年1月上旬,为了确保性命攸关的突尼斯,卡瓦利诺要求隆美尔向加贝斯隘道派回一个德国师,以消除美军的潜在威胁。得到这个消息,隆美尔十分兴奋,立即应允了。意大利最高统帅部命令他调遣第一六四步兵师前往突尼斯,但隆美尔却擅自决定,将非洲军的第二十一装甲师派到了那里。

如此一来,隆美尔不但名正言顺地将这支主力部队调到了相对安全的地带,也为他在布厄艾特防线的撤退计划创造了条件。第二十一装甲师被调往突尼斯以后,整个布厄艾特防线就只剩下第十五装甲师和意大利人的装甲部队了。很显然,这两支已经遭到重创的装甲部队无论如何也无法抵挡蒙哥马利为进攻布厄艾特防线新调来的450辆坦克。届时,他命令部队向霍姆斯防线撤退就完全符合墨索里尼的命令要求了。

1943年1月15日,蒙哥马利指挥英军第八集团军对布厄艾特防线发动了强大的攻势。隆美尔早有防备,在总攻开始前及时地将部队撤出了阵地。撤退时,他命令第十五装甲师以部分坦克断后。第十五装甲师配合地雷场,成功地拖住了英军第八集团军两天的时间,并击毁了英军50辆坦克。利用这宝贵的时间,隆美尔将机械化部队撤到了霍姆斯防线,与步兵会合了。由于担心英军从侧翼迂回到的黎波里,隆美尔一到霍姆斯防线便命令意大利步兵撤回的黎波里。

霍姆斯是的黎波里前面的最后一道防线了。如果英军攻克这道防线,整个的黎波里塔尼亚都将落入英军之手。蒙哥马利已经看出了这一点,所以在攻克布厄艾特防线后,便命令部队全速推进到了霍姆斯防线的前沿。

五

失去自主指挥权

隆美尔被蒙哥马利的追击弄得喘不过气来。霍姆斯防线并不适合长时间固守，隆美尔的手中也没有固守的兵力。此时，英军第八集团军与非洲装甲集团军的兵力对比已经达到了 8 比 1。英军的后勤补给虽然因为战线过长而产生了一些困难，但其补给仍然远比德、意部队充足。隆美尔本能地意识到，如果按照墨索里尼的命令，固守霍姆斯防线的话，非洲装甲集团军定会被全歼！

1 月 19 日，英军朝霍姆斯防线发起了猛攻。隆美尔驱车来到了意大利第二十一军的阵地，察看战况。英军 150 毫米口径的大炮朝着公路猛轰，200 多辆坦克全速向意军阵地推进。意大利第二十一军的阵地已经开始出现了溃退的迹象。隆美尔立即命令集中所有的反坦克炮向英军的坦克开火。隆美尔用望远镜仔细察看了英军的进攻队形，他发现英军的目的并不是占领意军的阵地，而是牵制意军的兵力。隆美尔立即意识到，蒙哥马利很可能会在其他地段发起更大规模的进攻。

隆美尔的猜测果然没错。下午 2 点，侦察部队向他报告说，一支由 1400 多辆车辆和坦克组成的英军大部队正在横跨防线南部的山脉，向防线的后方推进。两个小时之后，隆美尔无奈地向战线南端的部队下达了收缩兵力的命令。但第九十轻装师的指挥官随即向他报告说："在英军一高级军官身上找到的秘密文件说明，敌人的战略目标是扎维尔。"

扎维尔位于的黎波里外围 55 公里的海岸公路上，英军推进目标比隆美尔意料的还要远一些。隆美尔明白，非洲装甲集团军的大势已去，固守霍姆斯防线的计划已经不可能完成了。德、意部队唯一的生路便是撤往突尼斯休整。隆美尔瞒着希特勒和墨索里尼，命令部队放弃了霍姆斯防线，向突尼斯边境撤去。

凭借着情报工作的优势，蒙哥马利对隆美尔的一举一动都了如指掌。隆美尔决定放弃霍姆斯防线之后，他立即取消了原定的战役计划，决定沿滨海公路向前推进，切断非洲装甲集团军的退路。退守到的黎波里的意大利步兵已经在炸毁港口的各种设施了，为放弃的黎波里做准备。

隆美尔的做法立即遭到了罗马方面和他的意大利上司的指责。巴斯蒂柯在电文中申斥他说："依我看，敌军对你们装甲集团军右翼的迂回所形成的危险并非迫在眉睫。我命令你立即收回撤退的命令。"

1月20日下午，意军总参谋长亲自飞到突尼斯，派人给隆美尔送了一封急件。他告诫隆美尔说："领袖指出，你昨晚下达的再度向西撤退的命令直接违反了他给你的指示。"

隆美尔在回信中反驳道："要么多守住的黎波里几天而失去部队，要么早几天失去的黎波里而保住部队。请你拿主意吧！"

狡猾的卡瓦利诺也知道，要在英军强大的攻势下固守霍姆斯防线是不可能的事情。但他宁愿葬送数万士兵的生命，也不愿违反墨索里尼的命令。不过，他也不愿意承担葬送数万士兵生命的责任。他于1月21日给隆美尔下了一道模棱两可的命令："领袖的指示丝毫不能更改，装甲集团军也不准全军覆灭。但你要尽量争取时间。"

隆美尔轻蔑地把卡瓦利诺的命令丢在了一边，马上命令非摩托化的意大利部队撤出的黎波里，并尽量转移堆在港口的物资。第二天晚上，他干脆把剩余的部队全部撤出了战斗，退到了突尼斯边境。利比亚的首都的黎波里，连同未能及时销毁或运走的成千吨军用物资一起落入了蒙哥马利的手中。的黎波里落入英军之手后，意大利便失去了他们在北非和东非的所有殖民地。半个世纪之前，意大利人以巨大的物资代价获得了这些殖民地，并一直企图恢复罗马帝国时期的疆域。3年前，墨索里尼想趁火打劫，夺取英国在北非的殖民地。没有想到，现在连利比亚都搭了进去。意大利人开始对战争的合理性产生了怀疑，因为战争已经逼近了他们的家门口。墨索里尼政府随即陷入了空前的政治危机之中。

陷入政治危机之中的墨索里尼立时将战败的责任推到了意军总参谋长卡瓦利诺、非洲装甲集团军总司令隆美尔等人的身上。德、意部队在撤出的黎波里之时，隆美尔已经得到了墨索里尼要撤换他的消息。隆美尔对德、意最高统帅部将战败的责任推到他的身上感到十分不满。不过，他依然做好了被解职的准备。他给露西写了一封十分伤感的长信，要露西作好迎接他回家的准备。

1月26日凌晨5点59分，隆美尔的车子冒着倾盆大雨驶过边境进入突尼斯。6小时后，非洲装甲集团军新设在突尼斯的司令部接到了意大利最高统帅部的电报，通知他说，鉴于他的健康状况不佳，等他在马雷特防线巩固了新阵地以后，就解除他的司令官职务。电报上还说，非洲装甲集团军将更名为意大利第一集团军，并由意大利将领乔沃尼·梅塞将军担任司令官。这份电报让隆美尔如释重负，但也激起了他强烈的不满。他认为至少应该由一名德国将军来接替自己，而不应该让意大利人担此重任！

退入突尼斯之后，隆美尔总算保住了非洲装甲集团军几万官兵的性命。不过，无论是在北非战场，还是在苏德战场上，整个战局已经无法扭转了！法西斯的灭亡已成定局，剩下的只不过是时间和方式的问题而已。

在苏德战场上，德军在斯大林格勒战役中损失了约150万人、3500辆坦克和强击火炮、12000门火炮和迫击炮、约3000架飞机及大量的其他技术兵器。德军第六集团军司令保卢斯元帅被俘，第六集团军全军覆没了。在北非战场，盟军在法属北非登陆之后便对德、意部队形成了东西夹击之势。于尔根·阿尼姆大将指挥的第五装甲集团军虽然暂时挡住了艾森豪威尔东进突尼斯的企图，但其兵力和装备根本无法和强大的盟军相提并论。这些都对法西斯德国和意大利产生了极其深远的影响，并彻底动摇了其战争机器。

不过，但就北非战局而言，隆美尔的到来暂时让德、意部队抢占了战略优势。阿尼姆将军的第五装甲集团军下辖2个德国装甲师、1个摩托化步兵师、2个步兵师和3个意大利步兵师。进入突尼斯之后，隆美尔便命令部队进入马特雷防线，向第五装甲集团军靠拢，与其形成了掎角之势。如此一来，隆美尔的非洲装甲集团军和阿尼姆将军的第五装甲集团军就可以相互配合，或左或右地合力反击来犯的英、美部队。

马雷特防线是由法国人建造的。第二次世界大战爆发之后，法国军队为了抵御意大利军队从的黎波里塔尼亚入侵突尼斯，便在突尼斯南部边界修建了这一防线。防线全长35公里，东北紧靠大海，西南毗邻克劳尔山脉。克劳尔山脉高约800米，地面崎岖不平，机械化部队很难从此通过。不过，马特马塔山循西北方向至哈马倒是有一条铁路支线可供装甲部队运输重型装备之用。防线的前面是干枯的齐格扎乌河河床，两岸的岩石经过河水数千年的冲刷已经被削成了峭壁。德军在此修筑了大量的混凝土发射点，以配合峭壁掩护整个防线。

可以说，马雷特防线固若金汤，英军几乎无法从正面突破。要迂回这一阵地，则必须经沙漠深处出击。不过，蒙哥马利想做到这一点已经不像过去那么容易了。隆美尔率非洲装甲集团军一路后退的过程中，已在各个补给港口得到了大量补给。部队的弹药等作战物资已经十分充足了。重型装备也有所恢复，德军中约三分之一的部队配备有坦克，四分之一部队有反坦克炮，六分之一的部队拥有其他火炮。在130多辆坦克中，有半数能够作战。伤病员也已经恢复了健康，部队可以作战的人数已同阿拉曼战役爆发时大体相当了。非洲装甲集团军总计有德军3万名，意军约4.8万名。

可惜的是，隆美尔已经不能像战争初期时一样，自主地指挥部队了。非洲装甲集团军突入马特雷防线之后便改称为意大利第一集团军，并由意大利将领梅塞将军接任集团军司令一职，隆美尔的部下拜尔莱因任参谋长。从理论上讲，意大利第一集团军和第五装甲集团军都应服从意大利最高统帅部的指挥。但实际情况并不是这样，德国的影响在这两个集团军中仍然占主导地位。因为人数占优势的意军战斗力却十分低下，德军是这两个集团军的主要突击力量。

向隆美尔下达撤换命令的是意大利最高统帅部，德军最高统帅部和希特勒本人并没有明确作出决定。所以，当梅塞将军前来接任总司令之职的时候，隆美尔并没有告病回国。他的理由是他必须等德军最高统帅部的命令。狡猾的希特勒为了加强对北非作战部队的影响，同时为了不激怒墨索里尼，他既没有让隆美尔回国，也没有让他不回国，似乎一切都听凭隆美尔自己决定。

隆美尔赖在意大利第一集团军司令部不走的原因是多方面的。希特勒曾建议将第五装甲集团军和意大利一集团军编成一个装甲集团军群，由德军南线总司令凯塞林统一指挥。但意大利人不同意。后来，德意方面经过磋商，内定由阿尼姆大将统一负责这两个集团军，但并没有明确阿尼姆大将的身份。意大利第一集团军和第五装甲集团军的最后指挥权仍在德军南线总司令凯塞林的手中。

阿尼姆大将出身贵族，比隆美尔大3岁，但军衔比隆美尔低。隆美尔对此似乎颇为不满，并将这种不满转嫁到了阿尼姆大将的身上。隆美尔赖着不走可能与这件事情有很大的关系。

此外，隆美尔是一个十分看重荣誉的人。他敏锐地看到了德、意军队在战略上的暂时优势，他想利用这个机会打一个翻身仗。他曾对副官伯尔恩德上尉说："要是我早早确定离职的日子，之后要是事情出了差错的话，人们会谴责我事前没有准备，骂我乘平安无事的时候溜走了。"

不过，现在隆美尔既要受意大利最高统帅部的指挥，又要听命于凯塞林，他对意大利第一集团军的自主指挥权已经被大大削弱了。

· 第十章 ·

转战意大利

一

与阿尼姆之间的分歧

隆美尔虽然被解除了总司令之职,但依然控制着部分指挥权。仔细分析了战局之后,他发现,意军第一集团军所处的位置十分优越。它处于英军第一集团军和第八集团军之间的中心位置,完全可以在一股英军救援另一股之前,攻击其中的一股。位于意军第一集团军正面的英军第八集团军尚未对马雷特防线构成实际的威胁,而位于英军第一集团军右翼的美军部队却在威胁着轴心国部队的交通线。

隆美尔认为,美军虽然装备优良,但初上战场,缺乏实战经验,想要击溃英军第一集团军右翼的美军第二军并不是一件困难的事情。美军第二军的战线长达160多公里,散布在通往海边的3条山地公路上,其先头部队分守在加夫萨、弗德和丰杜克附近的山口。这些山口通道非常狭窄,易守难攻。美军将领以为德、意部队冲不过来,戒备十分松散。隆美尔决心利用美军第二军的防御的弱点,先将其击溃,而后再腾出双手对付蒙哥马利的第八集团军。

不过,想要实施这一计划必须得到阿尼姆的协助。一方面,他的装甲集团军距离美军第二军的距离很远,他无法实现战役的突然性;另一方面,他从马雷特防线能够抽出的机动部队也十分有限。不过,在此之前已经调拨给阿尼姆指挥的第二十一装甲师正好位于隆美尔打算出击的地点。

恰在此时,第二十一装甲师出其不意地击溃了驻守在弗德山口的一支归美军第二军指挥的法军小部队。隆美尔意识到冲过山口打击美国人的机会来了。1943年2月4日,他在日记中写道:"最近,有对加夫萨采取一次军事行动的可能。"

加夫萨的战略地位十分重要,对德、意部队交通线的威胁也最大。

所以，隆美尔主张从弗德山口出击，先端掉美军在加夫萨的据点。然则，阿尼姆却计划向北发动主攻，占领锡迪布齐德，以便巩固第五装甲集团军东面的山岳阵地。两人因此发生了激烈的争吵，不欢而散。最后，隆美尔把自己的计划直接提交给了新任意军总参谋长安布罗西奥将军和德军南线总司令凯塞林元帅。安布罗西奥和凯塞林之间的关系也不融洽，两人正在争夺轴心国部队的领导权。

2月9日，凯塞林、隆美尔、阿尼姆和梅塞就作战计划进行协商。阿尼姆提议，12日由他向锡迪布齐德发动进攻。隆美尔反驳道："我两天之后就能进攻加夫萨，敌人还来不及逃去。关键的问题不是我们获得什么地盘，而是重创敌军。"

隆美尔这位没有官职，但却控制着部队指挥权的元帅受到了冷落。凯塞林决定优先执行阿尼姆的计划，调集德军第十装甲师、第二十一装甲师和一个意大利师，向南发动主攻。隆美尔则从非洲军中抽调部分兵力组成先遣队，与一个意大利装甲师一起向加夫萨方向发动助攻，以配合阿尼姆的作战行动。

对此，隆美尔十分不满，但却又无可奈何。2月11日，突尼斯普降大雨。阿尼姆对锡迪布齐德的进攻计划被迫推迟了两天。2月14日早晨6点，这场代号为"春风"的行动终于开始了。在战斗中，初上战场的美军被德军打得晕头转向，丢盔弃甲。德军击毁、缴获了美军98辆巨型坦克、116辆半履带车和55门大炮，成功地推进到了锡迪布齐德。

在第五装甲集团军进攻锡迪布齐德之时，隆美尔来到了突尼斯南部的马雷特防线。因为整个作战行动跟他关系不大，他也懒得关心。2月15日下午，隆美尔正在马雷特防线视察，通讯兵向他报告说，美军已经主动撤出了加夫萨。隆美尔如释重负，他原打算进攻加夫萨的计划便被取消了。

2月16日上午7点30分，隆美尔亲自来到了加夫萨山口。他仔细勘察了加夫萨附近的地形，又聚精会神地研究了作战地图。一个大胆的计划在他的脑海中慢慢成形了。如果他和阿尼姆将军一起齐心协力地追击敌军，穿过西部山脉，乘胜攻占那些隘口，便可以不费吹灰之力地插入到英军第一集团军的背后，从而把战术性胜利发展为战略性的胜利。

隆美尔建议阿尼姆命令第十装甲师和第二十一装甲师继续向西挺进，

于当天夜里攻占斯贝特拉。阿尼姆并没有隆美尔一般的气魄，他对隆美尔的建议有些犹豫不决。隆美尔无奈地叹了口气。回到营地之后，隆美尔又给阿尼姆打了一个电话。电话是阿尼姆的参谋人员接的。参谋人员在电话中说，他们现在已决定向斯贝特拉展开攻势了。

隆美尔闻言大喜，立即命令非洲军先遣队从加夫萨向下一个村落富里亚奈推进。隆美尔打算让他的先遣队穿过特勒普特到达卡塞林，在那里与自斯贝特拉开来的第十和第二十一装甲师会合。2月17日下午4点，非洲军先遣队攻占了到卡塞林沿途的几个美军据点。但就在这时，隆美尔获得消息，阿尼姆已经把第十和第二十一装甲师调走了，远远地离开了非洲军先遣队。

隆美尔破口大骂阿尼姆，并立即向凯塞林作了汇报。不巧的是，凯塞林刚好在柏林向希特勒汇报工作。这在一定程度上延缓了决策的过程。2月18日下午，凯塞林飞到了罗马。他同意隆美尔向西边的特贝萨进军的计划，并命令阿尼姆将第十和第二十一装甲师交由隆美尔暂时指挥。

隆美尔顿时心花怒放。如此一来，他便可以按照自己的计划，指挥非洲军先遣队、第十和第二十一装甲师3支装甲部队插入到盟军防线的后方了。但阿尼姆并不肯俯首听命，声称他在几天内准备进攻突尼斯的西面。他还认为隆美尔应向接近其北面的战线运动，对勒凯夫发动进攻。阿尼姆绕过凯塞林，直接把自己的计划通过电报告诉了罗马方面。罗马方面同意了阿尼姆的计划，坚持认为隆美尔应向勒凯夫推进。德军南线总司令凯塞林与意军总参谋长安布罗西奥发生了激烈的争吵。

晚上，凯塞林与安布罗西奥终于达成了一份妥协协议，指派隆美尔指挥第十、第二十一装甲师和非洲军先遣队，但他必须首先进攻勒凯夫。接到这份命令，隆美尔不由得火冒三丈。在他看来，这简直是"骇人听闻、难以置信的目光短浅的计划"。继续向北进攻的话，德军攻击部队就离盟军战线近得不能再近了，很可能会遇到强大的反攻。

在隆美尔率部向勒凯夫推进之时，盟军副总司令亚历山大也在紧锣密鼓地部署兵力。他认为隆美尔是一个缺乏战略眼光的将领，宁肯取得一次"战术上的胜利"，也不愿去追求一个看起来并不直接的战略目标。根据这个错误的估计，亚历山大命令英军第一集团军集中所有的装甲部队保卫勒凯夫南面的塔莱，而将受到第五装甲集团军重创的美军第二军下辖的第一装甲师防守特贝萨。

2月19日凌晨2点30分,隆美尔向各部队下达了作战命令。在富里亚奈,一支意大利装甲突击队试探性地沿通往特贝萨的大路前进;另一支突击队将强行闯过卡塞林隘口;第二十一装甲师将向北挺进,从斯贝特拉到达勒凯夫。第十装甲师尚未赶到前线,暂时留作预备队。隆美尔的计划是,哪支部队进展最快,他就到那支突击队去直接指挥,并把第十装甲师也投入到该方向上。

二

非洲装甲集团军群司令

第二十一装甲师向勒凯夫的进攻遭到了英军第一集团军装甲部队的顽强抵抗,在一个地雷带前面停了下来。向卡塞林隘口冲击的德军突击队也与美军的一支小部队遭遇了。不过,经过顽强的战斗,德军突击队在傍晚时分成功地渗入了几个据点。

2月19日深夜,隆美尔决定集中兵力强攻守军力量相对薄弱的卡塞林隘口。下定决心之后,隆美尔钻进了指挥车,命令司机向斯贝特拉附近驶去。第十装甲师正在斯贝特拉附近的一座古罗马村落的废墟里休息。找到第十装甲师,隆美尔才发现,狡猾的阿尼姆并没有将第十装甲师全部派来。他几乎保留了该师半数的兵力及其所属的一个虎式坦克营。

次日一早,隆美尔便驱车回到了卡塞林。他命令司机带他到隘口的入口处去。在入口处,隆美尔钻出了汽车,仰视着前面依稀可见的高山叠嶂。突击队的进攻已经进行了24个小时了,但始终没能攻下来。他盼望着装备精良的第十装甲师可以一举攻下这道隘口。

上午10点,弗里茨·冯·布诺奇将军指挥的第十装甲师终于赶到了。隆美尔命令布诺奇将军集中所有的炮火,猛轰隘口。德军第十装甲师配置的奈比尔威费火箭炮发挥了巨大的作用。这种6管火箭炮可以把近40千克的火箭弹射向7公里以外的目标,杀伤力巨大。守在隘口的美军小分队终于坚持不住,扔下隘口,开始撤退了。

正当第十装甲师向冲上去占领隘口之时,一支由戈尔中校指挥的英军先遣队赶到了。这支英军先遣队下辖一个坦克连、一个步兵连和一个野战炮兵连。虽然这支英军先遣队没能守住卡塞林隘口,但却反攻拖住了第十装甲师几个小时。

2月21日一早,隆美尔驱车进入卡塞林隘口的狭窄地段视察大厮杀后的战场。战场上一片狼藉，双方士兵的尸体横七竖八地躺了一地，医护人员正在寻找幸存者。不远处，有几个人正在为阵亡者挖掘坟墓；附近的一些阿拉伯人四处游荡，寻找战利品；在更远的地方，十几辆拉着美军俘虏的半履带式车辆正在缓缓向前开去。

隆美尔的皮大衣上粘满了泥土，浑身也都湿透了，但他觉得十分快活。对他来说，再也没有比打胜仗更能令人开心的事情。为了防止盟军组织兵力反攻，隆美尔令部队在卡塞林隘口暂时停下来，固守原地。

等待了一天，隆美尔发现盟军并没有发起反攻的迹象，便命令第十装甲师通过卡塞林隘口，冲上了通往塔莱的公路。防守公路的一个英军加强旅抵挡不住，边打边撤。随后，布诺奇将军让一辆俘获的英制瓦伦丁坦克打头阵，向塔莱推进。英军误将第十装甲师的先头部队当成了掉了队的英军，将其放进了阵地。进入阵地之后，第十装甲师的先头部队率先开火，主力部队随后发起了冲锋。刚刚退入塔莱阵地的英军加强旅顿时乱了阵脚，损失惨重。英军急忙调整了部署，奋力抵抗。3小时后，他们终于挡住了德军的攻势。

德军第十师师长布诺奇将军命令部队暂时停止了攻势，等待隆美尔的下一步命令。他没有想到，防守塔莱的英军已经摇摇欲坠了，只要他再发起一次冲锋，英军可能就会土崩瓦解了。当时美国人正在考虑继续撤退，英军的陆军指挥官事先也下令，倘有必要，可以放弃塔莱。然而，由于德军没有拿下塔莱，盟军的增援部队开始一步步地移回到塔莱，英军指挥官恢复了信心。英军指挥官通过无线电向所有部队下令："不准以任何借口向后撤退一步。"

2月22日，隆美尔赶到了塔莱前线。他惊奇地发现，第十装甲师没有攻下塔莱。随后，情报部门向他报告，英军指挥官已经向部队下达了"不准撤退"的命令。随着盟军增援部队的陆续开到，第十装甲师的侧翼处境越来越危险，进一步穿过塔莱的希望已十分渺茫。隆美尔开始考虑撤军的事情了。

当晚，凯塞林和他的新任参谋长威斯特法尔来到了前线。隆美尔颓丧地坐在指挥车里，向他们分析了当前的战局。最后，隆美尔无奈地说："继续反攻再不会有什么好处，只有取消这次进攻。"

隆美尔把失败的原因归咎于阿尼姆违抗军令，没有派给他虎式坦克和步兵营，并含糊其词地指责意大利最高统帅部只知道对他的宏大计划大泼冷水。德军南线总司令凯塞林对此表示异议，但已无法阻止隆美尔的决定了。就这样，第十装甲师和其他几支部队开始向后撤退了。

凯塞林的这次来访还给隆美尔带来了一个振奋人心的消息，他准备提名隆美尔为非洲装甲集团军群司令。对此，隆美尔的心里可谓五味杂陈。早在一星期前，罗马方面就已建议隆美尔应在 2 月 22 日前离开非洲。因为在这一天，一个领导第五装甲集团军和意大利第一集团军的集团军群司令部要成立了。罗马方面有意让阿尼姆担任集团军群司令。

不过，凯塞林和希特勒对此都持有异议。他们认为，隆美尔的指挥才能远在阿尼姆将军之上。要想确保突尼斯桥头堡，任命隆美尔为非洲装甲集团军群司令更为合适。凯塞林试探性地问隆美尔对此有何意见。

隆美尔端着架子回答说："考虑到意大利最高统帅部的态度，以及阿尼姆事先已被提名担任此项职务的事实，我无意担任集团军群司令。"

凯塞林狡黠地一笑，心里已经做出了决定。在卡塞林山口一役中，隆美尔的指挥才能再次体现了出来。他的进攻使美军遭受了极为严重的损失。美军第二军 3 万人中有 3000 人阵亡，4000 人被俘，260 辆坦克被毁或被缴获。艾森豪威尔被迫撤换了第二军的指挥官，任命乔治·巴顿将军为第二军军长。

2 月 23 日下午 4 点，隆美尔离开了卡塞林隘口，回到了在斯贝特拉新设的司令部。刚到司令部，他便接到了一份来自罗马的电报。电报明确指出，任命隆美尔为非洲装甲集团军群司令，统一指挥在突尼斯的所有部队。

隆美尔轻蔑地笑了起来，顺手将电报扔在了办公桌上。很显然，罗马方面对希特勒和凯塞林做出了妥协。不过，罗马方面并不甘心，在此后的日子里，他们经常绕过隆美尔，直接与第五装甲集团军司令阿尼姆和意大利第一集团军司令梅塞将军联系。甚至连推荐隆美尔担任集团军群司令的凯塞林也是这样。隆美尔对这种混乱不堪的指挥体制颇为头痛。

2 月下旬，阿尼姆越过隆美尔，直接与凯塞林商议，制定了一项代号为"傻瓜"作战行动。根据这一计划，第五装甲集团军将向北部海岸的英军据点发动进攻，打击英国第五军。然则，隆美尔却希望集中优势兵力，先行进攻南面的英军第八集团军。

等到隆美尔知道"傻瓜"行动计划时，他已经无力改变什么了。凯塞林的参谋长的威斯特法尔亲自将"傻瓜"作战计划送到了隆美尔的司令部。隆美尔无奈地叹了口气，他批准了这一计划！

不过，他在内心里始终认为"傻瓜"行动毫无价值可言，只能延缓甚至危害他对英军第八集团军即将发起的反攻。不出隆美尔所料，从2月26日开始实施的"傻瓜"作战计划最终虽俘虏了2500名盟军，但却有71辆坦克被击毁或报废，伤亡也达到了1000多人。这种消耗战对兵力和装备都十分紧张的非洲装甲集团军群来说是十分可怕的。

三

匆匆离开突尼斯战场

"傻瓜"行动失败之后，隆美尔立即开始制定进攻英军第八集团军的作战计划了。他绞尽脑汁，提出了一个大胆的作战计划。这一计划一改他过去惯用的从一侧迂回弯击的战术，决定从两面夹击英军第八集团军的主阵地梅德宁。他计划以第十和第二十一装甲师两个师的兵力从海岸附近的北线出击；第十五装甲师和第一六四轻装师一部从南线穿插出山。

意大利第一集团军司令梅塞将军不同意隆美尔的计划。部队从北线出击势必要事先炸掉他们自己埋设的雷场。如此一来，蒙哥马利肯定会有所准备，从而使战役失去突然性。隆美尔与梅塞争论了很久才达成了妥协意见，拟定了代号为"卡普里"的作战计划。根据这个计划，德军的3个装甲师和半个轻装师将兵分三路，从南线出击梅德宁。不过，德军的这3个装甲师和半个轻装师的兵力十分有限，仅有160辆坦克，比一个满员装甲师本应拥有的还要少一些！另外，此次进攻行动只能得到200门大炮和10000名步兵的支持。

蒙哥马利早已猜到隆美尔会在"傻瓜"行动失败后转过身来向他发起攻击。3月初，英军的情报部门破译了隆美尔与罗马、柏林方面往来的电报，蒙哥马利完全掌握了德军这次进攻的方向和确切时间。他立即集结了近4个师的兵力、400辆坦克、350门大炮和470门反坦克炮于梅德宁附近，建立了一道严密的防线。野心勃勃的蒙哥马利决心使这个战役成为"另一个阿拉姆哈勒法战役，一场有助于此后发动攻势的防御战"。

3月5日，隆美尔向德军指挥官们做了战前动员。下午2点，他乘车前往713高地。从这个制高点上可以清楚地看到20公里范围内战斗情况。当晚，隆美尔一夜未睡，他在思考着可能出现的任何变故。3月6日凌晨，他向各部队下达了进攻的命令。几分钟后，前方响起了炮弹爆炸的声音。晨雾浓重，隆美尔站在高地上只能看到令人眼花缭乱的炮火，却看不到装甲师开进的情况。

上午8点，浓雾终于散去了。隆美尔看到他的装甲师已推进到了离梅德宁约15公里的一座山脊。就在他兴奋之时，群炮齐鸣，他的装甲部队顿时陷入了混乱之中。蒙哥马利事先部署的近500门反坦克炮同时向他的装甲部队猛轰。隆美尔的心头一阵紧缩，缓缓地放下了望远镜。

中午时分，非洲军新任军长汉斯·克拉默将军前来向隆美尔报告说："这次进攻显然正中敌人下怀！地上遍布地雷，而在西南方的正面也有一道火炮防御屏障。"

隆美尔意识到，蒙哥马利很可能已经知道了他的整个战役计划。英军俘虏和侦察营缴获的文件证实了他的推测，蒙哥马利对"卡普里"计划的每一个细节了如指掌。在隆美尔看来，这又是意大利高级官员出卖了情报。下午5点，隆美尔无可奈何地取消了"卡普里"计划。经此一战，他的160辆坦克损失了50辆，但却没有取得任何战果。

隆美尔意识到，在英军第一集团军与第八集团军会合之前，无论兵力还是装备都处于劣势的轴心国部队已经无法消灭其中任何一支了。他联合凯塞林、阿尼姆、梅塞等人向希特勒和墨索里尼提交了一份轴心国与盟国的兵力对比报告。

在报告中，隆美尔着重指出，轴心国部队共34.6万人，其中只有12万作战部队，正防守着一条长达740公里的战线。盟军的人力比轴心国部队强两倍，坦克等重型装备则比他们强6倍。因此，他主张将战线缩短到只掩护突尼斯到比塞大长仅170公里的弧形线，并强调说要确保这条弧形线，每月的补给必须从2月的4万吨增加到14万吨。隆美尔的这份报告并不准确，盟军作战部队在人力上比他们强4倍多，坦克等重型装备更是强9倍多。不过，希特勒并不这样认为，他认为盟军的实力远没有这么强大。

隆美尔已经有些心灰意冷了。部队撤退后，他并没有回到司令部，而是继续呆在713高地上发呆。长期超负荷的工作让他本来就很虚弱的身体更加虚弱了。他感觉自己的身体随时会垮掉，唯一能够支撑他工作下去只有胜利的希望。现在,胜利已经无望了。他突然感到前所未有的疲倦!

3月7日早晨,一名通讯兵驱车爬上了713高地。通讯兵向隆美尔行了一个纳粹军礼,报告说:"元帅阁下,元首的电报。"

隆美尔举起手中的元帅权杖,回了一个军礼,伸手接过电报。只扫了一眼,他的脸就唰地变得煞白,沁出了豆大的汗珠。他惊恐万状地钻进了车子,向司令部赶去。在返回的途中,隆美尔无限惆怅地向副官透露说:"我决定马上回国接受治疗,一刻也不再耽误了。"

副官猜想,希特勒肯定拒绝了隆美尔的建议,才让他如此绝望!副官的猜测没错,希特勒在电报中严厉申斥了隆美尔,并严令他守住整个突尼斯。隆美尔知道,他无论如何也无法完成这项任务。

回到司令部,隆美尔立即宣布,他将回国疗养。当天下午,他向他的将军们一一告别。可接替隆美尔任非洲集团军群司令的阿尼姆此时并不在司令部,他瞒着隆美尔飞到了罗马,跟凯塞林商议北非的战局去了。阿尼姆赶回来后,恳求隆美尔利用他的影响力来挽救两个装甲集团军的命运。他说:"我们经受不起第二个斯大林格勒式的打击。还要等些时候意大利海军才能把我们救出此地。"

隆美尔举起元帅权杖,对阿尼姆保证说:"我将竭尽全力做到这一点。如果最坏的情况发生,我会回来的。"

3月9日上午,隆美尔登上飞机前往罗马。与墨索里尼匆匆见了一面之后,他便飞到了苏联,去希特勒位于乌克兰腹地的秘密司令部晋见元首。次日下午3点15分,隆美尔乘坐的飞机在卡利诺夫卡机场降落了。一名中校军官亲自驱车将他接到了希特勒的秘密司令部。当时,希特勒并不在司令部,隆美尔安静而又忐忑不安地等待着他的到来。

下午6点,希特勒回到了司令部。看着面前形容枯槁、一副病态的元首,隆美尔立即明白了,被苏德战局搞得心烦意乱的希特勒已经无心考虑北非的局势了。但无论如何,他都要向希特勒历陈北非的危局,促使他改变想法,允许非洲装甲集团军群收缩战线。可以说,这是他能为阿尼姆将军和数十万官兵做的最起码的一件事情。但是希特勒不肯同意。

3月11日,隆美尔正在房间里休息,一名中校来通知他说,希特勒要见他。出乎意料的是,希特勒授予了一颗佩戴在骑士十字勋章上的钻石。隆美尔受宠若惊，要知道，他是第一个荣获钻石的德国陆军军官。

晚间11点后，希特勒召开会一次联席军事会议。在会上，隆美尔依然坚持收缩轴心国军队在北非的防线。希特勒动摇了，他决定仔细考虑一下隆美尔的建议。当晚，希特勒失眠了，隆美尔也失眠了。希特勒在想，到底应不应该在北非收缩战线呢！隆美尔则在想，元首到底会不会同意自己的建议呢！

3月12日中午，希特勒派人把隆美尔叫到了秘密司令部。他同意了隆美尔收缩防线的建议，声音低沉地说："把第一装甲集团军的步兵调到收缩的防线上。要用更多的部队守住马雷特防线，如果该防线有被突破的危险，可以放弃。"

如此一来，轴心国在北非的防线就缩短了近300公里。希特勒接着宣布，海军总司令邓尼茨将亲自飞往罗马向墨索里尼施加压力，让他加速向突尼斯运输给养，至少得保证每月送去15万吨物资。

隆美尔心满意足地笑了，他总算为非洲装甲集团军群数十万官兵做了点事情。45分钟后，隆美尔向希特勒告辞，向维也纳飞去，露西正在那儿等着他呢！与此同时，一封电报送到了凯塞林手中："元首批准了隆美尔陆军元帅的病假……此事务必绝对保密。"

四

担任 B 集团军群司令

在维也纳休养期间，隆美尔并没有完全将突尼斯的战事放在脑后。他一边养病，一边整理战争日记。露西担任打字工作，14 岁的曼弗雷德则用铅笔在作战地图上绘出轮廓线。每当动笔之时，他的眼前便会出现非洲战场上那一幕幕惊心动魄的场面。尽管他知道，德、意军队在北非的失败已经无可避免了，但他依然惦念着非洲装甲集团军群。

缺乏战略眼光的隆美尔不知道，希特勒早已把突尼斯丢在了脑后。对他来说，北非从来不是主要战场，他更加关心的是德军在苏德战场上的胜负。德、意部队在突尼斯渐现颓势之后，狡猾的希特勒便开始筹划突尼斯丢失后德国在南欧的战略计划了。5 月初，希特勒多次召见隆美尔。他们所谈论的问题始终围绕一个中心，那就是盟军如果攻入意大利的话，德国应该采取怎样的措施。

5 月 13 日，突尼斯的德、意部队在盟军的夹击下被彻底击溃了，25 万人被俘，其中德军占半数。德军最高统帅部立即将矛头对准备了意大利人、德国空军总司令戈林和南线总司令凯塞林。由于隆美尔当时并不在突尼斯，他侥幸躲过了人们的指责。甚至有部分德国人想当然地认为，如果隆美尔在北非的话，德、意军队肯定不会遭此灭顶之灾。

不管人们如何评价，隆美尔十分清楚，避免德、意军队的彻底覆亡的唯一出路就是将其撤到南欧。但希特勒和墨索里尼是不会允许他们这样做的。所以，在突尼斯的德、意军队彻底覆亡是必然的。无论如何，隆美尔见他为之全力奋战的北非战局最后竟以彻底失败而告终，仍然坐立不安，痛心疾首。

5 月 15 日，希特勒在作战会议结束时发表了两小时的秘密讲话，分析了盟军可能采取的行动。他无奈地说："在意大利，我们唯一能依靠的就是领袖本人。越来越令人担心的是他可能被赶下台，或者被迫采取中立态度。皇室和军官团所有的领导成员，教士、犹太人以及广大的市民阶层不是对我们怀有敌意，就是和我们背道而驰……"

说着，希特勒的表情黯淡了下去。最后，他表示，如果盟军一旦开始进攻意大利，不管意大利政府是否愿意，他都要从东线抽调8个装甲师和4个步兵师赶赴意大利。与英军作战经验丰富的隆美尔无疑是这支部队最合适的指挥官。

5月17日，希特勒命令隆美尔组建一个新的集团军群司令部，随时准备赶赴意大利。隆美尔十分满意这份工作。他从骨子里看不起意大利人，一直认为是意大利人向英国人出卖了情报，才使他在北非战场接连败北的。如今有机会率部武装入侵意大利，他怎能不高兴呢！

5月下旬，隆美尔悄悄组建了一整套参谋班子，阿尔弗雷德·高斯再次成为了他的参谋长。隆美尔和高斯仔细研究了意大利的地形特点。他认为，德军必须首先坚守意大利和德国之间的各山口。意大利人在这里构筑了大量的地堡，在公路和铁路关卡安装了许多爆破装置。如果意大利人把守这些山口，在西西里岛与意军并肩作战的德军便很难经由意大利退入德国了。在接下来的一个月中，隆美尔都在研究作战方案。

7月1日，希特勒飞回东普鲁士的德军大本营，隆美尔也随即飞到了那里。当天晚上，希特勒向德军陆军元帅和将军们发表了一通演说，企图煽动他们的作战热情，扭转对德军越来越不利的战局。他的野心很快就遭到了打击。德军正在进行的围攻库尔斯克的"台风"行动陷入了僵局，美、英盟军也于7月10日在意大利的西西里岛登陆了。隆美尔竭力催促希特勒下令立即派兵进驻意大利。可希特勒仍在犹豫之中。

7月15日，德军最高统帅部作战部长约德尔向希特勒建议，取缔意大利最高统帅部，逮捕所有对德敌视的显要人物，并派兵坚守意大利南部。在约德尔催促下，希特勒终于任命隆美尔为新建的B集团军群司令，负责在意大利中部组织抵抗。不过，他不愿意约德尔对意大利显贵采取激进措施。希特勒认为，单靠德军的防守，很难保住意大利北部，更不要说南部地区了。因此，希特勒竭力避免与意大利方面产生摩擦，以防让意大利人得到一个背弃法西斯联盟的借口。

为了尽量避免与意大利分道扬镳，希特勒在随后的几天里与墨索里尼举行了秘密会谈。墨索里尼向他保证，意大利将动用一切手段守住西西里岛。德国空军也建议希特勒暂时对意大利采取温和的政策，以防德军在地中海战区陷入孤军作战的境地。希特勒动摇了。他给隆美尔下了一道新命令，让他就近在奥地利的一座城堡设立司令部，归他指挥的B集团军群则调防希腊北部的萨洛尼卡，执行阻止盟军即将在希腊或克里特岛登陆的计划。

隆美尔马上明白了是怎么回事。他在日记中写道："我暂时成了希腊的最高指挥官，同时还管辖那一地区的全部岛屿，以便今后能再杀回意大利。"

7月23日，隆美尔和希特勒经过长时间的、深入的密谈后，悒然离开了东普鲁士，飞往萨洛尼卡。两天之后，他来到了萨洛尼卡，和参谋长高斯在地中海宾馆见面了。可在他的飞机着陆仅仅12小时后，德军副总参谋长瓦利蒙特便从东普鲁士打来了电话，高声对他说："墨索里尼已被人抓起来了！你必须立即赶回元首大本营。谁也不清楚意大利究竟发生了什么事。"

原来，西西里岛首府巴勒莫已经于7月22日被盟军攻克了。这一消息传到罗马之后，疯狂的墨索里尼走到了穷途末路。为了扭转局势，他决定动员100万人，强迫14岁到70岁的男子参加军队，14岁到60岁的妇女为国家服役。但人民厌倦了，军队士气涣散，反战情绪普遍增长。意大利国内掀起了一股反对墨索里尼的运动，人们纷纷要求墨索里尼下台。

7月24日下午5点，意大利法西斯最高委员会开会。这是一次与墨索里尼摊牌的会议。该党的元老、前外交部长和驻英大使迪诺·格兰迪提出了一项决议案，内容包括要恢复宪制，国王应掌握更大的权力，指挥军队；墨索里尼只是党的领袖，不应再主持国务等。25日凌晨2点30分，最高委员会以19票赞成，8票反对，1票弃权的结果通过了这项决议。墨索里尼愤怒地说："你们挑起了政权的危机。简直糟糕透了！"

让墨索里尼没有想到的是，这场会议结束了他在意大利长达21年的独裁统治。当天下午5点，意大利国王埃曼努尔在萨沃伊宫接见了墨索里尼，宣布废黜他的一切军政职务，由巴多格利奥组织新政府。随后，墨索里尼被强行送上了一辆早已等在王宫门前的救护车。这个统治了意大利长达 21 年的独裁者被秘密押往附近的一所警察局监禁了起来。

得到这个消息之后，希特勒立即陷入了极度的恐慌之中。一方面，他对墨索里尼遭到这种待遇非常恼怒；另一方面，他也不相信意大利国王和巴多格利奥会继续忠于法西斯联盟。他要把推翻墨索里尼的那些人都抓起来，帮助墨索里尼复辟，将意大利继续绑在他的战车上。

7 月 26 日上午 7 点，隆美尔在萨洛尼卡登上了飞往东普鲁士的飞机。当天中午，他便来到了德军大本营。隆美尔很快猜到了希特勒把他召回国的目的。现在，意大利近 2000 公里长的狭长国土已经把德国在西西里作战的 7 万精锐部队与德国本土的基地分割开来了。如果意大利新政府倒向盟国，不但德国南部会受到极大的威胁，西西里岛上的 7 万德军也将全军覆没。然而，一切情报都表明，意大利新政府倒向盟国的可能性很大。

希特勒坐不住了，他立即召开了一次紧急军事会议，下令德军占领德、意边境和意、法边境的阿尔卑斯山的所有山口。为了这个目的，他打算让隆美尔飞往意大利，迅速从法国和德国南部集结 8 个师的兵力，组建新的 B 集团军群，奔赴阿尔卑斯山。

隆美尔等德军高级军官主张暂时不要对意大利采取行动，一切等局势明朗之后再说。希特勒接受了他们的建议，令总参谋部制定并完善了代号为"轴心计划"的作战方案。整个方案的宗旨是占领意大利全部领土和掳获或破坏意大利舰队。

五
率部侵入意大利境内

1943年7月28日,隆美尔悄悄离开了东普鲁士,飞往他即将建立集团军群司令部的慕尼黑。为避免激怒意大利人,隆美尔和他参谋长高斯并没有公开露面。他的集团军群司令部也挂着"最高统帅部慕尼黑复兴部队"的招牌。

墨索里尼政府垮台之后,巴多格里奥政府便开始与盟国秘密接触了。不过,由于在停战条件上分歧,巴多格里奥未能与盟国达成协议。英国首相丘吉尔在议会上愤怒地宣布说:"意大利人是在自作自受。"

得到这一信息之后,希特勒的心里踏实多了。这至少说明意大利的新政府暂时还不会倒向盟国。隆美尔也利用这难得的机会,从容地把部队逐步渗入到了意大利北部。隆美尔的意图很简单,他想在热那亚到里米尼一线占领一条战线,逐步把德军散布到意大利全境。他打算先在西西里打一场持久的防御战,为德军部署防御力量争取时间。然后,命令部队沿意大利的"靴形"地势撤退北上,最后在意大利中部的亚平宁山脉组织防御。

不过,隆美尔的计划还没有来得及实施,希特勒就命令他向意大利进军了。国际形势变化得太快,希特勒在前一天还对意大利信心满满,但次日就得到了巴多格里奥与盟军的谈判取得了进展的消息。于是,希特勒便于7月29日命令隆美尔翌日开始执行实施入侵意大利的"轴心计划"。

隆美尔立即命令第二十六装甲师为先头部队,向罗马城北的意军阵地推进。隆美尔对突击营的指挥官简明扼要地交待说:"你们对意大利人要采取友好和睦的态度,尽量避免摩擦。对他们说,我们没有敌意,俄国的大战已经结束,红军已遭到重大损失。由于西西里的形势需要,你们必须尽快赶往那里。"

那名营级指挥官问："他们要是抵抗呢？"

隆美尔回答说："那就谈判！如果他们向你们进攻，你们就还击。切勿使用意大利人的电话线。要拆除桥梁和栈道的爆炸雷管，因为部队前进时产生的震动会引爆这些烈性炸药。与后续部队保持紧密的联系，使意大利人无法将插进你们的队形。"

部队沿着奥地利和意大利边境的勃伦纳山口向罗马进发了。尖兵组荷枪实弹地走在部队的最前头，在他们的身后是大量的虎式坦克。驻意大利北部重要城市波尔萨诺的意军第三十五军军长格罗里亚发现了德军的行动，连忙向罗马方面请示："是否允许德军通行？"

德军入侵意大利的消息传到罗马，巴多格里奥立即陷入了恐慌之中。等到他把事情搞清楚之时，德军的装甲部队已经占领了勃伦纳山口一线，意军要想抵抗已来不及了。意军大部分部队都驻守在国外，在国内的只有18个装备和机动性很差的步兵师及一些海岸防御兵团。这些部队还被分成3个集群，分别配置在波河河谷、罗马地区和意大利南部。由于交通线严重受损，要想在短时间内集结这些部队去对付边境的德军几乎是不可能的事情。

7月31日凌晨1点，第二十六装甲师开进了波尔萨诺。格罗里亚将军的态度不那么热情。悄悄进入波尔萨诺的隆美尔也隐隐感到了这一点，他在日记中写道："我们必须随时提高警惕，以防意大利人翻云覆雨。"

8月1日，B集团军群编制内的第四十四步兵师也开始越过边界，向意大利的波尔萨诺推进了。意军第三十五军军长格罗里亚激烈反对隆美尔的这一行动。隆美尔则下令说："任何对德军行动的抵抗都可以用武力粉碎；意大利军官，特别是军一级的指挥官和他们的参谋们均应加以逮捕。"

8月3日，党卫军的精锐部队"希特勒师"也越过了勃伦纳山口，向意大利推进。隆美尔兴奋地在日记中写道："尽管意大利人提出了抗议……我们还是越过了边界！意大利注定要做战场，这是他们躲不过的。谁让他们武器装备那样落后，却贸然发动战争呢？对我们来说，宁可在意大利境内作战，也不要在德国境内作战。"

能够领兵进入意大利，隆美尔感到十分兴奋。他甚至打发副官到维也纳去取他的灰色陆军制服，准备亲自率部冲锋陷阵。他在作战日记中写道："比起在巴尔干来，这一新任务更适合我的口味，但它并不轻松。可以想象到意大利人正在打什么鬼主意，他们肯定想一个箭步统统都跨到对方（指盟国）阵营里去。"

德军进驻意大利北部让意军最高统帅部越来越不安了。他们命令意军在铁路和公路上设置障碍，挡住德军 B 集团军群浩浩荡荡的大军。与此同时，驻守在国内的各师也奉命向阿尔卑斯山地区运动，防止德军的武装进攻。隆美尔意识到，意大利人是靠不住的。

8月11日，隆美尔再次飞往东普鲁士，参加大本营的军事会议。在会上，希特勒大发雷霆，臭骂了德军南线总司令凯塞林和他的驻罗马代表林特伦等人。因为他们根本没有看清意大利的局势，一味盲目地信任巴多格里奥政府。最终，希特勒采纳了隆美尔的观点，并打算尽快让他向罗马推进。

隆美尔在意大利

午餐时，希特勒让隆美尔坐在了自己的身旁，并与他闲聊了一会。隆美尔十分开心，他觉得元首依然信任他，依然将他当做最亲密的伙伴。不过，他与希特勒之间的亲密关系也让他成为了众矢之的，因为希特勒身边想借溜须拍马上位之人实在太多了！

8月15日，隆美尔和德军最高统帅部作战部部长约德尔奉希特勒之命前往意大利的波洛尼亚，与意大利将领谈判。一支由党卫军部队组成的仪仗队在机场上列队欢迎了他们。隆美尔知道，所谓的"欢迎"不过是外交辞令，党卫军的真实目的是保护他们的安全。

隆美尔和约德尔来到了郊外的一栋别墅，意大利人已经在那里等候他们了。党卫军整整一个机械化营的兵力紧紧伴随在他们左右。一到达目的地，该营便迅速将别墅围了起来，连意大利保安人员也被围在了里面。人高马大的党卫军官兵不时地在大门外操着正步，来回走动，让意大利人的心里十分不安。

约德尔腰挂手枪，首先走到演讲台上发表了一通言辞粗鲁的演说。当谈到意大利从法国撤兵一事时，约德尔质问说："撤出的这些人马到底是用来对付意大利南部的英国人，还是用来对付勃伦纳的德国人的呢？"

意大利军官与约德尔针锋相对地吵了一阵。但当约德尔宣布说"你们要注意这个事实，进入意大利的这支新部队是归陆军元帅隆美尔指挥的"时，意大利人顿时安静了下来。这时，一直保持沉默的隆美尔苦笑了一下。

德军最高统帅部单方面决定，由隆美尔指挥意大利北部所有的德、意部队，凯塞林指挥南部的部队。这一决定激起了意大利人的强烈不满，他们要求隆美尔的 B 集团军群应该从意大利北部运动到中部和南部去，而在北部只留下意大利部队。隆美尔轻蔑地笑了一下。意大利人的如意算盘打得实在太精明了。如果德军部队全部运动到意大利南部的话，意大利军队完全可以在向盟国投降的同时切断德军的退路。

种种迹象都表明，意大利的新政府已经无意继续效忠法西斯同盟。谈判结束之后，约德尔立即电告希特勒："可疑的论据丝毫没有减少。"希特勒终于对意大利人失去了信心，他立即下令驻守在西西里的 7 万德军部队撤到意大利本土。不过，他并没有放弃阻止意大利倒向盟国的阴谋。他指示约德尔等人，继续与意大利最高统帅部谈判，尽量拖延意大利倒向盟国的进程。

在整个 8 月下旬，隆美尔都表现得十分低调。他知道意大利人对他担任 B 集团军群总司令十分不满。但他有信心，只要希特勒发布命令，他的 B 集团军群便可以快刀斩乱麻之势收拾掉集结在意大利北部的意军，并接管海岸防御工事。

　　隆美尔认为盟军会在意大利北部的拉斯佩齐亚一带登陆，而意大利新政权也将同时倒戈。但是凯塞林并不同意他的看法，他坚持把兵力集中在意大利南部。德国空军司令希特霍芬也认为隆美尔神经过敏，看不清形势。

　　实际上，隆美尔的判断确实不全面，但也不是完全错误的。盟军确实没有从拉斯佩齐亚登陆，但意大利部队确实在盟军登陆的同时倒向了盟国一方。9月3日，蒙哥马利的第八集团军从西西里渡过狭窄的墨西拿海峡，登上了意大利本土。与此同时，意大利代表与盟军代表秘密地签订了停战条约。但双方约定，在盟军进行第二次和主要的登陆战实施之前，暂时保守秘密。

　　9月8日午夜，美军第五集团军在马克·克拉克将军统率下开始在萨勒诺海湾登陆。英国广播公司在此之前向全世界广播了意大利投降的正式文告。巴多格里奥没有料到盟军登陆会来得那么快，他们起初对英国的广播予以否认，随后又承认了这一事实。意大利无条件投降了，轴心国已经在实际上解体了。这对希特勒是一个十分沉重的打击！

六

被调离意大利战场

得到意大利倒向盟国一方的消息后,希特勒显得异常平静,仿佛一切早在他的预料之中似的。9月8日傍晚7点50分,德军最高统帅部通过电话,同时向隆美尔和凯塞林下达了代号为"轴心计划"的作战命令。随后,书面命令也到达了。

接到命令之后,隆美尔立即行动了起来。德国空降部队迅速占领了设在罗马的意军总司令部,俘获了30名将军和150名其他各级军官,另外一处的人则继续抵抗。意大利王室和巴多格利奥内阁阁员,仓皇乘坐两艘潜艇于9月10日清晨从罗马逃往布林德西避难。

随后的几天,隆美尔指挥部队与意大利地面部队进行了小规模的战斗。在国王和巴多格利奥逃离首都之后,意军的抵抗意志十分薄弱。德军迅速解除了大部分意军的武装,剩余的意军则丢掉了军装和武器,混杂在平民之中了。意大利海军的军舰从拉斯佩齐亚逃到了公海上。对此,隆美尔毫无办法,只能眼睁睁地看着他们直接驶向盟军占领的港湾。

意大利部队虽然被解除了武装,但盟军的巨大威胁依然存在。隆美尔意识到他兵力有限,要想守住数百公里长的海岸并不容易。因此,他决定把一切能够调动的力量全部投入到海岸防线中去,不再保留预备队。与此同时,他还利用从意大利人那里缴获的战利品组建了一个铁路大炮队,用以防守拉斯佩齐亚和里窝那的港口。

不巧的是,隆美尔在此时突然得了阑尾炎,腹部绞痛难忍。他的副官急忙派人把他送进医院,作了阑尾切除手术。躺在医院里,隆美尔不只一次听到外面响起了空袭警报。他知道,由于凯塞林马上就要撤出整个意大利南部,盟军利用意大利南部的机场就可以出动战略轰炸机轰炸包括维也纳在内的奥地利了。他立即给露西写了一封密信，要她带着儿子迁居到德国北部较为安全的地方去。

凯塞林在意大利南部的战斗并不顺利。他按照希特勒的指示，命令部队边打边向北撤。一路上，德军炸掉了大量的桥梁、公路、隧道和铁路等设施，以阻止盟军向前推进。

9月27日，隆美尔病愈出院了。他刚到司令部，便接到了德军最高统帅部总司令凯特尔的电话。凯特尔要求他立即飞往东普鲁士，参加希特勒召开的秋季战略讨论会。3天之后，隆美尔走进了设在地下堡垒里的会议室。他突然发现希特勒苍老了许多，说话也语无伦次起来。他和凯塞林各自向希特勒汇报了意大利战场的情况。

希特勒的情绪有些激动，他听完凯塞林和隆美尔的汇报后，突然说："我们在意大利南部坚守的每一天，每一周，每一个月，对我们来说都是生死攸关的大事。我们必须赢得时间，推迟算总账。双方的处境都不太妙，他们和我们一样，也面临人力、物力上的问题。他们不久就将恢复元气！这样，我们再也无法打赢这场征服世界的战争。这个特定时刻就将来临。但是只要把战争拖延下去，就能使对方屈服。"

隆美尔并不同意在意大利南部坚守。他主张完全放弃意大利的南部和中部，在波河流域南面的亚平宁防线上做最后的坚守。隆美尔强调，这样可以缩短海岸防御线的长度，增加防御兵力的密度。本来，希特勒也同意这样做，并答应调拨21个德国师和4个意大利新编师的兵力防守亚平宁防线。希特勒还曾明确指出，一旦在南部的德军撤至亚平宁半岛北部地区，隆美尔便立即接过在意大利全部德军的指挥权。

但蒙哥马利在意大利南部谨慎的行动和凯塞林大大推迟了盟军进军速度的事实让希特勒改变了想法，他认为暂时还没有必要把德军撤到意大利北部去。10月6日，凯塞林进向希特勒提交了一份报告，主张把罗马以南160多公里长的战线作为德、意军队的最后防线。凯塞林相信，德军至少能在冬季来临之前守住这条防线。同时，凯塞林还指出，守住这一防线可以使盟军丧失罗马和进入巴尔干半岛的跳板。

希特勒对这份报告很感兴趣。巴尔干半岛是他的一块心病。德军东南线总司令部辖下的兵力过于单薄，那里又有罗马尼亚油田等重要战略资源。英军一旦进入巴尔干，德国的战争机器很可能会在一夜之间轰然倒塌。因此，希特勒一直幻想着坚守巴尔干。如今凯塞林的建议正中他的下怀，遂得批准。希特勒还答应把在意大利北部的 B 集团军群的 3 个师拨给凯塞林，帮助他尽可能久地守住罗马以南的防线。

就这样，隆美尔自然而然地受到了希特勒的冷落。隆美尔指责凯塞林是在冒险，凯塞林则指责隆美尔在意大利北部作出咄咄逼人之势，使他无法潜心战斗。两人之间争吵日甚一日，隆美尔拒绝借调两个精锐装甲师给凯塞林，凯塞林则强调说，这两个装甲师对他的作战计划至关重要。

为了平息两人之间的争吵，希特勒于 10 月 17 日将隆美尔叫到了大本营。希特勒答应让隆美尔担任驻意德军总司令，拟把凯塞林调往自 1943 年后就没有多大军事意义的挪威。不过，希特勒也向隆美尔提出了一个要求。他要隆美尔在整个冬季守住凯塞林现在控制着的罗马以南的防线。

隆美尔沉默了半响，提出了强硬的保留意见。他不但要求在担任驻意德军总司令前亲自到凯塞林的防线去看一看，还要求希特勒给他一道允许他在意大利机动灵活地进行战斗的明确指示。听完隆美尔的要求，希特勒十分不安。

10 月 19 日，隆美尔飞回了他在意大利的司令部。上午，隆美尔给最高统帅部作战部部长约德尔打了一个电话。约德尔告诉他，希特勒正式任命他为驻意德军最高司令官的命令"已在途中了"。隆美尔开始洋洋得意起来！但约德尔晚些时候打来的电话让他一下子从云端掉进了深渊。约德尔告诉他："元首的命令暂时被搁置了。"

约德尔并没有向隆美尔解释具体的原因。隆美尔自己猜测，这很有可能是因为他向希特勒提出的保留意见造成的。实际上，除了隆美尔自己猜测的这个原因之外，希特勒没有任命隆美尔担任驻意最高司令官还有一个重要的原因。早在 9 月 12 日，希特勒就派滑翔机将墨索里尼从囚禁地营救了出来。随着墨索里尼"政府"复辟，隆美尔因为北非的撤退而对意大利人产生的仇视已降低了价值。希特勒知道，这位不善外交的德军元帅根本无法同与墨索里尼的傀儡政府和睦共事。包括希特勒本人在内的德国军政高层都一致认为，隆美尔更适合担任与意大利毫无牵连的职务。正是在这种背景下，隆美尔被调离了意大利。

第十一章

再次来到法国

一

奉命巡视"大西洋壁垒"

隆美尔被调离意大利战场之后，希特勒并没有解除他 B 集团军群司令的职务。他让 B 集团军群的参谋班子保持原样，以便在必要的时候为他出谋划策。希特勒这样做主要是照顾隆美尔的面子，但隆美尔并不领情。他觉得自己被希特勒抛弃了，丢尽了脸面。如何安排这个曾经被纳粹的宣传机构宣传得神乎其神的元帅呢？希特勒绞尽了脑汁也没有想出合适的位置。最后还是足智多谋的约德尔为希特勒解开了这道难题。他建议希特勒派隆美尔去法国彻底检查和加强"大西洋壁垒"的海岸防御工事。

希特勒恍然大悟。派隆美尔到法国海岸去督建"大西洋壁垒"确实比较合适。隆美尔是纳粹军官中唯一一个与英、美军有多年直接交战经验的军官。而且，他在北非曾经败在英国人的手中，应该让他到法国去挽回声誉。1943 年 11 月 5 日，希特勒在德军大本营正式公布了对隆美尔的任命。

应当注意的是，希特勒只是派隆美尔去督建"大西洋壁垒"，并没有让他承担作战指挥的任务。不过，希特勒在同隆美尔谈话中有意暗示他，如果西线打起来，他可能要担负起这一职责。

对于这样的新任务，隆美尔十分满意。这至少说明他在希特勒的心目中依然占有重要的地位。11 月 21 日，隆美尔飞到了维也纳。出于安全考虑，他决定将露西和曼弗雷德从维也纳迁往故乡斯瓦比亚靠近乌尔姆的一座村庄里。乌尔姆的官员接到通知，立即为这位陆军元帅安排好一切。当地人为露西和曼弗雷德准备了一座很大的别墅。

安排好了妻儿的生活之后，隆美尔便和他的参谋班子于 12 月 1 日登上了西去的列车。隆美尔不知道，在前面等着他的是一场更大的失败。

那不仅是他个人的失败，更是纳粹和侵略者的失败。第二次世界大战进行到1943年年底之时，盟军在兵力和装备方面都已占据绝对优势。无论是欧洲战场，还是太平洋战场，战略主动权都已牢牢地掌握在了盟军手中。盟军由局部反攻转入全面反攻的时机已经到来。

1943年11月28日至12月3日，苏联领袖斯大林、美国总统罗斯福和英国首相丘吉尔三大巨头在德黑兰举行了一次国际会议。第二次大战爆发以来，盟国中力量最为强大的3个国家的首脑第一次聚在了一起。会上决定，盟军将于1944年5月在法国西部的诺曼底登陆，实施"霸王计划"，在欧洲开辟第二战场。与此同时，斯大林也郑重表示，苏联红军会在同一时期发动强大的攻势，以牵制德军在东线的兵力，减轻盟军的压力。

12月18日，隆美尔到了法国巴黎。他下榻在巴黎郊外枫丹白露区的一家旅馆里。与利比亚的沙漠相比，这里简直就像一个天堂。隆美尔本想美美地睡上一觉，好好享受一下的，但盟军不间断的空袭让他无法安然入睡。盟军已经掌握了西欧的制空权，出动数千架次的飞机对德国重要的工业和军事目标进行轰炸已经成为家常便饭了。隆美尔隐隐感到，法西斯德国的命运即将迎来一个大的转折。

抵达巴黎的第二天，隆美尔去拜会了德军西线总司令冯·伦斯德元帅。战争初期，伦斯德便是德军A集团军群司令。那时，隆美尔指挥的第七装甲师便在A集团军群的编成之内。隆美尔已经有3年多的时间没有见过这位老上司了。68岁的伦斯德看上去比实际年龄还要老一些。他头上只剩下了几根稀疏的头发，眼睑也松松垮垮地耷拉了下去。隆美尔走上前去，向伦斯德行了一个军礼，轻声唤道："老人家，好久不见了！"

伦斯德向如今同为陆军元帅的老部下也行了一个军礼，笑呵呵说："是啊，好久不见了！"

两人像是分别多年的老朋友一样，没完没了地聊了起来，但他们的话题始终没有涉及战局。直到午餐后，伦斯德才简要地向隆美尔介绍了西线的局势。总体来说，局势对德军十分不利。这位老元帅在最后用英语说："在我看来，前景暗淡。"

隆美尔早就听说希特勒对伦斯德颇为不满了，因为他在报告中总是做出一些十分悲观的判断，这与希特勒所渴望的大胜利是格格不入的。所以，希特勒认为他干劲不足，不能胜任西线总司令的职务。如今，隆美尔亲临西线，见到伦斯德及其参谋人员的懒散懈怠，也不免大为吃惊。

告别伦德斯之后，隆美尔的心情一直不是很好。他领着参谋人员沿着欧洲西海岸巡视了一圈，检查了所谓的"大西洋壁垒"。看完之后，他的心情更差了。所谓的"大西洋壁垒"与其说是不可逾越的工事，不如说是戈培尔吹嘘出来的一个怪胎。整个防线不过是有一些互不相连的支撑点构成的。

本来，德军留在法国、比利时和荷兰的那些师应当在进行守备勤务之外，将这些支撑点连起来的。但是，由于德军留在欧洲西海岸的兵力相当薄弱，每个师的防御正面几乎宽达100公里。除了进行正常的守备勤务之外，他们根本没有多少时间来进行工程作业。除此之外，希特勒还经常将一些守备师调到东线战场去作战，而将东线撤下来的残余部队调到这里来休整。这就使得所谓的"大西洋壁垒"更加名不副实了。

当时，希特勒和德军最高统帅部都认为，盟军最可能在法国的加莱地区登陆。这里隔加莱海峡与英国相望，与英国的海上距离最短，而且加莱海峡的后方便是法国东北部、比利时南部和德国西部的重要经济、工业中心。盟军从这里登陆，可直接摧毁德国的军事、经济力量。隆美尔也将加莱地区视为最危险的地段。

驻防加莱地区的是德军第十五集团军。12月20日，隆美尔来到了第十五集团军的司令部，与集团军司令汉斯·冯·撒尔穆斯将军一起巡视了该集团军的防区。

隆美尔检查大西洋沿岸防卫

隆美尔告诉撒尔穆斯将军，必须将装甲部队集中在紧靠海岸的地区。他认为，一旦英军在陆地上获得立足点，就不可能将他们赶下海去了。

德军西线总司令伦斯德支持隆美尔在滩头把盟军赶下海的主张，但不同意把装甲师调到海岸边上。他认为，盟军很可能会在加莱地区登陆，但也不排除在其他地区登陆的可能。如果将装甲部队全部集结在紧靠海岸的地区，盟军一旦在其他地区登陆，装甲部队便无法迅速赶过去了。伦德斯元帅主张把装甲部队配置在后方机动地区，等战役打响后判明盟军主攻方向时再将其迅速投入主要地段。隆美尔针锋相对的指出，在盟军已握有绝对制空权的今天，装甲部队要迅速向前线机动是不可能实现的。

两人之间在细节上的分歧逐渐演变成了一场尖锐的争论。争强好胜的隆美尔在争论中并没有给这位德高望重的老上司留一点面子。他们的争论很快惊动了希特勒。为了避免无谓的争论再继续下去，希特勒于1944年1月1日决定，派隆美尔指挥的B集团军群负责荷兰到法国西海岸中部卢瓦尔河之间的海岸防御工作。如此一来，法国西海岸大部被划入了隆美尔的防区。海岸防御地区纵深20公里，20公里以外的地区归驻法德军司令部管辖。隆美尔的B集团军群和驻法德军均归西线德军总司令部指挥。

接受新的任务之后，隆美尔立即视察了荷兰和比利时的海岸线。这里地势低洼，河网密布，很容易成为沼泽地带。这样的地形根本不适合大规模的装甲部队通行。隆美尔认为盟军不大可能从这里登陆，但一切防御工作都疏忽不得。

荷兰和比利时海岸并没有受到战火的焚烧，一切都像战前一样安宁、美丽。远离战场的德国官兵以胜利者的姿态在当地为所欲为，经常出入餐馆、剧场、妓院、酒吧。行走在街上的军人也不像其他战区的士兵那样，总是荷枪实弹地扛着武器，来去匆匆。他们大都提着箱子，抱着包裹，悠闲地在街上逛来逛去。半个多月的调查和巡视使隆美尔对这一切深恶痛绝！他决心彻底扭转这种局面。

下定决心之后，隆美尔立即对部队进行了整顿。他以身作则，带领官兵们开始加强"大西洋壁垒"的防御工事。隆美尔的计划是建立多道障碍物。第一道是海底障碍物，主要由铁（木）桩、混凝土多角体、滩

沙漠之狐 隆美尔 shamozhihu longmeier

隆美尔与其他官员检查大西洋沿岸防卫

头照明设备等组成。第二道是地雷带，部署在靠近海岸的前沿地带，宽达1000米左右，沿法国海岸线铺设，共计划埋设2亿颗地雷。第三道是防空降障碍物，位于地雷带后方。他命令士兵每隔300米埋设一根高约3米的木桩。木桩上挂满从法国缴获的各种炮弹，再把木桩用铁丝网连接起来。隆美尔打算用这些障碍物对付盟军的空降行动。

在隆美尔的督促下，设置障碍物的工作进行得比从前快多了。据B集团军群日记记载，截至到1944年5月中旬，B集团军群构筑的海底障碍物已达到517000处，其中31000处装有地雷；在海峡地带的沿海防线上已经埋设了4193167枚地雷，其中2672000枚是3月底以后在隆美尔的督促下埋设的。防空降障碍物的建设也取得了不小的进展。但是由于时间短促，隆美尔的防御设施建设计划直到盟军开始实施"霸王行动"之时也没有完成。

二

与反希特勒分子的接触

1944年2月中旬，希特勒的情报部门获悉，盟军的登陆行动有可能在诺曼底或布列塔尼海岸实施。此前，B集团军群第七集团军司令弗雷德里奇·多尔曼将军曾暗示过隆美尔，诺曼底乡间的小片田野和密集的灌木丛很容易招来盟军空降部队的军事行动。不过，隆美尔依然认为盟军在诺曼底登陆的可能性不大。

2月底，隆美尔获得了10天的假期。他飞到了故乡斯瓦比亚。露西已迁到斯瓦比亚乡下那栋漂亮的别墅里。隆美尔驱车沿着弯弯曲曲的车道驶抵住所。汽车的后座上有一条别人送给他的小狗。隆美尔给它取名叫阿杰克斯。

露西已在别墅门口等待丈夫了。隆美尔笑嘻嘻地钻出汽车，把阿杰克斯从后座放了出来。这条狗一见陌生人就高声狂吠起来。

露西被狗吠吓了一跳。隆美尔笑着对她说："瞧，这是一条很好的看门狗。"

露西告诉隆美尔："家里来了一位客人。"

隆美尔问："谁？"

露西悄声回答说："斯图加特市市长卡尔·施特罗林。"

隆美尔认识施特罗林，第一次大战时，他曾与这位市长先生在同一部队服役。不过，隆美尔并不知道，施特罗林和其他一些德军青年军官、纳粹党员一起，正在密谋推翻希特勒的独裁统治。

施特罗林想拉隆美尔入伙，利用他的声望来推翻希特勒的独裁统治。这位聪明的市长知道隆美尔爱自己的妻子胜过一切，便决定从露西身上入手。他给露西送了许多戏票，为她在豪华的斯图加特酒店提供免费住宅，让她乘坐官方的轿车，并不时献上美丽的鲜花。当隆美尔跨进家门时，还看见会客室里摆着一幅施特罗林赠送的巨画。

出于礼貌，隆美尔接见了施特罗林。在会客室里，施特罗林一支接一支地抽着烟。隆美尔对政治并不感兴趣，也不是来跟陌生人谈论政治的。他要和露西、曼弗雷德呆在一起。他都计划好了，既要和儿子一起训练阿杰克斯，又要带着露西在斯瓦比亚的乡间悠闲地散散步。

施特罗林似乎感觉到了隆美尔的不耐烦，他掐灭了烟头，从箱子里取出了一些文件。然后，他当着露西、曼弗雷德的面，开始喋喋不休地谈到希特勒政权犯下的种种罪行，声称隆美尔有必要亲自插手"拯救德国"的伟业。这位市长还谈到了纳粹分子对犹太人和在东方对其他民族的大屠杀。听着这些，隆美尔突然感到脊背发凉。他怀疑过希特勒，也顶撞过希特勒，但从来没有想过推翻希特勒的统治。

施特罗林并没有注意到隆美尔的情绪变化，他加重语气说："希特勒不死，我们大伙都得完蛋！"

隆美尔再也不愿听下去了，他唰地站起来，狂吼道："施特罗林先生，要是你能在我年纪还小的儿子面前忍住不说这些话，我当感激不尽！"

施特罗林识趣地收拾起文件，匆匆离开了。他对隆美尔没能产生丝毫影响。一直到生命的最后几星期，隆美尔既没有在外面提到过施特罗林，也没有再见过他。此时的隆美尔信心满满地认为，他完全可以在滩头阵地将登陆的盟军消灭掉。他手握重兵，又加强了"大西洋壁垒"的防御工事，要做到这一点并不是十分困难的事情。

3月3日晚，隆美尔冒着漫天大雪回到了枫丹白露。隆美尔看上去非常快乐，他给露西打了一个电话，还特意问道阿杰克斯的情况。几天后，露西写信告诉他："倘若最近这两天你能和我们一起外出漫步，你会很高兴地看到你的阿杰克斯。它现在不离左右地跟着我们……若是没有你严厉的调教，我想它是不会听话的。"

隆美尔回到枫丹白露的第二天，希特勒的副官长施蒙特就带着一份效忠书见他来了。一见面，施蒙特就嚷嚷说："元首对在斯大林格勒被敌人俘虏或投靠敌人的某些将军的变节行为大为愤怒。"

隆美尔问道："怎么回事？"

施蒙特解释说，在斯大林格勒被俘的德军将领组成了一个亲苏委员会，由普鲁士军界最著名的将军之一瓦尔特·冯·赛特利兹将军负责。他们偷偷地给德军指挥官散发煽动信件，劝诫他们停止战斗，因为这场战争已毫无意义。希特勒的高级军官中已有十几人接到这类的煽动信。

隆美尔嚷嚷道："这是背叛，赤裸裸的背叛！"

施蒙特接过话茬说："现在的关键是要使元首放心，他信得过自己的陆军元帅们，知道你们大伙儿都是忠诚不渝地支持他的。"

说着，施蒙特将他草拟的对希特勒的效忠宣言递给了隆美尔。隆美尔扫了一眼，发现西线总司令伦斯德元帅已经在上面签了字。隆美尔丝毫没有犹豫，也以龙飞凤舞的笔迹在上面签了名。

3月19日，隆美尔奉命前往伯希特斯加登参加希特勒召开的军事会议。西线所有的陆、海军高级将领都和他一起登上了希特勒派来的专列。隆美尔等人在伯希特斯加登住了一宿，静静地等候希特勒的到来。

第二天下午3点，希特勒来到了会场。希特勒再次断言盟军将进攻诺曼底或布列塔尼，而不是进攻更靠近英吉利海峡的加莱地区。希特勒强调说："在任何情况下，都不能允许敌人的整个行动持续几小时，最多不得超过几天……敌人一旦被打败，就决不会企图再发起第二次进攻。"

希特勒企图集中力量在西线击溃盟军，迫使美、英单独与法西斯德国媾和，然后再与英国联合，或集中德军的所有力量去对付苏联。和希特勒一样，隆美尔对打败盟军的登陆行动信心十足。但他仍把眼睛盯住第十五集团军的防区，而没有将诺曼底视为最危险的地段。希特勒虽然预料到盟军可能在诺曼底一带登陆，并多次提醒西线德军指挥官们，但他并没有百分之百的把握。因此，他也不好采取断然措施，强令隆美尔将第十五集团军加强到诺曼底防线。

造成隆美尔战略判断失误的因素是多方面的，除了他战略上的短视外，盟军的欺骗计划，西线德军中的反希特勒分子故意提供假情报等也是不可忽视的重要因素。B集团军群新任参谋长汉斯·冯·斯派达尔中将就是一个十分活跃的反希特勒分子。这位新参谋长是于1944年4月15日来到B集团军群司令部的。一个月以前，隆美尔解除了高斯的参谋长之职。因为高斯的妻子与露西闹翻了。露西要求隆美尔撤销高斯参谋长职务，隆美尔竟然顺从地照办了。

斯派达尔在斯大林格勒战役后便参加了反希特勒的秘密组织。出于拉拢隆美尔的目的，总参谋部的反希特勒分子便把斯派达尔派给了隆美尔。斯派达尔到来后不久，隆美尔的思想就发生了变化。在此之前，他深信自己可以将盟军赶入大海，但此时他也开始考虑失败的事情了。在一篇日记中，隆美尔如是写道："将来历史学家会怎样评论这些撤退（指北非战场的撤退，他一直对在北非的失败耿耿于怀）呢？对于我，历史将做出怎样的裁决？假如我在这里取得胜利，谁都会说，一切全是光荣——正像他们大肆赞赏我构筑的防御工事和设置的滩头障碍物那样。倘若我在这里失败了，那么所有的人都会因此而责备我。"

隆美尔与德军西线总司令伦斯德元帅之间在战术上的分歧依然没有得到解决。伦斯德坚持把装甲师配置在后方，隆美尔则认为在盟军握有绝对制空权的情况下，伦斯德的办法根本行不通。西线装甲部队司令吉尔将军的观点与伦斯德元帅一致。在整个4月份，隆美尔都在积极寻找门路，企图将西线装甲集群的装甲师调往海岸地段，并置于自己的指挥之下。4月23日，他写信给约德尔："只要最初几小时我们能成功地把装甲师投入战斗，那么我相信敌人对海岸的进攻在第一天就会一败涂地……我唯一焦虑的还是装甲部队问题……装甲部队仍然没有置于我的控制之下，这些部队远离海岸，四处分散。一旦海岸上发生激战，他们是来不及赶来增援的……"

这场战术上的争论最终以隆美尔取得了部分胜利而告终。5月7日，德军最高统帅部签署了一项命令，决定将西线10个装甲师中的3个调给隆美尔指挥。

其实，隆美尔的主张和伦斯德元帅的主张各有道理，只是着眼点不同而已。隆美尔着眼于集中一切力量把登陆之敌迅速赶下大海；伦斯德等人则着眼于组织一次强大的装甲反击战。不过，隆美尔的主张更加符合实际一些。他的主张是在与美、英军队作战的经验中总结出来的，而伦斯德、吉尔等人的主张则是根据德军战争初期的经验和在苏德战场的经验提出的。

三

致命的战略性失误

为实施"霸王"行动这一大规模的战役，盟军集结了多达288万人的部队。业已部署到位的陆军共36个师，其中23个步兵师，10个装甲师，3个空降师，约153万人。海军投入作战的军舰约5300艘，其中战斗舰只包括13艘战列舰，47艘巡洋舰，134艘驱逐舰在内约1200艘，登陆舰艇4126艘，还有5000余艘运输船。空军作战飞机13700架，其中轰炸机5800架，战斗机4900架，运输机滑翔机3000架。除此之外，还有四五十个师正从美国乘船赶往英国，准备参加战斗。

由于集结部队需要时间，盟军统帅部决定将行动时间推迟到6月初。但在具体的日期和时间上却很难统一。这是一个复杂的协同问题，各军兵种根据自己的需要提出不同要求，陆军要求在高潮上陆，以减少部队暴露在海滩上的时间；海军要求在低潮时上陆，以便尽量减少登陆艇遭到障碍物的破坏；空军要求有月光，便于空降部队识别地面目标，最后经认真考虑，科学拟定符合各军种的方案，在高潮与低潮间登陆，由于5个滩头的潮汐不尽相同，所以规定5个不同的登陆时刻，登陆日则安排在满月的日子，空降时间为凌晨1点，符合上述条件的登陆日期，在1944年6月中只有两组连续三天的日子，6月5日至7日，6月18日至20日，最后选用第一组的第一天，即6月5日。

与盟军强大的兵力相比，德军的兵力显得有些微不足道。1944年5月底，西线德军共计59个师，其中32个是海防师和野战航空兵师，17个是普通的步兵师，10个装甲师。隆美尔的B集团军群是西线德军的主力部队，下辖第十五和第七集团军，负责防守海岸。隆美尔把拨给他的3个装甲师分别配置在他的集团军群北翼、中央和南翼。G集团军群辖第一和第十九集团军，前者防守卢瓦尔河口到比利牛斯山脉之间的沿岸地区，后者防守法国南部沿岸地区。G 集团军群共 21 个步兵师和海防师。力量要比隆美尔的 B 集团军群小很多！

海军兵力为驱逐舰 5 艘，潜艇 49 艘，远洋扫雷舰 6 艘，巡逻舰 116 艘，扫雷艇 309 艘，鱼雷艇 34 艘，炮艇 42 艘，总共才 561 艘中小军舰，实力非常弱小。空军为第三航空队，作战飞机约 450 架，其中战斗机 160 架。与盟军作战飞机数目相比，处于 1 比 30 的绝对劣势。

在诺曼底地区守军为第七集团军所属的第八十四军。该军拥有 6 个师外加 3 个团的兵力，其中 3 个海防师，战斗力较弱；2 个步兵师，1 个装甲师，战斗力稍强；3 个团是 2 个独立步兵团和 1 个伞兵团，总兵力约 9 万人。

与盟军相比，西线德军不但兵力和装备处于劣势，指挥系统也比较混乱。西线总司令伦斯德元帅只能管辖陆军。海军和空军分别隶属和听命于自己的总司令邓尼茨和戈林。集中在巴黎以西距大西洋沿岸 100～200 公里的 7 个装甲师归最高统帅部直接指挥。希特勒则留在伯希特斯加登，准备直接指挥西线作战。隆美尔不甘愿任伦斯德驱使，与他的关系一直不是很好，往往直接与希特勒联系。如此一来，西线德军中便缺少了一个名副其实的最高司令官。

5 月初，希特勒几乎可以断定盟军将在诺曼底登陆。5 月 1 日，最高统帅部给隆美尔的 B 集团军群司令部打来电话，询问马尔克斯将军指挥的第八十四军防守诺曼底的情况。不巧的是，隆美尔当时不在司令部，他的参谋长斯派达尔接了电话，并向最高统帅部作了汇报。第二天，希特勒便断然决定把一个伞兵军和空降部队调往诺曼底。

5 月 5 日，第七集团军司令多尔曼将军向隆美尔建议，如果在诺曼底发生大规模的进攻，就把第七十四军的全部人马从布列塔尼调到诺曼底。但隆美尔拒绝了这项建议。

5 月 6 日，隆美尔心怀疑虑地给最高统帅部打电话，询问为什么命令增援诺曼底。约德尔回答，元首有"确切情报"，盟军将在诺曼底登陆。他还透露说："我们获得的情报说明，英国人成功地进行了穿越你那一类的障碍物的试验。"

听到约德尔的回答，隆美尔大吃一惊，赶紧去巡视诺曼底。但转悠了一大圈子，他也没有发现盟军要在诺曼底登陆的迹象。他对自己设置的三道障碍非常满意,并对盟军要进攻诺曼底表示强烈的怀疑。隆美尔的这一战略性失误直接导致了德军在西线的迅速溃败。

希特勒和隆美尔等人都曾获得消息说,盟军的进攻将在5月的第一或第三星期进行,但整个5月风平浪静地过去了。隆美尔大惑不解,不知道盟军是将登陆计划取消了,还是推迟了。他查看了月相和潮汐表,发现6月20日以后才会有适于进攻的潮汐。因此,他在6月上旬并没有特别关注海岸的防御工作。

6月1日,德国在法国的反间谍机关头目奥斯卡·莱尔上校得到了确切消息,盟军的进攻将在未来一两个星期内实施。莱尔立即将这一情报报告给了西线总司令伦斯德和柏林的秘密警察。秘密警察又将其报告给了德军最高统帅部。

6月2日,最高统帅部把这一异乎寻常的情报传达给了总参谋部驻西线的专家们。有趣的是,这个机构的负责人阿历克赛斯·冯·罗恩纳上校是反希特勒秘密组织的成员。罗恩纳上校认为,唯有加速希特勒和法西斯德国的失败,才能拯救更多德国人的生命。因此,他接到情报后并没有向下转达。

德军西线总司令伦斯德的情报官当时正在休假。莱尔上校提供的情报并没有引起伦斯德的重视。隆美尔的情报官安顿·施道布瓦塞上校也收到了这一重要情报,但他却以为这不过是盟军的老生常谈,根本不需要给予太多关注。有鉴于此,施道布瓦塞上校在6月3日起草了一份报告,称:"鉴于过去的经验,6月1日敌方无线电不断为法国地下组织播发密码一事不能解释为盟军的进攻已迫在眉睫。"反希特勒的斯派达尔确认了这个报告,并将其提交给了隆美尔。正是由于这份报告的原因,隆美尔并不认为盟军会在短期内发起进攻。

6月3日下午,隆美尔驱车去见伦斯德。他说,他想回德国一趟,他要在6月5日到8日之间去晋见希特勒,请其向诺曼底方向再增派两个装甲师、一个反空降军和一个迫击炮旅。隆美尔此行还有另外一个目的。6月6日是露西的生日,他想回国陪妻子一起过一个快快乐乐的生日。伦斯德也认为盟军的进攻不会马上开始,便同意让隆美尔回去一趟。无论如何,希特勒肯向西线增兵对他这个西线总司令来说总没有坏处。

6月4日早晨6点,隆美尔放心地告假回德国去了。B集团军群参谋长斯派达尔留在了司令部，暂时负责军务。但是一见到希特勒，隆美尔就发现，希特勒对西线的战事十分担忧。最高统帅部指挥参谋部的参谋们根据各种情报判断，盟军进攻目标肯定在诺曼底。他们查看了潮汐表，并提醒希特勒说："6月5日至13日将是适合进攻的日子。"

希特勒忧心忡忡地思索着战局。德军在东线已经现出全面失败的迹象了。如果能在短时间内击溃盟军，迫使英、美单独与法西斯德国媾和的话，德军或许还有机会集中全部兵力击退苏联红军的全面反攻。

6月5日，盟军的"霸王"行动开始了。6483艘庞大进攻舰队离开了英国海岸，悄悄地向诺曼底海岸驶来。由于当天的风浪太大，德国海军将全部的船只都撤到了军港里。如此一来，盟军的登陆船只便可以大胆地通过英吉利海峡驶向诺曼底海底了。

在盟军的船只离港之时，德军B集团军群参谋长斯派达尔正在给巴黎的反希特勒分子打电话，邀请他们晚间去参加酒会。斯派达尔愉快地说："老头儿已经走了。"

晚上，斯派达尔的客人们很快就全都到齐了。他们起草了推翻希特勒之后拟发布的和平宣言。深夜10点，一阵急促的电话铃打断了斯派达尔等人的窃窃私语。电话是隆美尔的情报官施道布瓦塞上校打来的。施道布瓦塞上校说，第十五集团军的情报官报告，他们截获了英国广播电台播发给法国地下组织的一组密码，这意味盟军马上就要登陆了。施道布瓦塞上校还告诉斯派达尔说："第十五集团军司令撒尔穆斯将军已向所属部队发出了戒备令！"

斯派达尔放下电话，立即赶到了施道布瓦塞上校的办公室。他让这位情报官给西线总司令伦斯德打电话，问他是否应该让在诺曼底的第七集团军也进入戒备状态。施道布瓦塞上校奉命给伦斯德的司令部打了一个电话。伦斯德的副官告诉他，让B集团军群自己定夺。

斯派达尔没有向隆美尔请示，而是以B集团军群参谋长的身份向第七集团军下达了一道致命的命令：第七集团军不必处于戒备状态。

四

盟军胜利开辟第二战场

送走秘密客人后,斯派达尔和他的大部分参谋都上床睡觉去了。第七集团军司令多尔曼将军此时也不在他的指挥所,而在布列塔尼的雷恩。他打算天一亮就在这里召开一次集团军指挥官会议。配置在诺曼底附近的第二十一装甲师师长弗希丁格将军也不在指挥位置上,他背着斯派达尔,跑到巴黎寻欢作乐去了。

整个第七集团军,只有第八十四军军长马尔克斯将军预感到盟军的进攻已经开始了。6月6日凌晨,马尔克斯和他的参谋们进入了地下指挥所。此时,盟军的庞大舰队已经驶抵了第七集团军防守的西海岸。美军第一集团军和英军第二集团军编成的第一梯队马上就要以塞纳河为分界线,分别在西、东两侧登陆了。

凌晨1点,英军进攻部队的6名士兵被空投到了瑟堡半岛上。与他们同时被投下的还有数以百计的稻草人。随后,盟军伞兵和滑翔机开始在诺曼底地区实行真正的空降着陆。两个美国空降师和1个英国空降师在德军第七集团军的防地安全着陆了。

凌晨1点11分,马尔克斯向他的部队发出了戒备命令。1时35分,第七集团军在集团军司令多尔曼将军不在的情况下向各部队发出了全面警报。第七集团军参谋长马克斯·贝姆塞尔少将立即拨通了B集团军群司令部的电话。

在B集团军群司令部内,一位值班的上校正津津有味讲述着布劳希奇、哈尔德等军界高层是如何被希特勒赶下台的。其他值班人员都在津津有味地听着,任凭电话响了好一阵也没有去接。正在吹牛的那名上校终于极不情愿地拿起了话筒。贝姆塞尔少将要他立即叫斯派达尔接电话。

斯派达尔从床上爬了起来,拿起接过话筒,迷迷糊糊地问:"谁?请讲，我是斯派达尔。"

贝姆塞尔少将报告说："报告参谋长，我是马克斯·贝姆塞尔。第七集团军防地出现大批敌军的伞兵，看起来像是一次大规模的进攻。"

斯派达尔根本不相信盟军已经发动了进攻。他放下电话后，立即拨通了伦斯德司令部的电话，向伦斯德报告了此事。伦斯德同样对此事表示怀疑。

几分钟后，斯派达尔又接到报告说，在诺曼底发现了大量稻草人。与此同时，第十五集团军也打来电话报告说，他们的防区也发现了盟军伞兵的踪迹。盟军巧妙的安排让斯派达尔相信，盟军在在诺曼底实施的是一次"局部攻势"，其主攻方向在其他海岸。

凌晨3点，贝姆塞尔少将再次打电话给斯派达尔，尖锐地强调说，敌人大规模的进攻就在诺曼底。同一时间，第十五集团军也送来情报，他们在审问英国第一空降师的两名俘虏时得知，盟军将会投入更多的空降部队。实际上，两名英军俘虏是因飞机迷失方向而被误投到第十五集团军防区的。他们并不知道自己所在的地区根本不是诺曼底。斯派达尔据此断定，盟军下一批空降将在同一地区。因此，他并没有命令装甲师向诺曼底方向移动。

随后，贝姆塞尔少将多次打电话给斯派达尔，但他始终不相信盟军已经开始了大规模进攻。直到盟军的大规模进攻开始之时，斯派达尔才慌了手脚。但一切都晚了，这时已经是上午了。

6月6日上午10点，隆美尔的别墅里摆满了鲜花，最鲜艳夺目的那一束自然是送给露西的，客厅里的桌子上放着各种各样的礼物。隆美尔穿着一件红颜色的条花睡衣，趿着拖鞋，心满意足地摆弄着那些礼物。突然，门外有人敲门，女仆走进屋来说："元帅，有电话找您！"

隆美尔以为是希特勒的副官长施蒙特从伯希特斯加登打来的。他昨天曾来电话说，希特勒今天可能有时间接见他。隆美尔走出了客厅，来到吸烟室接起电话。电话是斯派达尔打来的。他颤抖着声音说："报告元帅，敌人的进攻已经开始了。"

隆美尔的脸上顿时失去血色，一时竟不知道该如何回答了。愣了片刻，他才沉痛地说："我马上就回去！"

斯派达尔的电话挂断之后，隆美尔立即拨通了希特勒大本营的电话，简短地汇报了战局和他准备回法国的意图。放下电话，隆美尔进屋换上军服，命令司机载上他直奔法国而去。副官兰格已经在弗罗伊登施塔特等他了。抵达那里之后，他立即钻进兰格的车子，以最快的速度赶往法国。一路上，他忧心忡忡。下午4点55分，他们在兰斯稍事停留。隆美尔打电话询问战况，斯派达尔的回答让他感到更加不安了。盟军已把大西洋壁垒撕开了一条37公里长的裂口，英军有7个师涌进了这个登陆场。卡昂四周已有两个英军空降师着陆；另有两个美军空降师进入瑟堡半岛。

隆美尔不耐烦地问道："我们的反攻有什么进展？"

斯派达尔告诉他第二十一装甲师等着进一步的增援。

隆美尔大声吼道："马上把这个师投入反攻，不要等什么进一步的增援，马上进攻！"

6月6日夜间10点，隆美尔终于赶回了B集团军群指挥所。但盟军已在诺曼底海岸近150平方公里的一连串桥头堡阵地上布下了15.5万人的部队。德军第二十一装甲师的反攻也被打退了。希特勒大肆宣扬的"大西洋壁垒"被盟军轻而易举地突破了。德军的空军和海军在盟军强大的海空优势下被迅速击溃了。

参谋们告诫隆美尔说："在英吉利海峡可能还有另一次大规模的进攻，因为此时多佛尔完全笼罩在一片烟幕后面。"

隆美尔变得有些犹豫不决了。盟军到底会不会发动第二次进攻呢？不但隆美尔在犹豫，伦斯德和希特勒也在担心盟军会在另一处海岸发动第二次进攻。正是因为在等待盟军的第二次进攻，希特勒迟迟没有集中西线的兵力向诺曼底地区发动大规模的反攻。

刚到战场的隆美尔竭力弄清楚诺曼底的真实情况。但登陆的盟军和法国的地下组织切断了德军的大部分电话线，并用电波干扰了他们的无线电。隆美尔与大部分部队都失去了联络，B集团军群下属的各军、各师几乎都陷入了各自为战的境地。6日深夜，隆美尔偶然接通了第七集团军的电话。他立即向贝姆塞尔少将吼道："不管发生什么情况，你得阻止敌人获得立足点。"

贝姆塞尔直截了当地回答道："这是不可能的。"

隆美尔立即劈头盖脸地将这位集团军参谋长训斥了一顿。但无论如何，德军都已经无法阻止盟军获得立足点了，更没有办法将其赶下大海。

隆美尔还设法接通了第二十一和第十二党卫军装甲师，要求他们在

6月7日清晨发动反攻。他们根本无法执行希特勒的命令。第二十一装甲师在开战几个小时之后就损失过半,只剩下了70辆坦克。第十二党卫军装甲师则必须从120公里外的驻地冒着盟军飞机的猛烈轰炸开往战场。直到7日9点,第十二党卫军装甲师才赶到诺曼底,但已经被盟军的飞机炸得溃不成军了,急需整顿。利尔装甲师在向诺曼底行军的途中也遭到了盟军飞机猛烈的轰炸,损失了85辆装甲车、5辆坦克和123辆卡车。起初,隆美尔还坚信,只要装甲师合力反攻,德军还是可以扭转局势的。但随着盟军的步步紧逼,他开始忧心如焚起来。

到6月9日,盟军已经完全掌握了诺曼底战场的主动权。6月10日,德国海军总司令邓尼茨悄悄向他的参谋人员说:"盟军的入侵已经成功。组织第二战线已是既成事实。"

随后,整个西线的战局迅速恶化了。在空前的压力下,隆美尔的情绪变得狂躁起来。6月11日,他给德军最高统帅部总司令凯特尔发电抱怨说:"敌人登陆部队在强大空军的掩护下会逐渐得到加强,可是我们的空、海军,尤其是在白天,对敌空、海军连一点还手之力都没有。敌人往桥头堡增援的速度比我方预备队开往前线的速度快得多……"

战斗进行到6月12日之时,连德军大本营的参谋们都已经认定,德军在西线的败局已定。当然,他们在表面上依然对希特勒的计划装出一副信心满满的样子。在6天的战斗里,盟军已经初步在80公里宽的正面上建立了统一的登陆场,并在同一时期输送了32.6万名官兵、5.4万辆车辆和10.4万吨军用物资上岸。虽然从登陆场的纵深来看,盟军的登陆场纵深为13～19公里,平均每昼夜的前进速度仅为1.9～2.7公里,但盟军已立住了脚。希特勒和隆美尔打算在盟军登陆之初将其赶入大海的计划破产了。隆美尔不得不把主要精力投入到建立新的防线上,以图把盟军尽可能长时间地封在登陆场内。但疯狂的希特勒依然坚持发动反攻,把盟军赶下海去。希特勒的干预让隆美尔在一定程度上丧失了自主指挥权,并导致战局进一步恶化了。

・第十二章・

命丧希特勒之手

一

主张在西线停止战争

　　战事仍在激烈地进行，盟军后续兵力源源不断地被输送到登陆场内，一次次地发动进攻，试图突破德军的防线向纵深挺进。隆美尔则千方百计地指挥他的 B 集团军群防止盟军的突破，并尽量将部队撤往安全地带，避免被盟军就地全歼。突破即意味着失去谈判的筹码，那就等于失去了体面的和平，唯有缴械投降的份了。这是隆美尔所不愿看到的。

　　自从北非的阿拉曼战役结束之后，隆美尔便认为，法西斯德国的唯一出路便是尽可能地争取有利的和平。不过，他的这一想法并不是十分坚定。战场上的局势对他有利之时，他可能在瞬间就将这一想法抛诸脑后；如果战场的形势对他不利之时，他又可能在瞬间跌入情绪的低谷，想尽一切办法为寻求有利的和平创造条件。

　　盟军成功在诺曼底登陆之后，隆美尔开始承担起困难的双重职责。一方面，他要尽力防止盟军突破德军的防线；另一方面，他已经在开始寻找体面地结束战争的方式了。一天下午，隆美尔与他的海军参谋卢格在指挥所的花园里散步时，隆美尔突然忧伤地说，现在趁德国还保有领土，应以此为筹码果断结束战争；美国人和俄国人之间的矛盾对德国有利，美国实力雄厚，俄国不敢轻举妄动。

　　希特勒正确地估计到，隆美尔此刻的心境跟当初他要求从阿拉曼撤退时一样，便决定亲自出马干预。6 月 17 日上午 9 点，希特勒来到在诺曼底 550 公里外苏瓦松北面的一个专用指挥所。伦斯德、隆美尔及他们的两位参谋长奉命赶来晋见这位独裁者。

　　希特勒脸色苍白地坐在一张凳子上，双手神经质地摆弄着他的眼镜和几支彩色铅笔。隆美尔等人站在他的身旁。看着眼前憔悴的希特勒，两位陆军元帅和他们的参谋长心里都已明白，他们马上就要输掉这场战争了。希特勒简单地、冷冰冰地同大家打了个招呼，然后愤愤地说："我对盟军登陆成功十分气恼，你们这些战地指挥官必须对这件事情负责。"

伦斯德和隆美尔为了更清楚地了解希特勒的意图，同时也为了向他说明西线的危局，早就期待着当面向他汇报战况了。西线总司令伦斯德让隆美尔向希特勒介绍战况。隆美尔毫不隐讳地向希特勒报告了西线德军的困境。接着，伦斯德便请求希特勒毫无保留地放弃瑟堡半岛僵死的防线，把部队有秩序地撤入港口和要塞。

希特勒也意识到形势的严重性，几乎没有争辩便同意了将有关部队撤入瑟堡港口和要塞的命令。同时，他让隆美尔为瑟堡任命一位特别能干的指挥官，尽可能长时间地固守要塞。但仅仅一周之后，瑟堡要塞的守军便投降了，3.9万人被俘，死伤人数不明。与此同时，德军其他各部队的损失也都十分惨重。为了补充兵员，疯狂的希特勒规定，凡是15岁到60岁之间的男子必须扛起枪去阻击盟军和苏联红军。隆美尔的儿子曼弗雷德刚满15岁便被征召到高炮部队服役了。新征召的士兵由于年龄太小或太大，战斗力十分低下，而且兵员补充的速度也远远赶不上前线的伤亡数字。

在反希特勒分子斯派达尔的逐渐影响之下，隆美尔也开始思考德国的前途问题了。虽然他并不反对希特勒的独裁统治，但他却越来越觉得将战争继续下去已经对德国毫无益处了。6月28日下午，隆美尔在与西线总司令伦斯德一起去德国的路上说："你我都认为该是停止战争的时候了。待我们见到元首时我要直截了当地把它提出来。"

两人低声谈了一会，便钻进了汽车。在车内，隆美尔对他的参谋沃尔弗莱少校说："听着，明天我要这样对元首说：我之所以站在这里是因为我觉得我应该对全体德国人民负责……政治局势已经非常清楚，全世界都已起来反对我们，我们没有丝毫赢得这场战争的希望。敌人竭尽全力，已经在西线取得了立足点。"

晚上，他们来到了乌尔姆，便分手投宿了。隆美尔驱车回到了他在乡下的别墅，跟露西、曼弗雷德一起度过了那天晚上剩余的时光。曼弗雷德是他动用陆军元帅的特权从高炮部队带出来的。

6月29日早上，隆美尔和家人一起驱车来到了乌尔姆，接沃尔弗莱。随后，隆美尔向他的家人正式道别。他对儿子曼弗雷德说："你再也见不到我了。"

露西紧紧握着沃尔弗莱的手恳求说："我的沃尔弗莱，你务必把我的丈夫平安无事地带回来。"

与家人分别之后，隆美尔来到了伯希特斯加登，准备参加希特勒召开的军事会议。会前，隆美尔专门找戈培尔和党卫军头子希姆莱谈过，希望他们能支持自己，劝谏希特勒结束战争。不过，这两位狡猾的纳粹分子并没有答应隆美尔任何事情。

下午6点，希特勒的会议在山庄的大厅里举行了。希特勒、隆美尔、伦斯德及其他军事指挥官站在镶有红色大理石的长桌一边，桌上铺着军事地图。在长桌的另一边站着德意志第三帝国的部长们、外交官和其他官员。

会议开始时，希特勒鼓动说，与德国占领的法国领土相比而言，盟军所控制的地区简直微不足道。他还强调，德国的新型武器V—1导弹具有巨大的杀伤力，完全可以击败盟军。不过，他的话再也无法帮助他的军事指挥官们树立信心了。隆美尔一直面无表情，静静地听着希特勒那毫无意义的絮叨。

希特勒絮絮叨叨的演讲终于结束了。他朝隆美尔示意了一下，请他发言。在希特勒的心中，隆美尔一直是自己最忠实的追随者，也是对整个侵略战争最有信心的人。令他没有想到的是，如今隆美尔已经对他产生了怀疑，不再相信第三帝国能取得这场战争的胜利了。隆美尔清了清嗓子，坚定地说："元首阁下……我想时候已到，我代表我应对之负责的德国人民向您阐明西线的局势。首先谈谈我们的政治局势。全世界联合起来对付德国，而力量的平衡……"

希特勒没等隆美尔说完，双手便用力砸向桌子上的地图，狂吼道："陆军元帅，请谈军事局势。"

隆美尔并没有被希特勒吓到，他继续说："我的元首，历史要求我应该首先谈谈我们的整个局势。"

希特勒再次厉声打断他："你谈谈你的军事局势，其他什么也不许谈。"

隆美尔停了下来，他不得不服从希特勒的命令。希特勒的狂躁让他更加坚信，第三帝国再也没有办法支撑下去了。他站在一旁默默地想着心事，希特勒又絮絮叨叨地谈论起了西线的局势。这位疯狂的独裁者在失败面前依然幻想着掐断盟军的补给线，迫使他们退回去。

希特勒再次转向隆美尔，请他发表意见。隆美尔看了看戈培尔和希姆莱，希望他们能帮助自己，劝谏希特勒尽快结束战争。但这两个狡猾的纳粹分子什么也没有说，什么也没有做。整个会议室陷入了一片令人窒息的寂静之中。

最后还是隆美尔打破了寂静。他清了清嗓子，转向希特勒：“元首阁下，我必须坦率地说，我不谈到德国这个主题就不离开这里。”

希特勒尖叫道：“陆军元帅，还是离开这屋子吧！我看这样做好一些。”

隆美尔极不情愿，但又不得不转身离开了会议室。这是隆美尔最后一次见到希特勒。伦斯德要进行撤退以便实行机动作战的意见被否决了，隆美尔要与希特勒谈谈德国政治前途的愿望也没有实现。绝望的隆美尔决定尽一个职业军人应尽的职责，服从希特勒的命令，在诺曼底的要塞之一卡昂战斗到最后一个人。

不过，西线总司令伦斯德并没有这样的决心。6月30日，西线装甲集群司令吉尔向伦斯德报告说，他的装甲部队在反攻中遭到盟军炮火和舰炮的重大杀伤。他建议德军应立即从卡昂撤退，在盟军军舰的炮火射程之外重新建立一道防线。伦斯德在这份报告上签了"同意"意见之后，便将其转呈给了希特勒。

接到这份报告，希特勒勃然大怒，立即给伦斯德打电话，命令他不仅要守住现有防线，而且要以有限的反攻阻止盟军进一步打开缺口。希特勒的命令是不符合实际情况的，也根本无法实施。

伦斯德和隆美尔的态度彻底激怒了希特勒。这位独裁者首先撤了伦斯德西线总司令之职，令汉斯·克鲁格接任他的职务。汉斯·克鲁格是苏德战场的一员老将，也是德军中最富有进取心的将领之一。和所有新上任的司令官一样，克鲁格对接任西线总司令一职十分高兴，并且充满了信心。但他很快就高兴不起来了。

听说伦斯德被解除了西线总司令的职务之后，隆美尔还以为自己将接任他的职务呢！但他马上就看到了令他大失所望的结果。隆美尔隐隐感到，6月29日那天与希特勒的不愉快的争论已经决定了他的命运，他已不在这位独裁者信任的将领之列了。

克鲁格上任之后的第一件事情便是来拜访隆美尔。不过，他们的首次会商就变成了一次激烈的舌战。一见面，克鲁格就对隆美尔吼道："第一件事就是，你必须习惯于像其他人那样服从命令。"

隆美尔毫不客气地回敬道："你似乎忘记了自己是在和一位陆军元帅说话。"

克鲁格反驳说："我完全知道，直到今日，你一直是在自行其是，独断专行，无视你的顶头上司而越级向元首报告。"

隆美尔针锋相对地说："我的职责规定得很清楚，我必须防守海岸！为此目的，我要求西线总司令按照我的意愿调集一切必要的部队，采取一切必要的措施。瞧瞧你的军需司令那副笨手笨脚的样子吧！"

克鲁格讥讽道："到现在为止，你还没有真正指挥过比一个师更大一点的部队！"

对这一侮慢，隆美尔敏捷地回敬说："你也得在战场上和英国人碰头的。"

7月3日，隆美尔分别给克鲁格和希特勒的副官长施蒙特送去了一份报告，分析了B集团军群不能长期坚守诺曼底和瑟堡的原因，并要求效仿盟军，把所有部队都集中在一个统一的指挥体系之下。在这份报告中，隆美尔冷静地分析了德军失败的原因。不过，他没能意识到自己也犯了一个致命的战略性错误。直到此时，他仍关注着加莱地区的第十五集团军方向，期待着"巴顿集团军"向该地发起进攻。但实际上，所谓的"巴顿集团军"根本不存在。这只不过是盟军为了配合诺曼底登陆实施的一个欺骗计划而已！

二

遭遇盟军飞机的轰炸

诺曼底的战斗持续到7月中旬之后，德军在盟军的强大攻势之下几乎已经溃不成军了。但纳粹却在国内宣传说，战争正在朝着有利于德国的方向发展。为了维持这个谎言，希特勒禁止克鲁格和隆美尔邀请任何人到前线参观。

7月12日，最高统帅部的一位少校奉命到前线视察。隆美尔和斯派达尔接见了他。这名少校目睹了卡昂争夺战之后，认为德军以现有兵力和物资再也难以防止盟军的突破了。少校走后，卢格问隆美尔："约德尔什么时候视察前线？"

隆美尔愤愤地说："他们禁止我再请任何人视察前线，也不许克鲁格这样做。"

晚上，克鲁格来到隆美尔的指挥所，他那初到西线时的威风劲已荡然无存，也认识到形势的严重性了。克鲁格垂头丧气地坐在隆美尔的对面，跟他一起商讨战局。隆美尔指出，圣洛要塞随时都有被盟军突破的危险！克鲁格无力地点了点头。现在，他也认为这场战争根本没有打下去的必要了，德国的败局已定！

第二天清晨，隆美尔拉着他的海军参谋卢格将军到指挥所高处的山崖上散步。这是在紧张的战事中唯一能让隆美尔放松的休闲方式了。隆美尔一边漫步走着，一边颇为得意地对卢格谈起了克鲁格。他说："他第一天来这里时，我和他那场气势汹汹的争吵现在竟奇迹般地发生了作用。当时他口气那么大，可如今他亲眼见了这一切，才知道局势已经无法挽回。"

隆美尔再次谈及了尽快以政治方式来停止这场战争，联合美、英，共同对付苏联。但他知道，这种可能性几乎不存在，希特勒和德军最高统帅部都不会同意的。

7月14日，隆美尔决定向最高统帅部呈送一份报告，陈述当前的危险形势，并委托斯派达尔起草。斯派达尔起草好报告，让隆美尔签字后送给克鲁格。报告指出，诺曼底的局势日益恶化，物资储备和人员的消耗巨大，补充的数量远远跟不上损失的速度。从整体上看，德军已近于崩溃边缘。与此同时，盟军每天都有精锐部队和大量作战物资运进登陆场。诺曼底的第七集团军所受到的压力越来越大！

隆美尔看过报告，拿起笔在末尾加了一段："我军在各处英勇抵抗，但这场敌众我寡的战役将接近尾声。在我看来，最后采取政治措施已势在必行。作为集团军群的司令官，我觉得有责任讲清这一点。"

写完之后，隆美尔又看了看，便走出书房，将其交给了斯派达尔。隆美尔对他说："拿去，这是你要的签名！"

斯派达尔看了他的附言，不由得大吃一惊，劝他划掉"政治"这个词。隆美尔想了想，接受了斯派达尔的意见，提笔划掉了"政治"这个词。

这份报告打印好后第二天便转交给了克鲁格，并附有一张短笺："关于7月12日我们的口头讨论，我把我的意见写在信里呈交给你，作为我对局势的一点看法。——隆美尔。"

隆美尔终于采取了行动，他要用自己的声望来敦促希特勒结束这场根本没有希望的战争。文件送出去之后，隆美尔感慨万千地对卢格说："我很想看看事情的结局，无论他们解除我的兵权还是调换我的工作都无所谓，我并不认为他们真要这样做。应允许对局势负有责任的指挥官说出他们的心里话。"

7月15日下午3点30分，隆美尔到卡昂观看了德军部队与蒙哥马利所部的决斗。观看了战场上的形势之后，隆美尔更加确定，他敦促希特勒结束这场战争是正确的。

7月16日，隆美尔驱车来到了第十五集团军第十七野战航空师的防区。隆美尔一直担心"巴顿集团军"会在加莱地区实施第二次登陆，不敢将第十五集团军投入到诺曼底。不过，现在一切都无所谓了，因为他已经打定主意要督促希特勒与美、英讲和了。

第十七野战航空师的作战部长艾尔马·瓦宁中校陪同陆军元帅视察

了防区。瓦宁中校在阿拉曼战役时曾在隆美尔的参谋部工作过，两人的关系相当不错。瓦宁中校也已经意识到了局势的严重性。他试探性地对隆美尔说："在敌人突破的日子到来之前，我们大概可以用军服上的纽扣计算日子了。"

隆美尔注视着瓦宁穿的非洲军衬衫，坦率回答说："实话告诉你吧，陆军元帅冯·克鲁格和我已经给元首送去了最后通牒，讲明我们在军事上赢不了这场战争，敦请他作出决定，考虑后果。"

瓦宁问道："要是元首拒绝怎么办？"

隆美尔沉思了一下，沉痛地回答说："那我就敞开西线！现在关键的问题是，英国人和美国人必须先于俄国人到达柏林！"

隆美尔不知道，克鲁格根本不值得他信任。克鲁格还没有把他提交的那份报告呈给希特勒。但隆美尔却已经开始在召开的军事会议上向他的部下暗示自己的秘密计划了。一次，他和接任吉尔担任线装甲集群司令的埃伯巴赫将军密谈时说："我们不能再像这样继续打下去了……我希望得到你的支持。为了德国人民的利益，我们必须合作。"

7月17日，隆美尔去视察了第一党卫军装甲师。该师师长是希特勒最忠实的走卒狄特里希。隆美尔试探他说："你愿意永远执行我的命令吗，甚至这些命令和元首的命令相抵触的时候？"

这位党卫军将军狡猾地回答说："你是头儿，陆军元帅阁下。我只听从你的，不管你打算干什么。"

隆美尔闻言大喜，又与他密谈了一阵。随后，隆美尔钻进汽车，叫司机丹尼尔下士向指挥所驶去。公路上到处都是从诺曼底逃出的难民。看着拥挤的人群，隆美尔的心里颇不是滋味。接近利瓦诺特时，车上的瞭望员发现了8架盟军飞机。隆美尔命令丹尼尔把车子转进小路。小路两旁茂密的树叶可以挡住盟军飞行员的视线。但行驶几公里后，那条小路又与大路汇合了。盟军的飞机不见了，隆美尔暂时放下了悬着的心。

出了利瓦诺特，隆美尔的汽车驶向了通往维蒙提尔的公路。几乎就在同时，车上的那位瞭望员发现两架盟军飞机正朝他们俯冲下来。隆美尔大叫着，让丹尼尔把车子开进前面约300米处的狭窄小路。

丹尼尔用力踩下油门，向小路冲去。但飞机的速度比汽车快太多了。车子还未来得及驶抵小路，盟军第一架飞机上的机关炮便开火了。数颗炮弹在车子的后面和左面爆炸了。灸热的金属和玻璃碎片一下子飞到隆美尔的脸上。丹尼尔的左肩被一块弹片削掉了。其他几个人也都受了重伤。

汽车失去控制之后飞也似地撞上了公路边上的一棵大树。"嘭"一声巨响，隆美尔和其他人全部被抛到了人行道上。那辆还冒着青烟的汽车顿时腾空而起，飞出公路，摔进了一条沟渠里。

隆美尔不知道他是什么时候被送进贝尔内空军医院的，因为他已经完全昏迷了。他的头部受到了撞击，头骨凹陷了下去。几名医生紧张地给这位陆军元帅做了检查。X光的检查结果表明，他的头部有4块碎骨，可他仍旧奇迹般地活着！

医生们对此都十分惊讶，一位医生说："有了这种奇迹，教科书得重写了。"

过了一段时间，隆美尔从昏迷中醒了过来。他的情绪很激动，主治医生只能用药物使他镇静下来。随后，医生给他的腰部做了穿刺。穿刺没有流血，只流出了一点清亮的液体，这是好兆头。这说明他的的主要运动神经没有受到伤害。不过，他的左眼神经已被完全破坏了，左眼睁不开，不能转动，左耳也聋了。

在法国遇空袭受重伤后的隆美尔

三

卷入"7·20事件"

隆美尔躺进医院的第二天，盟军向卡昂发动了更大规模的攻势。隆美尔受伤之前部署的防线发挥了作用，暂时挫败了盟军的攻势。然而这只是暂时的，双方兵力对比进一步向不利于德军的方向倾斜。盟军在诺曼底登陆的总兵力已达136万人，而德军与之对峙的兵力仅20个步兵师和8个装甲师，并且已伤亡11.6万余人。隆美尔受伤住院之后，克鲁格兼任了B集团军群司令。他果断地将第十五集团军的预备队从加莱地区调往诺曼底，但也为时已晚，根本无法扭转诺曼底的战局了。几天之后，盟军便突破了德军的防线，开始向法国腹地挺进了。

与此同时，德军内部反希特勒的秘密组织也加紧活动，谋划了一场刺杀希特勒的行动。7月20日12点45分，在东普鲁士德军大本营的地下避弹室里，一颗英制定时炸弹爆炸了。参加德军最高统帅部军事会议的大部分人或死或伤，但希特勒却躲过了一劫，仅仅只是擦破了点皮。这便是第三帝国历史上著名的"7·20事件"。这次事件是第三帝国统治集团内部矛盾激化的结果，也是对希特勒军事指挥方针不满的陆军军官们企图推翻希特勒独裁统治的一次尝试。

早在1938年，一些冷静的德军军官便意识到希特勒的冒险政策会将德国引向毁灭。以德国前陆军总参谋长贝克将军为首的反希特勒组织从那时起便开始谋划着如何推翻希特勒的独裁统治了。但由于希特勒在战争初期连连得手，贝克等人的行动计划频遭挫折，便逐渐沉寂了。

1943年初，德军在斯大林格勒和北非的阿拉曼接连遭到惨败，德军已呈现出全面溃败的迹象。贝克等不愿与纳粹分子一起走进坟墓的军官们再次活跃起来。军队中除了极少数盲从希特勒的将军外，大多人都相信只有清除希特勒对战役指挥的决定性影响，结束军队受最高统帅部和陆军总司令部双重领导的局面，才能扭转战局，或顺利结束这场令人生厌的战争。但大多数高级将领都担心参与贝克的密谋活动会让他们背上变节者的坏名声，从而被载入德国的史册。

就这样，参加这一秘密组织的大多都是资历较浅的年轻军官。但这些年轻军官十分缺乏号召力。为了增强影响力，他们不得不千方百计地拉拢诸如隆美尔这样的陆军元帅入伙。这就是斯图加特市的市长卡尔·施特罗林竭力争取隆美尔的原因。施特罗林失败之后，总参谋部里的反希特勒分子又想方设法把斯派达尔派给了隆美尔，对其施加影响。十分明显，隆美尔在盟军登陆后竭力向希特勒建议尽快结束战争这件事肯定与斯派达尔的影响有关。

反希特勒秘密组织甚至制定了一整套推翻希特勒独裁的计划，还打算在推翻希特勒的独裁统治之后组成一个以贝克将军、隆美尔等人为首的反纳粹政权。届时，他们将立即与西方盟国停战，把德军从西线撤回本土。在东线，他们将继续指挥德军与苏联红军作战，缩短战线，守住多瑙河口、喀尔巴阡山、维斯杜拉河、默默尔一线。该计划的要点是避免两线作战，集中力量进行对苏战争，以防止欧洲布尔什维克化。在他们看来，只要实行这个计划，同样反对共产主义的英、美就会同他们停战，一同反对苏联。

实际上，德军西线总司令克鲁格也是反希特勒分子一直在争取的对象。不过，克鲁格只是对他们表示同情，态度十分模糊。再加上他上任之初信心十足，想一举将盟军赶下海，秘密组织的成员根本不敢指望他，只能把全部希望都集中在隆美尔身上。

斯派达尔肯定与隆美尔讨论了秘密组织的计划。不过，他可能只谈了其中的一部分，即与美、英媾和，全力对付苏联。也就是说，隆美尔可能不知道秘密组织的成员要刺杀希特勒的事情。"7·20事件"发生后，隆美尔已经完全清醒了。他气得面色苍白，对杀手大加谴责！克鲁格一连几个晚上来看望他时，他总是一个劲地说："疯狂！真是不可思议，竟然对元首下毒手！谁也不会同意这样干。"

7月22日，斯派达尔和卢格走进了他的病房。隆美尔不顾医生的警告立刻坐了起来，他似乎有意在向斯派达尔和卢格显示，他的身体很好。斯派达尔和卢格劝他要注意自己的身体，因为他要担起战后重建的重任。隆美尔并不反感提到战后重建的事情，但似乎已经对斯派达尔和卢格产生了某种不满。

7月24日，隆美尔对坐在床边给他读书的海军上将卢格说："我迫切需要见到元首，要跟元首讨论一下德国的未来。我认为唯一的希望就是在一条战线上媾和，以便把全部兵力用于坚守另外一条战线。"

就在这一天，隆美尔接到了希特勒的一封简短电报："请接受我希望你早日康复的最良好的祝愿。"

这是希特勒发给隆美尔的最后一封电报！从此之后，希特勒再也没有见过隆美尔，也没有跟他联系过。隆美尔不知道，希特勒已经将他与"7·20事件"联系了起来，正在让秘密警察调查他。

8月8日，隆美尔乘车回到了他的故乡斯瓦比亚。医生们对他的恢复状况感到很满意，但他们警告说，至少还得8个星期他才能重归部队。曼弗雷德经过高炮部队指挥官的特许也从部队回到了家中。露西和男仆卢斯托看到隆美尔头部的伤痕，流露出惊慌失措的表情！但隆美尔却强颜欢笑道："感谢上帝，我的头还没有像医生所说的那样四分五裂。"

随后几天，隆美尔一直没有得到希特勒的任何指示。他经常自我安慰地对露西说道："元首一定非常担心我的伤势，所以不愿意让我过早地重返战场。"

隆美尔夫妇

后来，在家中接连发生的几件怪事让隆美尔逐渐意识到了自己的处境。一天晚上，他的仆人似乎听见有人轻手轻脚地走到门口，当开门时，却只看到一个人影晃了一下，便消失在了黑暗中。不久，家人们便发现他们的花园里在夜晚总有人影闪动；当他们外出散步或是到小树林里去采蘑菇时，总有可疑的人在跟踪他们。

隆美尔突然意识到，他已经被软禁了。他曾多次对露西嚷嚷道："他们怎么能这样对待我，如果我发现了他们，我就把他们干掉。"

露西也开始担心起来，种种迹象表明，希特勒已经不再信任他的丈夫了。看来，他们全家都要大祸临头了。

9月1日，隆美尔得知他的参谋长斯派达尔被免去了职务。第二天，斯派达尔便被秘密警察以阴谋暗杀元首的罪名逮捕了。第三天，隆美尔又接到通知，希特勒正式解除了他B集团军群总司令的职务。

斯派达尔被捕之后，秘密警察对隆美尔的监视更加严密了。9月26日，斯派达尔的夫人给隆美尔写了一封信。隆美尔在10月1日便回复了她。与此同时，他还给希特勒写了一封信，替斯派达尔辩解。信的开头说，由于他的健康状况还不能使他足以接任新的工作，他为此感到十分内疚。接着他写道："受伤后西线出现了不利局面，特别是将我从前的参谋长斯派达尔革职被捕——我偶然得知此事——等一系列事件，给我精神上造成了难以忍受的负担。"

隆美尔称赞斯派达尔是一个称职的参谋长，并提醒希特勒说，他曾亲自授予斯派达尔骑士十字勋章。信里接着写了整封信中最意味深长的一段话。这位坦率的陆军元帅写道："我不能想象，究竟什么使斯派达尔中将遭到了革职和逮捕？不幸的是诺曼底的防御工事证明不可能进行有效的战斗，不能将敌军在海上或初登陆时就地歼灭。其原因我早就向您报告了。"

在信的最后，隆美尔没有忘记提醒希特勒，他曾在北非取得过巨大的胜利，并且一直对希特勒忠心耿耿。他写道："我的元首，你知道我在自己的权力和能力范围内已经尽了自己的职责，不论是在1940年的西线战役，还是在1941~1943年的北非战场，以及1943年在意大利的战斗和眼下的西线战役中，我都一如既往。我心中向来只有一个信念，这就是为您和新德意志帝国去战斗，去取得胜利。希特勒万岁！——埃尔温·隆美尔。"

隆美尔写这封信的意图可能是：一为斯派达尔说情，保住他就等于保住了自己；二是担心斯派达尔讲出对自己不利的话，提前给希特勒打个预防针，表明自己是忠心耿耿的。在寄出这封信后，隆美尔便心情恐慌地等待着希特勒的判决。他对露西说："要么元首相信我，要么……"

四

希特勒发出了死亡令

隆美尔把信寄出去之后，一直忐忑不安地等待着希特勒的回复。1944 年 10 月 7 日早晨，德军最高统帅部总司令凯特尔元帅给隆美尔打了一个电话。在电话中，凯特尔冷冰冰地通知隆美尔说："元首要你马上来柏林参加一个重要会议，我们会派一辆专列来接你的。"

听到凯特尔的话，隆美尔似乎预感到了什么。放下电话后，他心情沉重地对露西说："我才不会上当呢。我一到柏林，他们便会立即逮捕我，到时我连申辩的机会都没有了。"

露西站在一旁，惊慌失措地看着丈夫！最近几个月发生的事情已经把她逼到了崩溃的边缘。隆美尔这只狡黠的狐狸并不相信凯特尔的话，他抱着一丝侥幸的心理给最高统帅部打了一个电话。接电话的是威廉·布格道夫将军，他刚接替施蒙特的职务，担任陆军人事部长和希特勒的副官长。布格道夫和隆美尔曾经是德累斯顿步兵学校的战友，私人关系相当不错。隆美尔试探地问道："这是一次什么会议？"

布格道夫回答说："元首命令陆军元帅凯特尔和你讨论一下你的未来。"

隆美尔似乎从布格道夫的话中听出了什么，惶惶不安地回答说："恐怕我来不成了，我在 10 号那天和专家们有个约会，他们说鉴于我的健康情况，一定不要做长途旅行。"

隆美尔躲过了一劫。但他已经意识到，自己能看到日出的机会已经不多了。几天后，凯特尔办公室来电话通知他说，要在 10 月中旬将他的斯托奇大轿车调走，留给他一辆用煤气推动的小型宝马牌轿车。作为陆军元帅，隆美尔是有资格拥有一辆轿车的。他从这预先的警告中感受到了令人不安的信息。乌尔姆附近的实业家卡尔·舒温克来家里看望他时，隆美尔凄凉地说："你可能再也见不到我了，他们已经找到我头上来了。"

随后，隆美尔便开始安排自己的身后事了。他对自己年迈的副官赫尔曼·阿尔丁杰说："万一我死了，就把我埋在海德尔堡，或海登海姆，或者就在现在的居住地赫尔林根这3个地点的任何一处，不要挑那种宏伟的壮景，只要选个小巧的僻静所在就行。我一生只不过是一个名不出众、寂寞孤独的人。"

10月11日，隆美尔和卢格一块驱车到80公里外的奥格斯堡去。不知道出于什么原因，隆美尔竟然亲自驾车前往。跟踪他的秘密警察立即将这件事情汇报给了希特勒大本营。隆美尔亲自驾车出游这件事情和他由于身体欠佳不愿到柏林去的托辞显然是自相矛盾的。希特勒大本营由此加深了对他的怀疑。

结果，秘密警察把卡尔·施特罗林去看望过隆美尔等事全部翻了出来，上报给了希特勒。然而最糟糕的是，秘密警察的审讯报告和人民法庭的报告也接连不断地被送到了希特勒的手上。与"7·20事件"密切相关的霍法克在一份签了名的长篇供述上声称，隆美尔曾向反希特勒分子保证过，一旦刺杀得手，他将积极支持他们。

10月12日，希特勒交给了凯特尔一份文件袋。文件袋里装着霍法克的供词，他让凯特尔把这份供词亮给隆美尔看看。希特勒还向凯特尔口授了一封交给隆美尔的信，提出了两种选择。如果隆美尔认为对霍法克的辩解和指控一无所知，那他就必须向元首交待；如果不是这样，那么对他的逮捕和审判将不可避免。不过，作为一个军官和堂堂男子汉，隆美尔应该采取适当的行动免遭逮捕和审判。很显然，希特勒在暗示隆美尔，他应该选择自杀。

凯特尔把信件和审讯报告转交给了布格道夫，要他亲自送往隆美尔位于赫尔林根的别墅。他指示布格道夫，假如隆美尔真的选择了第二条道路，最好提供他毒药，而不是手枪。如此一来，他的死亡便不会引起哗然，可以以"自然死亡"处理。布格道夫又命令陆军人事部门的法律处官员恩斯特·迈赛尔少将与他同行，作为官方的证人。

这是希特勒对隆美尔的最后恩惠。他从来没有对那些被吊死在钢琴弦上的反希特勒分子施舍过什么恩惠。但是隆美尔不一样，隆美尔是他曾经大力宣传过的人物，是纳粹的一个标杆。如果让人们知道隆美尔可能与秘密组织存在某种联系的话，这势必会影响希特勒，甚至整个第三帝国的命运。因此，希特勒不愿让人们知道这些，甚至连戈林和邓尼茨等纳粹高级将领、隆美尔的妻子露西也必须蒙在鼓里。

10月13日早晨，秘密警察的特务发现隆美尔、露西和阿尔丁杰最后一次驾驶着斯托奇轿车去看望隆美尔的老朋友奥斯卡·法尼。上午10点左右，希特勒大本营给隆美尔的别墅打去了电话，男仆鲁道夫·卢斯托接了电话。他回答说："陆军元帅已经外出。"

布格道夫又亲自打电话去，得到的回答也一样。布格道夫告诉卢斯托："请转告陆军元帅，明天中午至下午1点之间，我和另一位将军要来拜望他。"

上午，布格道夫和迈赛尔乘坐一辆小型欧派尔轿车出发了。驶出柏林之前，迈赛尔打电话给他的第一副官安东·埃尔恩斯比格少校，要他下午3点在莱比锡附近的公路上迎接他们。

晚上，乌尔姆武装卫戍部队接到了来自柏林的命令，要他们派一名军官到火车站迎接第二天早晨从柏林来的快车，并从上面取下一个巨大的花圈。布格道夫手下的工作人员弗雷森中校已经领导"葬礼研究小组"起草了一份"国葬安排"的计划，只等把日期和地点填上就行了。

深夜，隆美尔回到了家中。由于担心空袭或更糟糕的事情发生，他已经把家中最后一批重要的财产转移到老朋友法尼的家中了。男仆鲁道夫·卢斯托向他转达了布格道夫将军的电话口信。

隆美尔点了点头，他的心猛地一沉。但他马上又自我安慰般地猜想，希特勒可能是派布格道夫将军来通知他，要指派他新的指挥任务，说不定是有关东普鲁士的防御，因为苏联红军已经重兵压境了。

隆美尔随手抓起一个记录本，在上面草草地写下了要向布格道夫提问的要点："要汽车到图宾根看病，参谋军官的摩托车，秘书，参谋人员。"

10月14日早晨，隆美尔起床后便领着儿子出去散步去了。他若有所思地对儿子说："今天有两种可能，要么平安无事，要么今晚我就不在这儿了。"

此时，在乌尔姆火车站，花圈已经送到。布格道夫的车子在一辆载着便衣警察的大功率8座位警车旁停留了一会儿，便继续上路了。

隆美尔散步回来，换上了开领的非洲军制服，然后戴上功勋奖章，精心整理了一下仪容。他把男仆鲁道夫叫来，对他说："把花园的大门打开，柏林来的两位先生一会儿就要到了。"

中午时分，门铃响了，鲁道夫打开前门，布格道夫和恩斯特·迈赛尔一同走进了花园。两人走到隆美尔的面前，向他敬了一个军礼。隆美尔也笑眯眯地还了礼。露西邀请两位客人进午餐，但布格道夫婉言辞谢了。他轻声说："夫人，这是公事。"

露西笑了一下，回答说："好吧，那你们谈！"

露西走后，布格道夫问："陆军元帅阁下，能否和您单独谈谈？"

隆美尔的脸上流露出一种宽慰的神情，转身对他的副官阿尔丁杰说："把那份诺曼底的档案准备好，阿尔丁杰。"

说完，隆美尔便领着布格道夫和迈赛尔进了一楼的书房。与此同时，埃尔恩斯比格少校在花园里等候着。不一会，阿尔丁杰走来和他搭讪，他俩谈起德累斯顿步兵学校。当时，隆美尔是埃尔恩斯比格少校的教官。

男仆鲁道夫·卢斯托走到门外的欧派尔小轿车跟前请司机把车开进花园。司机摇了摇头。卢斯托吸着鼻子说："这也无妨。"

司机冷冷地反驳道："伙计，咱们各尽其责吧！"

这时，卢斯托看见小路的远处还有一辆大轿车在等候着。他突然意识到，这次柏林来的两位将军来头不小，跟以往来见陆军元帅的人很不相同。

五

"沙漠之狐"的死亡之谜

花园里的气氛不愉快,书房里的气氛更加凝重。一进书房,布格道夫便神色严峻地打量着隆美尔。隆美尔轻轻关上了门,刚想让自己的老朋友坐下来喝杯茶,就听到布格道夫说:"你被指控为谋害元首的同案犯。"

隆美尔一下子从云端掉到了深渊里。布格道夫把凯特尔交给他的那封信递给了神情恍惚的隆美尔。接着,布格道夫宣读了陆军军官霍法克、斯派达尔及施图尔纳格等人的书面供词。霍法克的供词是推断隆美尔有罪的主要证据。他在死牢里供认,施图尔纳格曾派他带着各种建议去见隆美尔陆军元帅,隆美尔"经过一阵思考之后"答应了他们的要求。霍法克甚至绘声绘色地描述,他离开隆美尔的指挥所时,隆美尔还在他的后面叫道:"告诉你在柏林的先生们,时候一到,他们完全可以信赖我。"

隆美尔脸上现出了一种痛苦的表情,但仅仅只有几秒钟的时间,这种痛苦的表情便被一种平静所取代了。谁也不知道当时他的心里在想些什么。或许他在想,他根本无法说清楚自己没有参与暗杀阴谋;或许,他在想,他劝希特勒单独与美、英达成停战协定本来就是受到了斯派达尔和一些反希特勒秘密组织成员的影响;又或许,他在想,促使元首与美、英达成停战协定本身就足够把他送上绞架了,许多人不都是这样死的吗?仅仅几秒钟之后,隆美尔便对布格道夫说:"好吧,我承担后果。我将把自己忘掉。"

随即,他问布格道夫:"元首知道这件事吗?"

布格道夫点了点头。隆美尔的两眼湿润了。布格道夫让迈赛尔退出书房几分钟。接着,他向隆美尔说了希特勒陈述的没有包括在信里的话。

元首允诺,如果隆美尔自尽,将对他的叛国罪严加保密,不使德国人民知道。为了纪念他,政府还会为他树立一座纪念碑。希特勒还特别强调,绝对不对他的亲属采取非常手段。此外,露西还将领取陆军元帅的全部抚恤金。叙述完毕,布格道夫补充说:"这是对你从前为帝国建树的功勋的肯定。"

隆美尔轻声问:"我可以借你的小车安静地开到别处去吗?恐怕我不能很好地使用手枪。"

布格道夫温和地解释说:"我们带来了一种制剂,它在3分钟内就能奏效。"

说完,布格道夫就走出了书房,到花园里和迈赛尔、埃尔恩斯比格呆在了一起。隆美尔看着他的背影,步履蹒跚地走到了二楼,进入了露西的卧室。他面无表情地对露西说:"15分钟之内我将死去。遵照元首的命令,我必须在服毒和面对法庭这二者之间作出抉择。施图尔纳格,斯派达尔和霍法克把我牵连进了7月20日的阴谋……"

露西十分平静。隆美尔向她伸出了双臂。露西顿时感到头晕目眩,天昏地暗,然而她却勇敢地迎接了他最后的拥抱。

接着,隆美尔让男仆把曼弗雷德叫到了楼上。他泰然自若地向儿子宣布了就要发生的事,随后他又让曼弗雷德去把阿尔丁杰请来。阿尔丁杰上尉拿着那份诺曼底的档案材料立即奔上楼,隆美尔把它搁在一旁说:"不需要它了,他们来谈的完全是另一回事。"

几分钟后,隆美尔平静地走下了楼。男仆帮他穿上轻便大衣,递给他帽子和元帅手杖。隆美尔穿戴整齐之后就大踏步地走出了别墅。曼弗雷德在后面默默无声地跟着他。突然,隆美尔从衣兜里掏出一串钥匙,把它连同钱包一起交给了儿子,轻声说:"斯派达尔对他们讲,我是7月20日阴谋的主犯之一,他说只是由于我负了伤才没有直接参与活动。施图尔纳格也是这么说的。"

隆美尔走到欧派尔轿车旁,布格道夫立即向他行了一个军礼,并喃喃地说:"陆军元帅阁下!"

隆美尔把一只脚踩在汽车踏板上,似乎又想起了什么,转身对儿子说:"曼弗雷德,我想斯派达尔也会遭到同样的命运。好好照料斯派达尔夫人,听见了吗?"

隆美尔钻进车子的后座，跟布格道夫并排坐在了一起。司机松了一下离合器，车子随即消失在路上，朝着前面的村庄驶去。汽车向前行驶了 200 米之后，布格道夫命令司机把车停了下来。随后，布格道夫命令司机和迈赛尔到车外去走一走。司机和迈赛尔下车沿公路往回走了一段路。几分钟后，布格道夫又把他们叫到了车上。此时，隆美尔已经处于弥留之际了。他已神志不清，颓然倒下，但可以明显听到他在低声啜泣着……

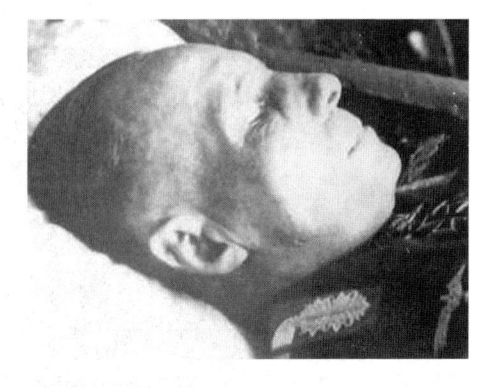

因卷入刺杀希特勒的事件，而被迫自杀后的隆美尔

又过了 10 分钟，露西接到了他丈夫死于中风的噩耗。这时，柏林已经把一切都安排妥当了。刚担任西线总司令不久的莫德尔元帅向全国发布了讣告，宣布隆美尔元帅因 7 月 17 日所受的伤过重，不治身亡了。随后，希特勒向露西发来唁电，表示为帝国失去隆美尔这样一位最优秀的元帅而感到哀悼，并称赞"隆美尔的英名将和他在北非的战绩一起名垂青史"。

出殡的埃尔温·隆美尔元帅

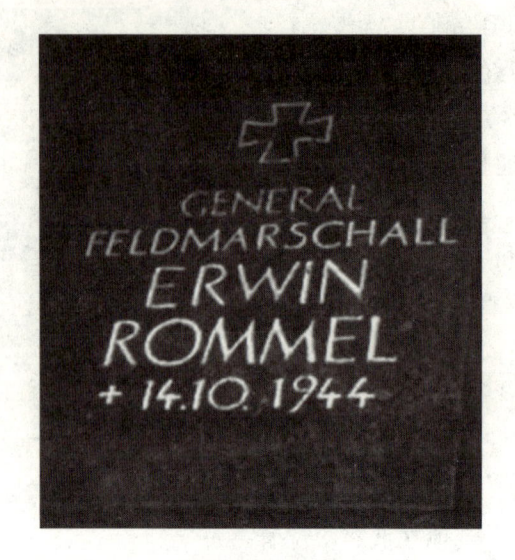

隆美尔的墓碑

　　隆美尔死后 6 个月零 16 天，希特勒便兵败自杀了；6 个月零 23 天，法西斯德国向盟国宣布无条件投降了。希特勒和他的第三帝国一起走向了灭亡。隆美尔死了，但是关于他的争论至今没有平息。他到底有没有参加反希特勒的秘密组织，是否知情斯派达尔等人要刺杀希特勒呢？至今，这仍是一个未解之谜。不过，历史学界一般都认为，隆美尔肯定已经卷入了反希特勒的秘密组织，但对他们要刺杀希特勒之事并不知情。